本书是国家社会科学基金青年项目
"我国城市户籍制度改革的不同路径比较分析研究"
（项目编号：11CZZ040）的研究成果

中山大学政治学丛书编辑委员会

学术顾问：夏书章　王乐夫

编辑委员会成员（以汉语拼音为序）：

郭巍青　郭小聪　郭忠华　何包钢
　　　　　　　　　　　　　（澳大利亚）

何高潮　何俊志　黄冬娅　黎汉基　李连江
　　　　　　　　　　　　　　　　　（香港）

马　骏　任剑涛　谭安奎　王　清

王绍光　肖　滨　徐俊忠　徐忠明
（香港）

张海清　张紧跟　郑永年　朱亚鹏
　　　　　　　　（新加坡）

王清/著

基于地方案例的比较研究

户籍改革中的政府行为逻辑

The Logic of Local Government Behavior in Chinese Household Registration System Reform
Case Studies on Two Cities

中山大学政治学丛书 ⑭

中央编译出版社
Central Compilation & Translation Press

目 录

第一章 导论 …………………………………………………………… 1
  第一节 问题提出 ……………………………………………………… 1
    一、研究背景 ………………………………………………………… 1
    二、研究问题 ………………………………………………………… 4
    三、研究意义 ………………………………………………………… 5
  第二节 文献评估 ……………………………………………………… 8
    一、社会公平视域下的户籍制度改革 ……………………………… 8
    二、政府管制视域下的户籍制度改革 ……………………………… 12
    三、地方发展主义视域下的户籍制度改革 ………………………… 17
  第三节 核心概念 ……………………………………………………… 21
    一、户籍制度 ………………………………………………………… 21
    二、地方户籍制度改革 ……………………………………………… 23
  第四节 分析思路 ……………………………………………………… 24
    一、地方户籍制度改革的基本类型 ………………………………… 24
    二、地方户籍制度改革类型的影响因素 …………………………… 26
  第五节 研究方法 ……………………………………………………… 32
    一、双案例比较分析法 ……………………………………………… 32
    二、数据来源 ………………………………………………………… 35
  第六节 研究创新与不足 ……………………………………………… 37

第二章 发展型户籍改革：以 G 市为例 ……… 40
第一节 发展型户籍改革的理论框架 ……… 41
一、地方发展型政府 ……… 41
二、发展型户籍改革 ……… 46
第二节 发展型户籍改革的类型 1：蓝印户口 ……… 51
一、蓝印户口的政策扩散 ……… 51
二、G 市蓝印户口政策的实施及改革特点 ……… 53
第三节 发展型户籍改革的类型 2：积分入户制 ……… 58
一、A 省积分入户制的发展历程 ……… 58
二、G 市积分入户改革的实施及其特点 ……… 63
三、G 市积分入户制仍是一种发展型户籍改革 ……… 68
第四节 发展型户籍改革的成效及困境 ……… 72
一、发展型户籍制度改革的成效 ……… 72
二、偏好替代 ……… 73
三、户籍制度改革碎片化 ……… 76

第三章 发展型户籍改革的形成逻辑 ……… 94
第一节 压力型体制与晋升激励 ……… 94
一、压力型体制迫使地方政府重视经济发展 ……… 95
二、政治锦标赛推动地方政府间竞争 ……… 97
第二节 户籍制度改革：地方政府间竞争的工具 ……… 101
一、地方政府拥有一定的户籍改革自主权 ……… 102
二、地方政府通过发展型户籍改革，争夺市场稀缺资源 ……… 105

第四章 兼顾型户籍改革：以 C 市为例 ……… 109
第一节 兼顾型户籍改革的历程 ……… 109
一、第一阶段：地方探索阶段 ……… 110
二、第二阶段：中央试点阶段 ……… 113
第二节 兼顾型户籍改革的内涵及特征 ……… 116

一、改革内容：城乡统筹 …………………………………… 116
　　二、改革部门：一体化 …………………………………… 119
　　三、改革方式：赋权式改革 ……………………………… 122
　第三节　兼顾型户籍改革的成效和困境 ………………………… 130
　　一、兼顾型户籍改革的成效 ……………………………… 130
　　二、福利支出成本与财政投入难以持续的困境 ………… 132
　　三、体制机制方面的困境 ………………………………… 136

第五章　兼顾型户籍改革的动力机制 ………………………………… 141
　第一节　现实问题倒逼："上压下挤"的发展困境 ……………… 143
　　一、压力型体制与资源禀赋的冲突 ……………………… 144
　　二、自下而上的社会压力 ………………………………… 146
　第二节　贯彻上级意图：自上而下的外部动力 ………………… 148
　　一、改革实验区的成立 …………………………………… 148
　　二、地方政府积极贯彻上级意图 ………………………… 149
　第三节　政策企业家：兼顾型户籍改革的内部动力 …………… 152
　　一、行政强制：处理上级政策和下级不执行的困境 …… 154
　　二、吸纳专家参与：缓解改革与风险的矛盾 …………… 155
　　三、"做而不说"：化解改革与法律的冲突 …………… 156

第六章　发展型和兼顾型户籍改革的比较 …………………………… 159
　第一节　发展型改革和兼顾型改革的区别 ……………………… 159
　　一、改革动力：发展型 vs. 兼顾型 ……………………… 159
　　二、改革主体：碎片化 vs. 一体化 ……………………… 162
　　三、改革内容和方式的区别 ……………………………… 164
　　四、改革结果：基本公共服务差异化 vs. 均等化 ……… 166
　第二节　发展型和兼顾型户籍改革的联系 ……………………… 169
　　一、兼顾型户籍改革是对发展型户籍改革的超越和发展 …… 169
　　二、从兼顾型户籍改革到公平型户籍改革 ……………… 172

第七章　户籍制度改革的政策建议 …… 174

第一节　国外人口登记管理制度对我国户籍改革的启示 …… 175
　　一、人口登记成为国内的法律准则 …… 175
　　二、户籍是进行人口登记的行政管理制度 …… 176
　　三、依靠法制和市场的方式调节人口流动 …… 177

第二节　我国户籍制度改革的基本原则 …… 179
　　一、工具理性与价值理性相结合 …… 179
　　二、顶层设计与地方实践相结合 …… 181
　　三、利益调整与有序改革相结合 …… 186

第三节　我国户籍制度改革的总体目标 …… 188
　　一、剥离户口福利 …… 189
　　二、逐步放开户口迁徙 …… 190
　　三、强化人口登记 …… 193

第四节　我国户籍制度改革的具体对策 …… 195
　　一、落实常住人口基本公共服务均等化 …… 195
　　二、调整人口迁移政策 …… 198
　　三、改革保障：户籍制度改革主体的纵向和横向层级 …… 199

结　语 …… 203
　　一、验证地方发展型政府理论 …… 205
　　二、补充地方发展型政府理论 …… 205

参考文献 …… 208
　　一、中文文献 …… 208
　　二、英文文献 …… 221

附录1 …… 226
　　G市2010年和2014年积分入户政策比较 …… 226

附录2 …… 232
　　访谈情况一览表 …… 232

后　记 …… 234

图表目录

表 1.1　户籍制度的概念界定：狭义、中义和广义的区别 …………… 23
图 1.1　本书的逻辑结构图 ………………………………………………… 31
表 1.2　访谈情况一览 ……………………………………………………… 37
表 2.1　蓝印户口政策扩散的时间进度和空间分布 …………………… 52
表 2.2　蓝印户口改革的基本特征 ……………………………………… 57
表 2.3　权威主义碎片化、政府碎片化和政策碎片化三类研究的差异 ……………………………………………………………… 80
表 2.4　制度变迁碎片化与已有碎片化理论的传承与创新 …………… 84
表 2.5　户籍制度改革的多重部门逻辑 ………………………………… 85
表 3.1　G 市投资纳税入户的条件 ……………………………………… 106
表 3.2　G 市购房入户条件 ……………………………………………… 107
表 3.3　G 市聘用入户条件 ……………………………………………… 108
表 4.1　户籍制度与城乡统筹改革的关系一览 ………………………… 117
表 4.2　2013 年四川省各市州城镇化率 ………………………………… 131
表 4.3　2007—2011 年 C 市地方财政收入与支出状况 ………………… 134
图 4.1　C 市地方公共财政收支变动情况 ……………………………… 135
表 6.1　发展型户籍改革与兼顾型户籍改革的差异 …………………… 169
图 7.1　常住人口城镇化率与户籍人口城镇化率的差距 ……………… 185

第一章 导论

第一节 问题提出

一、研究背景

十八届三中全会《中共中央关于全面深化改革若干重大问题的决定》提出"创新人口管理,加快户籍制度改革,全面放开建制镇和小城市落户限制,有序放开中等城市落户限制,合理确定大城市落户条件,严格控制特大城市人口规模"。① 中央对待建制镇、小城市、中等城市、大城市和特大城市实施逐步从严的控制。城市规模越大,户口控制越严格。为了进一步落实三中全会精神,2014年《国务院关于进一步推进户籍制度改革的意见》提出"进一步推进户籍制度改革,落实放宽户口迁移政策。统筹推进工业化、信息化、城镇化和农业现代化同步发展,推动大中小城市和小城镇协调发展、产业和城镇融合发展。统筹户籍制度改革和相关经济社会领域改革,合理引导农业人口有序向城镇转移,有序推进农业转移人口市民化"。② 这两个指导性文件标志着中央政府对户

---

① 《中共中央关于全面深化改革若干重大问题的决定》,人民出版社2013年版。
② 国务院:《国务院关于进一步推进户籍制度改革的意见》(国发〔2014〕25号),2014年7月24日。

籍制度改革进行顶层设计，开始了新一轮的户籍制度改革[①]。

事实上，建立于1958年的户籍制度[②]，设立的初衷是为了配合国家实现优先发展重工业的目标，让农村低价为重工业发展提供原材料等支持。[③] 在长期的户籍制度运行过程中，城乡出现明显的二元结构。改革开放以后，各个地方仍然以户籍作为地方性福利分配的基础性机制，市场经济进一步加剧了城乡户籍二元结构。户籍制度不仅阻碍了中国经济的发展，也带来了行政管理难题，而且成为中国弱势群体向上流动的制度障碍，带来社会不公平的问题，这是改革开放以后户籍制度改革的背景。

第一，户籍制度阻碍经济发展。户籍制度导致二元经济结构，城市进行工业化，但是农村仍然实行传统的农业发展，农村出现大量剩余劳动力，但是户籍制度限制人口流动，使得农村富余劳动力无法进入城市；城市工业化急需劳动力，但是票证制度使得外来劳动力在城市无法获得生存必需的粮食等生活资料，工厂无法引入外来劳动力。改革开放之后，市场经济要求资本和劳动力快速流动，实现资源的优化配置，但是户籍制度限制了资本和劳动力流动，严重阻碍经济发展。

第二，户籍制度带来行政管理难题。一方面，户籍制度造成人口流动的实有行为与政府对流动人口的管理脱节。按照国际通行规则来说，人口流动后要主动申报居住信息，与此同时，流入地政府为流入者提供均等化的公共服务，但是，中国的情况很特殊，1958年《户口登记管理条例》使户口管理出现城乡二元结构，农业户口与非农业户口享受的福利具有鲜明的差异性。改革开放之后，尽管中央或中央部委多次提到要

[①] 本书将户籍制度改革简称为户籍改革。
[②] 全国人大常委会：《中华人民共和国户口登记条例》1958年1月9日中华人民共和国主席令公布。
[③] 林毅夫、蔡昉、李周：《中国的奇迹：发展战略与经济改革》（增订版），上海人民出版社2002年版，第55页。王清：《利益分化与制度变迁：当代中国户籍制度改革》，北京大学出版社2012年版。

实行基本公共服务一体化，但是，由于央地财税制度没有进行改革，地方政府仍然发挥较大的公共服务支出责任，因此，地方政府并不愿意为所有流动人口提供基本公共服务，导致出现常住城市的"暂住者"①。虽然后来政府将暂住证统一改为居住证，但是，由于居住证附着的利益太少，流动人口不愿意办理，造成大量人口流入城市，但是流动人口并不主动去公安部门登记。公安部门无法准确掌握辖区内实有人口信息，带来了治安管理、计生服务等管理服务上的麻烦。② 另一方面，人口倒挂带来人口流入地行政资源紧张的问题。人口倒挂是指在某一个行政辖区内，户籍人口少于流动人口的情形。沿海发达地区常常面临严重的人口倒挂现象。例如，深圳市户籍人口与流动人口之比高达1:7。行政管理的人员编制以户籍人口为基数进行配备，这样就使得人口流入地行政编制过少，带来人手不够的问题。

第三，户籍制度带来严重的社会不公平，社会舆论要求改革呼声很大。户籍制度实行城乡二元经济、社会和政治权利结构。在社会权利上，农业户口和非农业户口所享受的社会福利具有二元性，国家对城市，尤其是国企工人实行"从摇篮到坟墓"的福利制度，但是农业户口必须自给自足。甚至在同一个交通事故中，农业人口获得的赔偿少于非农业人口获得的赔偿，出现"同命不同价"的现象。在政治权利方面，农村每四个人的选票等同于城市一个人的选票，票率不等值。户籍制度带来的严重的社会不公平，引起了社会舆论的极大反响。从改革开放至今，社会各界一致呼吁户籍制度改革。

---

① 即在城市居住多年，但是仍然只能办理暂住证（后统一改名为居住证）的人。相关报道和例子很多，例如，有人在北京居住和工作18年，却没有北京户口，只能回吉林老家办美国签证，面签时签证官不理解"为什么你在北京待了18年，却没有北京户口"，因此被拒签。参见潘琦：《阿里上市敲钟人：因在京18年却没户口被拒签证》，载《新京报》，2014年10月8日。
② 在D市A区的调研中，街道党政办、公安分局户籍负责人给出的当地实有人口的数据不一样，两者都表示由于部分流动人口不主动办理登记手续，导致一部分人口没有及时统计进去。调研时间：2012年7月4日。

二、研究问题

改革开放之后,建立于计划经济时期的户籍制度与市场经济发展形成激烈的冲突,在经济发展、行政管理、社会公平方面带来三重困境,共同推动户籍制度改革。从1984年至今①,户籍制度进行了很多次改革与调试,然而,当代中国户籍制度改革呈现两个方面的矛盾。

第一,中央事权和地方改革的矛盾。2011年国办在《国务院办公厅关于积极稳妥推进户籍管理制度改革的通知》明确指出"国家基本户籍管理制度属于中央事权"②,但是,从1984年到2013年,国务院对户籍制度改革一直没有出台全国性的改革方案,相反,"地方化的'挤牙膏式'改革成为当前户籍制度改革的最大特色"。③

第二,户籍改革的地区差异性与共同性的矛盾。一方面,地方政府所推行的改革具有地区差异,各地户籍改革的形式、内容、进程各不一样。例如,在同一历史时期,C市实行统筹城乡发展的户籍制度改革,G市实行积分入户制度,北京市仍然进行严格的户口管制。地方政府放松户口管制的方式也不一样,有的地方统一人口登记制度,有的地方放低入户门槛,有的地方剥离户口利益,逐步向农民赋权。另一方面,从内容上来看,各地的户籍制度改革具有共同点,即没有从根本上放松对人口自由迁徙的控制,也没有割断户籍制度与利益分配之间的关联性,"每一次改革都是对已有改革的复制和延续"。④ 在这个意义上,各地的

---

① 1984年中央开始推行自理口粮户籍改革,剥离户口与个人口粮之间的关系,这是人口流动的前提条件。
② 国务院办公厅:《国务院办公厅关于积极稳妥推进户籍管理制度改革的通知》(国办发〔2011〕9号)。
③ 吴开亚、张力:《发展主义政府与城市落户门槛:关于户籍制度改革的反思》,载《社会学研究》,2010年第6期,第60页。
④ 李晓飞:《中国户籍制度变迁"内卷化"实证研究》,载《广东社会科学》,2013年第1期,第240页。

户籍制度改革尽管形式不同，但是实质不变。

既然从1984年到2013年，户籍制度改革呈现鲜明的地域特征，那么，地方户籍制度改革到底存在哪些改革类型？哪些因素影响地方政府改革方式的选择？这是本书要研究的核心问题。本书试图比较两个副省级城市的改革案例，分析户籍改革中不同地方政府的行为差异，建构地方性户籍改革类型及其影响因素的理论框架，与已有地方政府行为的理论进行对话，检验、补充和发展地方发展型政府理论。

三、研究意义

当代中国户籍制度是一项特殊的制度，它既具有行政管理的一般特征，即人口登记的功能，又具有政府管制的特殊特征。当代中国户籍制度改革方式的比较研究至少具有如下几个方面的意义。

（一）理论意义

第一，对话和发展地方发展型政府理论。在中央顶层设计缺位的情况下，地方政府成为户籍制度改革的实施主体，并自行探索具有地区差异的户籍改革形式，使得当代中国户籍制度改革呈现鲜明的地方特征。笔者通过地方户籍改革研究地方政府的行为，并和当代中国地方政府行为的理论形成对话。一些学者研究20世纪90年代江浙地方政府推动经济发展的行为形成了地方发展型政府的概念。① 20世纪90年代地方户籍

---

① 关于地方发展型政府的理论参见 Oi, Jean, "The Role of the Local State in China's Transitional Economy", *The China Quarterly*, 1995, p.144; Oi, Jean, "Local State Corporatism", in Jean C. Oi (eds.), *Rural China Takes Off: Institutional Foundations of Economic Reform*, Berkeley: University of California Press, 1999; 郁建兴、高翔：《地方发展型政府的行为逻辑及制度基础》，载《中国社会科学》，2012年第5期；周飞舟：《分税制十年：制度及其影响》，载《中国社会科学》，2006年第6期；张静：《基层政权：乡村制度诸问题》，浙江人民出版社2000年版；杨善华、苏红：《从代理型政权经营者到谋利型政权经营者》，载《社会学研究》，2002年第1期；周黎安：《转型中的地方政府：官员激励与治理》，上海人民出版社2008年版；王清：《超越地方发展型政府：理论框架与经验分析》，载《四川大学学报》，2014年第6期。

改革也具有地方发展型政府的特征，本书试图通过发展型户籍改革验证地方发展型政府理论。但是，进入21世纪以后，随着中央逐步重视并在一些地方试点，国内出现了一些完全不同于发展型政府特征的地方户籍改革。本书将分析地方户籍改革的转型及造成转型的原因。认为地方政府的行为受制度环境影响，当外部制度环境发生变化，地方政府的行为会发生改变，地方户籍制度改革的转型使得地方政府具有不同于发展型政府的特征。本书试图在地方户籍制度改革转型的个案上扩充和发展地方发展型政府理论。

第二，对话已有关于户籍改革的理论。已有关于户籍改革的文献主要从社会权利、政府管制和地方发展主义三个角度展开，对户籍制度改革的必要性达成了共识，然而对于地方政府到底如何推进户籍制度改革，三类文献的解释力度不够，也没有揭示21世纪之后户籍制度改革的新特征。本书试图从实然的角度分析户籍制度改革的影响因素，并比较两种不同类型的户籍改革及其影响因素，从而梳理改革开放之后户籍制度改革的类型及其转型。

（二）实践意义

从过去三十多年户籍制度改革的历程来看，户籍制度改革是一项牵动各方利益格局的调整，户籍制度改革涉及与户口有关的一切福利，很多福利是其他政府部门贴到户口身上，户籍制度具有天然的粘连性[①]，从这个角度来看，户籍制度改革不能仅从人口登记和户口迁移这一个角度展开，还要考虑如何剥离户口利益。中央和国务院分别做出《中共中央关于全面深化改革若干重大问题的决定》和《国务院关于进一步推进户籍制度改革的意见》，这是下一步户籍制度改革的总体意见，其后国务院下发的《关于2015年深化经济体制改革重点工作的意见》提出本

---

① 陆益龙：《户籍制度：控制与社会差别》，商务印书馆2003年版。

轮户籍制度改革需要"以居住证为载体提供相应基本公共服务"①、"推进城镇基本公共服务常住人口全覆盖"②，这是本轮户籍制度改革的焦点。到 2015 年 7 月为止，全国 31 个省区市中，至少有 20 个省市区出台了户籍制度改革方案，但是，这些方案对如何实现常住人口基本公共服务全覆盖并无着墨③，而这恰是本轮户籍制度改革的核心。

为何中央政府提出促进基本公共服务全覆盖，却没有得到地方政府的响应？这至少涉及两个层面的问题：

第一，如何激发改革者的活力？户籍制度改革既需要中央政府的顶层设计，也需要地方政府的配合和实施，因此，当中央政府做出户籍制度改革的顶层设计后，地方政府是否有动力推进户籍制度改革？如何激励地方政府进行户籍制度改革，这是一个有待研究且对实践具有重要意义的问题。本书将着重分析地方政府推行不同类型户籍制度改革的影响因素，从而归纳和分析地方政府改革的逻辑，并形成如何引导户籍制度改革的政策建议。

第二，如何协调横向政府部门共同推进户籍改革？户籍制度改革不是公安部门的事情，它涉及各个职能部门，如何协调横向政府部门间关系，这是决定户籍制度改革成败的关键内容。本书将呈现横向政府部门碎片化对改革的影响，并在第四章详细呈现兼顾型户籍改革中，横向政府部门如何协调一致共同推进户籍改革，为下一步户籍制度改革协调发展提供政策建议。

---

① 国务院批转发展改革委：《关于 2015 年深化经济体制改革重点工作意见的通知》（国发〔2015〕26 号），2015 年 5 月 8 日。
② 国务院法制办公室：《关于〈居住证管理办法《征求意见稿》〉公开征求意见的通知》，2014 年 12 月 4 日。
③ 刘军涛、赵艳红：《20 省出台户籍制度改革意见，居住证"成色"不一》，人民网 2015 年 7 月 23 日，http://politics.people.com.cn/n/2015/0723/c1001-27346184.html，访问时间：2017 年 3 月 20 日。

第二节 文献评估

地方政府通过哪些方式推动户籍制度改革？哪些因素影响地方政府的选择？已有学者对"户籍制度改革方式及影响因素"形成了如下研究成果。以户籍制度改革的动力为标准，笔者将已有关于户籍制度改革的文献分为三大类。一是社会公平视角，二是政府管制角度，三是地方发展主义视角。接下来，笔者将分别阐述三类视角对户籍制度改革动力和路径的研究。

一、社会公平视域下的户籍制度改革

学者从社会公平的视角对户籍制度改革展开研究，认为社会和公民的需求是户籍制度改革的动力，赋权和利益剥离是户籍改革的方式。

（一）社会需求：户籍制度的改革动力

学者们普遍认为户籍制度带来了人们之间政治权利和社会权利的不公平，在政治上，户籍歧视表现为对公民权利的身份歧视[1]，在社会层面上，户籍歧视表现为城乡分割的户口带来了城乡差距和阶层分化。[2]

---

[1] Solinger. J. Dorothy, *Contesting Citizenship in Urban China: Peasant Migrants, the State, and the Logic of the Market*, Berkeley: University of California Press, 1999; Chan Kam Wing, "Urbanization and Rural-Urban Migration in China since 1982: A New Baseline", *Modern China*, Vol. 20, No. 3, July 1994.

[2] 俞德鹏：《城乡社会：从隔离走向开放——中国户籍制度与户籍法研究》，山东人民出版社2002年版；Xiaogang Wu and Donald J. Treiman, "The Household Registration System and Social Stratification in China: 1955–1996", *Demography*, Vol. 41, No. 2, May 2004, p. 382；陆益龙：《户籍制度：控制与社会差别》，商务印书馆2003年版。

社会对不公平的户籍制度进行强烈的谴责,这是户籍制度改革的外部压力。① 由于这类研究认为户籍制度改革的动力在于消除户籍歧视,实现社会公平,因此,笔者将这类研究归纳为社会公平论。

(二) 赋权与剥离:户籍制度的改革路径

社会公平视域下,户籍制度该如何改革呢?社会公平论的学者认为,中国实行城乡分割的户籍管理,不同的户口类型包含不同的权益,这是户籍制度改革的最大障碍。② 因此,他们认为户籍制度改革路径至少包括赋权和利益剥离。

1. 赋权论

持赋权论观点的学者从社会公平的视角,认为户籍制度存在歧视,为了实现公平,户籍制度改革需要向弱势群体赋予公民权利。它大体可以分为两类研究。第一,从应然角度提出赋权论。俞德鹏较早提出了"新市民制度",认为只有建立平等的新市民制度,才能实现城乡居民户口身份的平等。③ 彭希哲认为现有户籍制度改革实行的是优先城市发展的落户门槛改革,他认为这不利于消除户籍歧视,他提出未来户籍改革需要将流动人口的权利保护和正义目标置于优先改革的顺序。④ 遗憾的是,这两位学者的研究更多地从应然角度展开,指出了"户籍制度改革的希望之路"⑤,但是并没有提供具体的实现途径。第二,基于实然的角度,从制度建设的

---

① Fei-Ling Wang, "Hukou System and Migration Controls", in Aimin Chen, Gordon G. Liu and Kevin H. Zhang, *Urban Transformation in China*, Ashgate Publishing Company, 2004, pp. 129 – 130, p. 133.
② 王太元:《户籍改革:剥离附着利益》,载《瞭望新闻周刊》,2005 年 5 月 16 日。
③ 俞德鹏:《城乡社会:从隔离走向开放——中国户籍制度与户籍法研究》,山东人民出版社 2002 年版,第 370—406 页。
④ 彭希哲、赵德余、郭秀云:《户籍制度改革的政治经济学思考》,载《复旦大学学报(社会科学版)》,2009 年第 3 期。
⑤ 俞德鹏:《城乡社会:从隔离走向开放——中国户籍制度与户籍法研究》,山东人民出版社 2002 年版,第 392 页。

角度提出实现户籍公平的途径,陆益龙指出"户籍制度的改革,可能不仅仅需要技术层面上的改进,更重要的可能是观念的转变,也就是在社会中树立正义的观念,如何在社会管理中将正义的观念付诸实践。"① 他提出国家需在法律层面通过立法实现公民在户籍身份上的平等权利②,其实质是建议修改《中华人民共和国户口登记条例》。张智勇等学者认为流动人口最紧迫的是要实现就业权利平等,他们建议政府要通过建立公平的就业环境,保护流动人口平等的就业权。③ 胡星斗则走得更远,他认为要用身份证制度代替户籍制度,废除户籍制度,建立国民信息系统。④

2. 利益剥离论

持这类观点的学者看到了户籍制度改革的本质在于剥离户口利益,但是,谁是利益剥离的改革者呢?夏纪军指出在户籍制度改革上,中央政府虽然可以影响地方政府,但是,这种影响有限。⑤ 王太元认为可以"通过中央政府和民众维权的双层压力,推动户籍制度改革"⑥,他所预设的是地方政府成为改革的主体。笔者则通过具体个案印证了这个观点,认为在20世纪80年代到90年代之间,中央政府在户籍制度改革上采取了沉默和默许的态度,地方政府成为户籍改革的操作性主体。⑦ 以上研究均认为地方政府成为户籍制度改革的执行主体,那么地方政府该

---

① 陆益龙:《正义:社会学视野中的中国户籍制度》,载《湖南社会科学》,2004年第1期,第84—88页。

② 同上。

③ 张智勇、梁东新:《政策冲突与农民工就业权益保障——基于户籍制度的视角》,载《社会保障研究》,2009年第4期,第62—66页。

④ 胡星斗:《中国户籍制度的命运:完善抑或废除》,载《学术研究》,2009年第10期。

⑤ 夏纪军:《人口流动性、公共收入与支出——户籍制度变迁动因分析》,载《经济研究》,2004年第10期,第56—65页。

⑥ 王太元:《剥离附着利益还户籍制度真面目——我为什么反对"购房落户"》,载《中国经济周刊》,2009年第12期。

⑦ 王清:《当代中国政府管制型制度变迁研究——以当代中国城市户籍制度变迁为例》,北京大学2009年博士论文。

如何推动利益剥离呢？有学者提出利益扩散和利益分流式改革，认为蓝印户口是利益扩散式改革，而剥离户籍与公共物品间关系的改革则是利益分流式改革。① 这类改革的效果如何呢？有学者认为改革开放之后，尽管很多城市实行地方性的户籍制度改革，但是户籍对福利分配的影响并未降低，户籍制度改革出现内卷化，即有改革但无发展的局面。②

（三）文献评析与研究空间

社会公平论的研究成果认为城乡分割的户籍制度带来了户籍歧视和社会不公，为了实现社会公平，政府需要通过赋权和剥离的方式，推进户籍制度改革。社会公平论详细呈现了户籍歧视与社会不公之间的关联性，为理解户籍制度改革提供了充实的制度背景，但是，社会公平论没有准确地解释户籍制度改革的核心问题，为下一步的研究留下了较为广阔的空间。

第一，从研究角度而言，社会公平论过多地注重应然研究，有些研究成果甚至带有大量的感性谴责。③ 在改革类型上，社会公平论提出的赋权论和剥离论都存在一定的合理性，遗憾的是这类研究大多只是针对未来户籍制度改革的对策和建议，并没有分析现有户籍制度实际的改革取向。因此，社会公平论对户籍制度改革的研究缺乏实证研究，缺乏对户籍制度改革方式的影响因素。

第二，社会公平论认为户籍制度存在户籍歧视和社会不公，人们对户籍公平的需求是户籍制度改革的压力和动力。但是，这类研究面临一个根本性的挑战在于，既然社会对户籍制度改革的需求旺盛，为什么近

---

① 王清：《地方财政视角下的制度变迁路径分析——以当代中国城市户籍制度为例》，载《武汉大学学报》（哲学与社会科学版），2011年第3期。
② 李晓飞：《中国户籍制度变迁"内卷化"实证研究》，载《广东社会科学》，2013年第1期。
③ 俞德鹏的研究是较早研究户籍制度的一本著作，对户籍制度改革进行了细致的分析，但是，该书随处可见作者对户籍制度的感性谴责，这种感性谴责削弱了作者的理性论证。参见俞德鹏：《城乡社会：从隔离走向开放——中国户籍制度与户籍法研究》，山东人民出版社2002年版。

30 年来，户籍制度改革并没有完全回应社会的需求呢？地方政府为何不积极回应民众和社会的需求从而推动户籍制度改革呢？社会公平论没有解释这个问题。社会公平论隐含着一个基本逻辑，地方政府需要向弱势群体赋权，实现户籍公平，这包括增加对外来流动人口的公共财政投入，它可能增加地方政府负担，造成地方政府不作为。① 因此，社会公平论仅从社会需求一端，指出户籍制度改革面临的社会动力，但是，这类研究忽略了当代中国户籍制度改革不是诱致型制度变迁，而是强制型制度变迁，政府在户籍制度改革中发挥了主导作用。因此，学者对户籍制度改革的研究不能仅从社会一端展开研究，还需要从政府的视角，分析政府推动户籍制度改革的逻辑。

二、政府管制视域下的户籍制度改革

与社会公平视角下的研究者不一样，政府管制视角下的研究从政府的角度，分析它们为何以及如何推动户籍制度改革。这类学者认为市场经济、人口流动和社会秩序是地方政府推动户籍制度改革的动力，户籍制度改革的形式存在户口存废论与统一论的争议。

（一）改革动力：市场经济、人口流动和社会秩序

政府管制视角的学者把户籍制度看成人口管制制度②，认为户籍制

---

① 陶然、曹广忠：《户籍和土地制度改革是两个重要方面——对许玉明争鸣观点的回应》，载《改革》，2009 年第 4 期。
② Peter W. MacKenzie、Wang Fei-Ling、Zhu Lijiang 都直接使用 "hukou regulation" 的概念，参见 Peter W MacKenzie, "Strangers in the City: The Hukou and Urban Citizenship in China", *Journal of International Affairs*, Vol. 56, No. 1, Fall 2002; ABI/INFORM Global, p. 311; Fei-Ling Wang, "Reformed Migration Control and New Targeted People: China's Hukou System in the 2000s", *The China Quarterly*, 2004, p. 116, p. 129; Zhu Lijiang, "The Hukou System of the People's Republic of China: A Critical Appraisal under International Standards of Internal Movement and Residence", *Chinese JIL*, 2003, p. 519.

度不仅是一项人口登记的行政性制度，更是一项进行人口管制的政治性制度。这类学者认为改革开放之后，户籍制度进行了很大的改革，但是本质内容仍然没有变化，政府依然把户籍制度当成政府对社会实行管制的工具。[1] 那么，改革开放以后，户籍制度为何会发生改革呢？政府管制论的学者认为改革开放以后，户籍管制至少面临市场经济和人口流动的两重压力，这些压力对户籍管制形成挑战，地方政府为了维持社会秩序，适应变化的市场经济和人口流动的需要，对户籍制度进行了调整。这类学者普遍认为市场经济是户籍制度改革的动力，认为市场经济与户口管制至少存在如下冲突和矛盾。

1. 人口流动与户口管制的冲突

黄黎若莲（Linda Wong）和宣伟保（Huen Wai-Po）以 A 省的户籍调试作为个案，分析了改革开放后到 1993 年之间，市场经济带来了人口流动，"市场经济的发展对禁止人们流动的策略提出了挑战"[2]，原来限制人口流动的户籍管制"既是不可行的，也是不理性的"[3]。流动人口通过"看不见的抵抗（'invisible' resistance）"[4]，即不去流入地办理暂住证，"逐渐地、无意识地破坏了'城市公共物品制度'"[5]，随着大量流动人口不办理暂住证或居住证，人口流入地的政府越来越难以了解实有常住

---

[1] Fei-Ling Wang, "*Hukou* System and Migration Controls", in Aimin Chen, Gordon G. Liu and Kevin H. Zhang, *Urban Transformation in China*, Ashgate Publishing Company, 2004.

[2] Linda Wong and Huen Wai-Po, "Reforming the Household Registration System: A Preliminary Glimpse of the Blue Chop Household Registration System in Shanghai and Shenzhen", *International Migration Review*, Vol. 32, No. 4, Winter 1998, p. 975.

[3] Ibid.

[4] Hein Mallee, "Migration, Hukou and Resistance in Reform China", in Elizabeth J. Perry and Mark Selden et al., *Chinese Society: Change, Conflict and Resistance*, London: Routledge (11 New Fetter Lane), 2000, p. 95.

[5] Dorothy J. Solinger, "China's Urban Transients in the Transition from Socialism and the Collapse of the Communist 'Urban Public Goods Regime'", *Comparative Politics*, Vol. 27, No. 2, Jan 1995, p. 127.

人口的基本信息，带来户口管理的混乱，影响户口管制的效果。① 由上可见，这类研究的主要观点是市场经济带来了人口流动的事实，它与计划经济限制人口流动的户籍制度形成剧烈冲突。流动人口基于成本和收益的考量，不办理暂住证，通过"流动改写着现行控制制度"②，而政府检查暂住证的成本十分高昂，且检查过程容易引起冲突，这样就带来了一个巨大的问题，城市政府越来越难以了解城市的实有居住人口数量，从而影响公共政策的制定和执行效益。在此背景下，从20世纪80年代中期以来，地方政府必须通过技术性的手段调整户籍制度，引导民众进行户口登记。

2. 民众争取权利与户口限制权利的冲突

有学者分析了市场经济和户籍制度的相悖的运行原则，认为市场经济的运行原则是契约，人与人之间处于平等的地位，但是，产生于计划经济时期的户籍制度的运行原则是身份承诺，契约承诺和身份承诺之间产生巨大的冲突。③ 另外一些学者则将市场经济下的流动人口看成理性经济人，这些人流入城市后，开始争取城市公民权利④，这个过程可能会带来社会和政府之间的激烈冲突，影响社会稳定。为了维持社会稳定，地方政府被迫进行户籍制度的调试。一切有利于社会稳定的户籍改革，政府都有可能推行，但是，一旦触动了社会稳定，改革有可能被迫停止。⑤ 例如，2005年郑州废除暂住证后，郑州市迫于难以管理流动人

---

① Hein Mallee, "Migration, Hukou and Resistance in Reform China", in Elizabeth J. Perry and Mark Selden et al., *Chinese Society: Change, Conflict and Resistance*, London: Routledge (11 New Fetter Lane), 2000, p. 95.

② Dorothy J. Solinger, *Contesting Citizenship in Urban China—Peasant Migrants, the State, and the Logic of the Market*, University of California Press, 1999, p. 138.

③ 郑杭生等：《转型中的中国社会和中国社会的转型：中国社会主义现代化进程的社会学研究》，首都师范大学出版社1996年版，第146—172页。

④ Dorothy J. Solinger, *Contesting Citizenship in Urban China: Peasant Migrants, the State, and the Logic of the Market*, Berkeley: University of California Press, p. 1.

⑤ 郭台辉：《制度体系变动中的大户籍制改革》，载《岭南学刊》，2008年第3期，第11—16页。

口的压力,又恢复了暂住证。

(二) 改革方式:户口存废论与统一论

在户籍制度改革的方式上,政府管制论的学者们围绕户口统一论达成了共识,但是对户口存废论展开了较为激烈的争论。

1. 户口统一论

有学者建议统一农业户口与非农业户口①,这类建议得到学术界和实践界的共识,2014年《国务院关于进一步推进户籍制度改革的意见》(国发〔2014〕25号)提出"统一城乡户口登记制度"②,很多地方政府早已实现了城乡户口登记一体化。另外一些学者认为这一步仅仅考虑了户口登记一体化,实践过程中还存在户口管理的二元化,因此,有学者提出入户要考虑入户者的户籍权利和户口义务的对等性,还要考虑时间门槛,建议建立从居住证到常住户口之间的衔接制度。

2. 户口存废论

有学者认为户籍制度是城乡二元结构和福利二元结构的原因,主张尽快废除户籍制度,用身份证电子管理系统替代户籍制度。③ 但是也有学者反驳这种观点,认为户籍制度包含两个方面的内容:户口登记和户口管理。两者最大的区别在于针对对象和政策目标不同,户口登记针对的是居民,目的在于了解人口居住信息并向社会提供服务;户口管理是以公民为对象的行政管理,目的在于实现社会控制。中国户籍制度最大的问题在于户口登记和户口管理捆绑在一起,户籍制度身上附着了很多"非户籍利益"。因此,户籍制度改革的方向是"实行户籍登记与人口管

---

① 曹景椿:《加强户籍制度改革,促进人口迁移和城镇化进程》,载《人口研究》,2001年第5期,第9—17页。
② 国务院:《关于进一步推进户籍制度改革的意见》(国发〔2014〕25号),2014年7月24日。
③ 胡星斗:《中国户籍制度的命运:完善抑或废除》,载《学术研究》,2009年第10期,第65—70页。

理分离,把户籍关系和人口管理关系区分开来,推行'户籍一体化'"①,并让民政部门负责户口登记,公安部门负责户口管理。

(三) 文献评析与研究空间

政府管制论把社会公平论的研究往前推进了一步,这至少表现为两个方面。一方面,社会公平论认为社会舆论压力是户籍制度改革的动力,但是,他们的研究没有分析政府的回应态度。政府管制论则在此基础上分析政府如何回应社会需求。另一方面,从应然走向实然的分析。社会公平论更多考虑应然状态,政府管制论则分析实然状态,把流动人口和地方政府都看成理性经济人,分析了他们在市场经济背景下的行为及其对户籍制度改革的影响。总体而言,政府管制论从政府的视角、政府的角度,探讨了市场经济条件下政府推动户籍制度变迁的动力和逻辑,认为市场经济和人口流动造成人口管制失败,为了了解实有人口信息,更好地进行社会管理,政府回应社会需求,对户口登记、户口迁移进行改革。政府管制论能在一定程度上解释政府推动户籍制度改革的逻辑,但是,仍然存在它未能解释的问题。

第一,政府管制论分析了政府为何要回应市场和社会压力,但是,它没有解释中国户籍制度改革的地区差异。市场经济带来了人口流动,推动地方政府重视户籍制度改革,这是一个基本背景,在此背景下,为何有的地方政府较早开始户籍制度改革,有的地方政府迟迟不进行户籍制度改革呢?为何有的地方政府采取积分入户制改革,而另外的地方政府则采取城乡统筹户籍制度改革呢?政府管制理论没有解释户籍制度改革的地区差异。因此,我们需要考察户籍制度变迁地域化的特征并对其进行解释。

---

① 陶青德、王建平:《建立以公民个人户籍信息登记为核心的户籍制度》,载《宁夏社会科学》,2014年第3期,第18页。

第二，政府管制论对政府的探讨过于笼统，没有区分城市类型和政府层级。一方面，政府管制论没有区分不同类型的城市。从1997年开始，中央政府颁布的户籍制度改革文件多次提到实行分类户籍改革，全面放开小城镇，逐步放开中小城市，控制大城市，严格控制特大城市非机械人口增长。因此，不同类型的城市对待户籍制度改革的态度不一样。一般而言，小城镇和中小城市热衷于户籍制度改革，但是，大城市，尤其是特大城市严格限制入户门槛。政府管制论没有区分不同类型的城市，就不能准确把握不同城市碰到的户籍制度改革的核心难题。另一方面，政府管制论没有区分不同层级的政府。中央政府、省政府、地级市政府、小城镇政府在对待户籍制度改革的态度、策略和行为不一样，甚至出现中央改革户籍的政策措施在地方难以推行下去的现象。① 因此，户籍制度改革方式及其影响因素的研究必须区分城市类型和政府层级。

三、地方发展主义视域下的户籍制度改革

地方发展主义是地方发展型政府理论在户籍制度改革上的应用。有学者认为"在财权上移、事权下沉的制度大背景下，当地方政府以追求经济增长为主要目标、以扩大投资规模为主要任务、以行政手段竞争发展资源时"，"地方政府职能的实现……塑造出开源节流的公共资源调配逻辑"②，这个逻辑就是地方发展型政府的逻辑。这类学者认为地方发展是地方政府推动户籍制度改革的动力，户籍改革的形式是以落户门槛为核心的改革。

---

① 徐亚军、任维：《中国户籍制度改革困境：从国家"退出"角度的分析》，载《华东交通大学学报》，2006年第3期，第86—88页。
② 吴于亚、张力：《发展主义政府与城市落户门槛：关于户籍制度改革的反思》，载《社会学研究》，2010年第6期，第80页、第63页。

（一）改革动力：地方发展

地方政府为什么推动户籍制度改革呢？地方发展主义的学者围绕这一问题形成了如下三种结论。

1. 财政激励

学者们普遍认为财政激励推动地方政府进行户籍制度改革。左鹏和周菁研究了20世纪90年代初期的户口买卖，发现地方政府的目的是为了增加地方公共财政，解决地方财政资金不足的窘境。[①] 王丽娟认为20世纪90年代的户籍改革，地方政府通过购房入户等政策使得"新增人口不仅直接缴纳了购房的相关税收，更重要的是促进了本地住宅市场价格的上涨，使得对本地的财政收入贡献 MP 会逐渐增加"。[②] 财政激励推动下的户籍改革使得地方财力与户籍改革的进程呈现负相关，即大城市的地方政府的公共财政能力较强，吸引的流动人口较多，但是，它们常常通过提高入户门槛，限制新增非机械人口。相反，公共财政能力较弱的中小城市，它们常常降低入户门槛，但是，由于户口缺少"含金量"，吸纳的流动人口较少，导致"地方财力的提升并不会必然降低城市落户门槛"，相反，可能提高城市落户门槛。[③]

2. 本地户籍劳动力就业率

有学者研究指出，本地户籍劳动力的就业率是上级政府考核下级的一个重要的指标，因此，它称为影响户籍改革松紧程度的一个重要因素，并分析了劳动力供需关系对户籍改革松紧程度的两个发展阶段。在20世纪

[①] 左鹏、周菁：《户口买卖与户籍制度改革——来自P市的调查》，载《中国人口科学》，2000年第2期（总第77期），第55—60页。

[②] 王丽娟：《人口流动与财政竞争——基于财政分区和户口政策的比较视角》，载《中央财经大学学报》，2010年第3期，第20页。

[③] 吴开亚、张力：《发展主义政府与城市落户门槛：关于户籍制度改革的反思》，载《社会学研究》，2010年第6期，第80页、第63页。

90年代，随着国企改制，城市失业率逐步增加，地方政府为了降低本地户籍居民的失业率，实行了对外来务工人员所能从事的工种的严格的限制。① 但是，2004年以后，随着内地的发展，许多沿海城市出现"用工荒""作为典型的发展型政府，必然对企业的招工难做出反应""许多沿海城市政府把户籍制度改革当作稳定劳动力供给的制度手段"等问题②，于是这些城市逐步放松户籍管制，并通过积分入户吸纳稀缺劳动力。

3. 获取土地资源

有学者认为随着城市的发展，土地越来越成为稀缺的资源，一些地方政府为了获得可使用的土地，"把户籍制度改革与土地问题联系起来，是其改革特色，更是其改革动机"。③ 这样的户籍制度改革具有典型的功利色彩。

（二）改革类型：围绕落户门槛展开研究

在地方发展型户籍改革的背景下，户籍制度改革的方式是什么呢？已有学者围绕落户门槛展开了一系列研究。

1. 行政许可式改革

有学者从行政法的角度分析了中国户籍制度原本具有行政确认的特性，但是1958年后户籍制度变成行政许可式制度。④ 在此基础上有学者认为改革开放以后各地出现的户籍改革其实是一种行政许可式改革，户籍制度改革行政许可的强制性越来越弱，在当代变成了地方政府增加财政收入的政策工具。⑤

---

① 蔡昉、都阳、王美艳：《劳动力流动的政治经济学》，上海人民出版社2003年版，第153—182页。
② 蔡昉：《户籍制度改革与城乡社会福利制度统筹》，载《经济学动态》，2010年第12期，第9页、第7—8页。
③ 同上书，第8页。
④ 胡燕：《制度环境视角下户籍制度改革的行政法治逻辑解析——兼论国内几种不同的户籍制度改革模式》，载《四川师范大学学报》（社会科学版），2012年第2期。
⑤ 王清：《政策工具创新：从强制到许可——以当代中国城市户口迁移制为例》，载《中国行政管理》，2010年第3期。

2. 选择性城市户口迁移

有学者认为户籍制度改革是一种选择性城市户口迁移改革，地方政府"有限度地允许有权力者、有钱者、受到高等教育和有才能者以及城市急需的劳动者"① 获得城市户口。对于筑高门槛的城市，入户门槛既有存在相同点又有差异性，相同点是各地都以入户条件作为调节本地稀缺资源的工具，差异在于各地具体的入户条件有区别，入户门槛的高低与城市财政经济总量、消费水平呈正比，特大城市的入户门槛最高。②

（三）研究评析与研究空间

地方发展主义视角下的研究采用实证的研究方法，在科学方法上实现了对前两类户籍改革研究的超越，这是这类研究的主要贡献。但是，这类研究至少存在如下两个方面的不足。

第一，地方发展主义的研究成果以地方官员是理性经济人作为分析的前提假设，主要侧重分析经济发展对地方官员的影响。但是，中国政府中的公职人员的行为不仅受经济影响，而且受政治环境的影响，地方官员的行为嵌在政治制度之中。已有研究忽略了地方政府所处社会环境对政府行为的影响，社会环境包括中央任务和舆论压力。研究者需要从政治制度的角度分析地方官员的行为，即从制度背景出发解释发展型户籍改革的生成机制。

第二，地方发展主义的研究过多关注经济发达地区的户籍改革，忽略经济欠发达地区的户籍制度改革。改革开放之后经济发达地区的地方政府卷入经济建设之中，甚至通过户籍制度实现经济效益，出现地方发展主义，但是，经济欠发达地区缺少经济发展的资源禀赋，根本无法推

---

① Fei-Ling Wang, "Hukou System and Migration Controls", in Aimin Chen, Gordon G. Liu and Kevin H. Zhang, *Urban Transformation in China*, Ashgate Publishing Company, 2004, p. 129.

② 吴开亚、张力：《发展主义政府与城市落户门槛：关于户籍制度改革的反思》，载《社会学研究》，2010年第6期，第80页、第63页。

进地方发展主义式户籍改革,它们该如何促进经济发展呢?本书试图比较经济发达地区和经济欠发达地区政府在寻找经济增长点上的差异,并分析这种差异对户籍制度改革类型的影响。

第三节 核心概念

一、户籍制度

户籍制度有三个层面的含义,一是狭义户籍制度,又被称为"小户籍制度";二是中义户籍制度;三是广义户籍制度,又被称为"大户籍制度"。本书所分析的户籍制度是广义户籍制度。

第一,狭义户籍制度。狭义户籍制度是指作为人口登记的行政管理制度,人口登记功能是为了实现身份识别的目标,这是户籍制度的基本功能,也是中国户籍制度和其他国家人口管理制度的相似之处。例如,美国有社会安全号制度,这项制度把个人居住等基本信息和个人信用结合起来,是一项基本的行政管理制度。不过,与美国不同的是,中国负责人口登记的政府部门不是民政部门,而是公安部门。①

第二,中义户籍制度。中义户籍制度是指户籍制度具有人口登记和户口迁移的基本功能。户口迁移是户籍制度的基本功能之一,它具有如下几个基本特征。其一,中国实行严格的户口迁移制度,改革开放前,农业户口转为非农业户口只有招工、招干和上学三条渠道,改革开放后,户口迁移机会增加,但是政府实行总量控制原则,每年制定辖区内入户指标,入户者需要提出申请,公安部门进行审核。其二,尽管户口

---

① 中国负责人口登记业务的政府部门最初是公安部,其后有几年由民政部负责,但是很快又转移到公安部门,并一直延续下来。

迁移是公安部门的业务，但是户口迁移涉及多个政府部门。发改委负责制定辖区内每年人口非机械增长的户口指标；民政部门、教育部门负责为非机械新增人口的福利买单。因此，户口迁移制度不只是公安部门的业务，它涉及财政支出体制，牵涉到多个政府部门。

第三，广义户籍制度。广义户籍制度是指户籍制度不仅具有人口登记和户口迁移的基本功能，而且具有利益分配的扩展功能。利益分配是当代中国户籍制度的核心功能，也是中国户籍制度区别于其他国家户籍制度的特殊功能，是当代中国户籍制度的本质特征。利益分配功能涉及多个政府部门：教育局以本地户口作为优质义务教育资源配置的基础，民政局以本地户口作为是否享受低保的依据，住房与建设部门以本地户口作为分配廉租房的依据。户籍制度的粘连性使得每一个政府部门都有可能随时将某项利益附着在户口身上，其实质是通过户口限制享受某项利益的人数。

由上可见，如表1.1所示，狭义户籍制度把户籍制度看成人口登记的行政制度，对应的户籍制度改革形式是统一城乡登记；中义户籍制度认为户籍制度具有人口登记和户口迁移两项基本功能，对应的户籍制度改革形式是以入户为中心的行政许可制度；而广义户籍制度则把户籍制度定义为对资源进行配置的基础性机制，户籍改革是常住人口基本公共服务全覆盖或基本公共服务一体化。本书所使用的户籍制度是指广义户籍制度，因此，本书所讨论的户籍制度改革是指如何促进常住人口基本公共服务全覆盖。这和目前户籍制度改革的中央思路具有一致性。国务院在2011年下发《国务院办公厅关于积极稳妥推进户籍管理制度改革的通知》指出"户籍管理制度是一项基础性社会管理制度"[1]，2014年《国务院关于进一步推进户籍制度改革的意见》提出"统筹户籍制度改革和相关经济社会领域改革"的发展思路[2]，并明确指出户籍制度改

---

[1] 国务院办公厅：《关于积极稳妥推进户籍管理制度改革的通知》（国办发〔2011〕9号）。
[2] 国务院：《国务院关于进一步推进户籍制度改革的意见》（国发〔2014〕25号），2014年7月24日。

的目标是"统筹推进户籍制度改革和基本公共服务均等化"[1]。

表 1.1 户籍制度的概念界定：狭义、中义和广义的区别

	户籍功能	涉及部门	改革目标
狭义户籍制度	人口登记	公安部门	统一城乡户口登记
中义户籍制度	人口登记+户口迁移	公安部门、发改部门	户口迁移改革
广义户籍制度	人口登记+户口迁移+利益分配	公安部门、发改部门、财政部门、民政部门等	常住人口基本公共服务全覆盖

资料来源：笔者自制。

二、地方户籍制度改革

地方户籍制度改革是指在中央政府没有发布明确的改革大纲的情形下，各级地方政府推行的户籍制度改革，它是对户籍制度改革地方化的体现。当然，从严格的意义上来说，由于我们是单一制国家，地方政府的授权来自中央政府，因此，地方政府只能是户籍制度改革的执行者。但是由于从改革开放到 2013 年，中央政府一直没有统一的关于户籍制度的总体性文件，因此，地方政府在户籍制度改革中拥有一定的自主权。

地方政府包括省、市、县区、镇街四个层级，户籍制度改革主要集中在省、市、县三个层级的政府。从目前的情况来看，省级政府较少推动统一性改革，县级政府大多属于中小城市，属于公安部明确规定的"逐步放开户籍管制"的范围，其推动的户籍改革没有多少争议，因此，真正有争议且呈现地区差异的是市级政府。因此，本书主要探讨市级政府，尤其是副省级城市推行的户籍制度改革。

---

[1] 《国家新型城镇化规划（2014—2020 年）》，人民出版社 2014 年版。

第四节 分析思路

本书要分析的核心问题是：地方政府有哪些不同的户籍制度改革方式？地方政府为何选择这样的改革方式？笔者先分析因变量的类型，然后解释因变量的生成机制。这是本书要解决的两个理论问题。在这一节，笔者将交代，本书运用什么样的分析框架来分析这两个问题。笔者按照因变量和自变量的顺序，将这两个问题的分析思路逐一呈现，以对全书有一个提纲挈领的把握。

一、地方户籍制度改革的基本类型

中国户籍制度至少经历了三个发展阶段，它们依次是 1958 年至 1984 年，严格户口管制阶段；1984 年到 21 世纪初期，发展型户籍改革阶段；21 世纪至今，兼顾型户籍改革阶段。

第一阶段，1958 年至 1984 年，严格户口管制阶段。1958 年，全国人大常委会颁布《中华人民共和国户口登记条例》，标志着城乡二元户籍制度开始建立。① 在这一阶段，城市居民是非农业户口，享受商品粮、油等基本生活资料的供给，农村村民是农业户口，生产生活资料自给自足，且不能向城市流动。当时农业户口转为非农业户口只有招工、招干、入学三个途径，控制十分严格。

第二阶段，1984 年至 21 世纪初期。在这个阶段，户籍制度经历了

---

① 关于新中国户籍制度起源，请参见王清：《利益分化与制度变迁：当代中国户籍制度改革研究》，北京大学出版社 2012 年版；Tiejun Cheng, *Dialectics of Control—The Household Registration System in Contemporary China*, The Graduate School of the State Univeristy of New York at Binghamton, Doctoral Dissertation Paper, 1991。

很多改革，至少具有两个特征。一方面，在这个阶段，国务院发起的户籍制度改革大多以公安部的名义发布，改革内容没有涉及户口福利，只涉及户口迁移和人口登记，只是中义上的户籍制度改革，例如1985年开始的暂住证改革、2000年之后开始的居住证改革。由于这些改革没有触及户口利益，因此，改革并没有解决人户分离等棘手的人口管理难题。另一方面，在这一阶段，地方政府充分发挥自主权，推行了一些各具地域特征的户籍改革形式，例如20世纪90年代的蓝印户口政策，21世纪初期的积分入户制。笔者将这类改革统称为发展型户籍改革，并将在下一章以G市为例，详细阐述发展型户籍改革的基本特征。

第三阶段，21世纪初期至今。随着2004年中央明确加强社会建设后，国务院对户籍制度改革的思路发生了一些转变，开始越来越强调以户口福利为核心的大户籍制度改革。国务院选择C市和重庆试点，推行城乡统筹户籍制度改革。这是一种完全不同于发展型户籍改革的形式，在这类户籍制度改革中，地方政府不仅考虑地方发展需求，也开始回应社会公平的诉求，积极寻求基本公共服务一体化。笔者将这类改革称为兼顾型户籍改革，将在第四章中以C市为例，分析兼顾型户籍改革的基本特征。

发展型户籍改革和兼顾型户籍改革是地方性户籍制度改革的两种类型，本书将会从改革历程、改革主体、改革内容、改革困境这四个方面来分析两种不同类型的户籍制度改革。

第一，改革历程。改革历程主要分析这类户籍制度改革在全国扩散及在G市/C市改革的历史进程问题。本书将梳理这类户籍改革在全国的扩散情况，这样可以准确地发现改革扩散的基本特征，例如，哪些地区哪类城市最早推动某类改革以及G市/C市在该类改革中的代表性和典型性。

第二，改革主体。改革主体主要解决谁来改革的问题，笔者将分析如下两个问题。一方面，哪级政府推动改革？在本书中，笔者所讨论的是副省级城市/特大省会城市，即G市和C市的户籍改革。特大省会城市属于严格控制户口迁移的城市，但是这些地方政府仍然推动了改革，因此，这类改革能较典型地反映地方政府的行为特征。另一方面，什么政府部门参与改革？本书将涉及户籍制度改革的政府部门分为三类：人口管理部门（即公安部门）、综合型部门（如发改委、人社局农民工工作处、城乡统筹委等）、社会福利部门（如教育部门、民政部门等），并分析哪类部门是牵头部门，各个政府部门对待改革的态度和行为策略及其对户籍制度改革的影响。

第三，改革内容。改革内容主要解决改革包括哪些要素的问题，它是理解改革目的的抓手。笔者将分析如下几个问题。其一，哪些人可以申办这类户口？其二，入户门槛是什么？其三，入户者可以享受哪些基本公共服务？

第四，改革困境。由于户籍制度改革的效果已经在改革内容中得以显示，因此，在分析改革效果这部分内容里，本书更为关注分析每类户籍制度改革面临的困境。

二、地方户籍制度改革类型的影响因素

在分析了地方性户籍制度改革的两种类型后，接下来，笔者将解释为何不同的地方政府推行不同的户籍制度改革方式。本书只分析两个副省级城市：G市和C市。因此，这个问题也可以转化为，为何G市政府推行发展型户籍改革，但是C市政府却推行兼顾型户籍改革？到底什么因素影响地方政府对户籍制度改革方式的选择？本书将采用制度与行动者的分析框架。

（一）制度与行动者：已有文献研究

制度与行动者的分析框架是社会学制度主义学派和理性选择制度变迁理论较为常用的一个理论工具。

1. 社会学制度主义学派视角下制度与行动者的分析框架

制度主义学派对制度与行动者的关注经历了旧制度主义向新制度主

义的转变。

第一,在社会学旧制度主义学派那里,他们认为在制度面前,行动者往往无能为力。制度和行动者是一种对立关系,例如迪尔凯姆强调社会制度对人们的约束①,帕森斯认为制度是"规范与规则的系统,这些规则能够调控行动者的行动,使他们的眼前目的与社区所共享的价值相一致"。②他所强调的是制度对行动者的影响,并认为规范和文化等制度因素过于强大,行动者要么缺乏理解能力,要么成为文化傀儡。③

第二,与旧制度主义不同,社会学新制度主义学派强调把制度带回来,认为制度和行动者相互作用,形成一种互嵌(inter-embeddedness)关系。加芬克尔提出了"破坏实验",让行动者在特定的制度环境下表现出不一致的行为,结果造成了秩序的紊乱,证明行动者存在影响。伯格和莱克曼(Berger and Luckmann)直接提出"制度世界是一个人类制造的、建构的世界"④,并认为制度塑造人们的角色,而行动者又通过角色扮演影响制度。布迪厄进一步补充了这种观点,认为习惯(Habitus)是制度约束和塑造行动的产物,但是,它又会反过来影响制度。⑤社会学新制度主义把文化等要素加入进来,以角色、习惯为中介变量,分析制度与行动者的关系。社会学新制度主义留给研究者的启示是"在制度改革、制度创新与制度设计的过程中,我们应该清晰地把握制度与行动者之间的关系"。⑥

---

① [法]埃米尔·迪尔凯姆:《自杀论》,商务印书馆1996年版。
② Powell and DiMaggio, *The New Institutionalism in Organization Analysis*, Chicago: The University of Chicago Press, 1991.
③ Harold Garfinkel, *Studies in Ethnomethodology*, Englewood Cliffs, NJ: Prentice-Hall, Inc, pp. 66-68.
④ Berger and Luckmann, *The Social Construction of Reality*, The Penguin Press, 1967, p. 73.
⑤ [法]布迪厄:《实践感》,蒋梓骅译,译林出版社2003年版。
⑥ 张军、王邦虎:《从对立到互嵌:制度与行动者关系的新拓展》,载《江淮论坛》,2010年第3期,第151页。

2. 理性选择制度变迁视野下的制度与行动者

理性选择制度变迁视野是指基于理性经济人的假设对制度变迁进行分析的一种视角，也有人称之为经济分析途径或算计途径（calculus approach）。① 这个视角非常强调行动者对制度变迁的影响，认为"制度变革可以被看作一个社会中供给和需求力量相互影响所产生的结果"。② 第一行动集团和第二行动集团对制度变迁具有决定性作用，如果行动者认为如果一项制度变迁预期的净收益超过预期的成本，一项制度安排就可能实现制度创新。③

（二）户籍制度改革中的制度与行动者

在借鉴已有理论对制度与行动者的分析框架下，本书将从两个方面解释地方政府户籍制度改革方式的选择机制，他们分别是制度背景和行动者要素。

1. 制度环境：处于科层制与社会之间的地方政府

"制度环境是一系列用来建立生产、交换与分配基础的基本的政治、社会和法律基础规则。"④ 对于地方政府来说，它所处的制度环境不仅包

---

① "经济分析途径"的称呼参见Rothstein、March and Olsen 的论述，但他所说的经济分析途径主要是指这种分析以经济学为微观基础，不同于马克思所使用的经济分析方法。参见鲍·罗思坦：《政治制度：综述》，见［美］罗伯特·古丁、［美］汉斯-迪特尔·克林格曼主编：《政治科学新手册》（上册），钟开斌等译，生活·读书·新知三联书店 2006年版，第214页，第223—227页；James March and Jonan P. Olsen, *Rediseovering Institutions: The Organizational Basis of Politics*, New York: The Free Press, 1989。
② 《制度经济学的经验研究：一个概述》，见［美］道格拉斯·C. 诺思、张五常等：《制度变革的经验研究》，罗仲伟译，经济科学出版社2003年版，第30—31页。
③ ［美］L. E. 戴维斯、［美］D. C. 诺斯：《制度变迁的理论：概念与原因》，见［美］R. 科斯等：《财产权利与制度变迁——产权学派与新制度学派译文集》，上海人民出版社1994年版，第267—294页。
④ ［美］戴维斯、［美］诺斯：《制度变迁的理论：概念与原因》，见［美］科斯、［美］阿尔钦、［美］诺斯：《财产权利与制度变迁》，上海人民出版社1994年版，第270页。

括科层制度,还包括其所处的社会环境。地方政府位于一种"上下之间"的独特处境,"既位于一种自上而下的压力型科层制之下,又被置于一个非程式化的……社会之上","这种关系的存在使地方政府必须在压力型体制、科层制和社会的胶结状态中寻求自洽的生存之道"。① 因此,除了央地关系外,本书还将考虑社会因素对地方政府户籍制度改革行为的影响。②

一是央地关系:地方政府行为的约束条件。已有学者认为中国政治制度是制度变迁的外在条件,一类学者认为中国是全能主义国家③,但是,改革开放以后,中国政治体制出现了转型和调适,导致中国统一的政治结构内部具有不稳定性,出现高度组织化国家内的低度整合④,形成了蜂窝状组织⑤,出现了权威主义的碎片化⑥或韧性权威主义⑦。另外一类学者则从经济学和社会学的视角解释中国政体和有效治理之间的关系,认为中国上下级政府之间是一种行政层级发包制,这种制度特征有效解决了大国治理与资源有限的矛盾,通过给予地方政府自主权和自主空间,推进各具特色的地方经济发展⑧,并逐步形成地方政府行为的自主空间。⑨ 在借鉴已有研究的基础上,本书选用央地关系、上级任务这两个指标来衡量地方政府所处的政治制度环境。其中,央地关系包括财税关系、人事任免、行

---

① 欧阳静:《运作于压力型科层制与乡土社会之间的乡镇政权:以桔镇为研究对象》,载《社会》,2009 年第 2 期。
② 来自笔者的前期研究成果,参见王清:《从权宜之计到行政吸纳:地方政府回应社会方式的转型》,载《中国行政管理》,2015 年第 6 期。
③ 邹谠:《二十世纪中国政治——从宏观历史与微观行动角度看》,牛津大学出版社 1994 年版。
④ 孙立平:《向市场经济过渡过程中的国家自主性问题》,载《战略与管理》,1996 年第 4 期。
⑤ [澳] 奥德丽·唐尼索恩:《中国的蜂窝状经济:文化革命以来的某些经济趋势》,见《走向 21 世纪:中国经济的现状、问题与前景》,江苏人民出版社 1995 年版。
⑥ Lieberthal, Kenneth G. and Oksenberg, Michel, *Policy Making in China Leaders, Structures and Processes*, Princeton, New Jersey: Princeton University Press, 1988.
⑦ Nathan, A., "Authoritarian Resilience", *Journal of Democracy*, 14 (1), 2003, pp. 6 – 17.
⑧ 周黎安:《转型中的地方政府:官员激励与治理》,上海人民出版社 2008 年版。
⑨ 周雪光:《权威体制与有效治理:当代中国国家治理的制度逻辑》,载《开放时代》,2011 年第 10 期。

政关系等；上级任务是指上级政府交办给市委市政府的任务。

二是资源禀赋和社会压力。已有研究侧重政府之间的组织学分析，着重分析压力型体制下下级政府如何回应上级政府，却忽视社会环境对地方政府行为的影响。事实上，地方政府对户改类型的选择还受到地方资源禀赋和社会压力的影响。一方面，资源禀赋是经济学上常用的一个概念，它是指某个主体在进行某项活动之前面临的先在条件。例如有些地方是港口，先天就具有开发港口资源的优势，另外一个地方离港口很远，就不具有发展港口经济的资源禀赋。在本报告中，笔者所讨论的资源禀赋就是地方政府发展经济的条件。另一方面，社会压力主要是指地方政府嵌在社会之中，社会压力也是推动地方政府作为或者不作为的因素之一。例如，在其他条件不变的情况下，随着民众强烈谴责户籍制度不公平的呼声越来越大，政府可能会对户籍制度的改革思路进行一些调整。在央地关系、资源禀赋和社会压力这三个要素中，央地关系和资源禀赋对地方政府行为的影响最大，社会压力的影响最小。

2. 行动者

谁是户籍制度改革的核心行动者？已有一些学者在研究户籍制度改革中，分析了既得利益者（非农业户口）、利益受损者（农业户口）之间的博弈，并认为两者具有对立性，既得利益者担心利益受损，从而拒绝利益受损者进入城市获得城市户口，这种呼声被政府吸纳，从而维持城乡二元户口结构。① 这类研究看到了行动者对户籍制度改革的影响，但是，笔者认为他们的分析忽略了核心行动者。中国户籍制度改革是一项强制性制度变迁，这就是说无论社会对户籍制度改革的需求有多大，政府是否推动改革，取决于政府本身，而不全是社会压力。因此，在解释户籍制度改革中，地方政府尤其是地方一把手或主要官员是最重要的行动者，本书将地方官员称为政策企业家，他们对改革议程的启动、改革内容的筛选、改革

---

① 郑杭生、张本效：《可行性与可达性：户籍制度改革破题》，载《探索与争鸣》，2014年第7期。

进程等发挥着至关重要的作用，本书将在第二章中分析发展型户籍改革中地方官员的偏好行为，在第四章中，笔者将通过 C 市户籍制度改革的案例，分析这种模式的特点，并从外部政治制度环境、资源禀赋和社会压力的变化，以及行动者的行为来解释兼顾型户籍改革的生成机制。

笔者将本书的分析逻辑制成如图 1.1。本书要解释的核心问题是：（1）地方户籍制度改革有哪几种方式？本书认为地方政府所推行的户籍制度改革有两种类型，即发展型户籍改革和兼顾型户籍改革，并将以 G 市和 C 市户籍制度改革为例，从改革历程、改革主体、改革内容、改革困境等四个方面分别探讨两种不同类型的户籍制度改革；（2）地方政府为何选择不同的改革方式？本书采用制度—行动者的分析框架解释户籍制度改革路径的生成机制，其中制度包括政治制度环境、经济制度环境、社会环境这三个方面。需要交代的是，在对发展型户籍改革进行解释时，笔者侧重从政治制度环境的角度展开，分析央地关系如何塑造地方政府的行为；但是，在分析兼顾型户籍制度的形成机制时，笔者侧重从上级任务（中央试点）、资源禀赋、社会压力和行动者这四个要素展开分析。

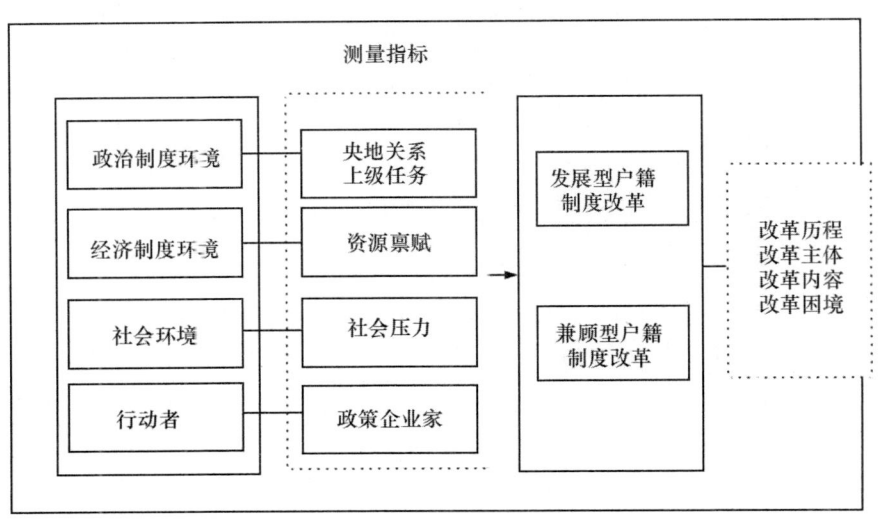

图 1.1　本书的逻辑结构图

第五节 研究方法

一、双案例比较分析法

本书选择了一组案例进行比较分析。这一组案例包括两个个案，分别是 G 市户籍制度改革和 C 市户籍制度改革，其中 G 市户籍制度改革代表发展型户籍改革，C 市户籍改革代表兼顾型户籍改革。

（一）案例选择的典型性和代表性

第一，G 市和 C 市作为副省级城市，属于"严格控制人口迁移"的城市，但是两市积极推行户籍制度改革。一方面，G 市是 A 省的省会城市，作为沿海城市，它拥有大量流动人口，出现严重的人户分离、基本公共服务不均衡、本外地人冲突等人口管理难题。和上海、深圳等沿海城市一样，G 市在 20 世纪 90 年代推行蓝印户口政策，又在 21 世纪推行积分入户制。这两项改革是发展型户籍改革的典型个案。另一方面，C 市作为 S 省的省会城市，是西南地区人口流入大市，却面临"大城市、大农村"的现状，城镇化率低，它于 2003 年开始推行完全不同于 G 市的兼顾型户籍改革。它能够代表全国城镇化率低的大城市户籍制度改革的类型。

第二，G 市和 C 市在全国较早推行了新的户籍制度改革方式，在全国具有一定的代表性。G 市于 2010 年推行积分入户制，这种做法得到目前国务院一些文件的肯定，例如 2015 年《政府工作报告》提出"已在城镇就业和居住但尚未落户的外来人口，以居住证为载体提供相应基本公共服务"[①]，而《居住证管理办法（征求意见稿）》则提出

---

① 国务院：《政府工作报告》，人民出版社 2015 年版。

人口在 100 万以上的城市,"建立完善积分落户制度,合理设置积分分值"。① C 市于 2003 年推行兼顾型户籍改革,重庆于 2009 年跟进推行这项改革,但是 C 市兼顾型户籍改革持续时间最长,并进行了制度化建设。

第三,G 市和 C 市户籍改革具有鲜明的差异性,适宜进行比较研究。G 市的蓝印户口政策和积分入户政策重视吸纳条件较好者获得城市户口,C 市的兼顾型户籍改革则改变财政划拨机制,实行城乡统一登记和统一管理,促进城乡基本公共服务均等化。G 市和 C 市户籍制度改革代表了两种完全不同的户籍制度改革类型。G 市和 C 市尽管城市级别一样,但是面临的经济发展水平、人口结构等要素不同,这就带来了两地户籍改革的差异。

(二)比较分析的基本要素

本书采用比较的分析方法,对两个个案进行比较分析。案例要分析的问题是本书关心的两个核心问题。它们分别是:第一,G 市户籍改革和 C 市户籍改革分别是一种什么类型的改革,G 市和 C 市户籍改革政策有什么相似之处、有何差异;第二,国务院以城市的行政级别和城市人口规模为标准,对户籍制度实行分类控制,G 市和 C 市同属于严格控制户口迁移的城市,但是,正是在这样的城市,户籍制度发生了松动,且通过两种不同的方式推动改革,本书试图探究为何两个副省级城市呈现完全不同的户籍改革方式。围绕 G 市和 C 市户籍制度改革的类型及其影响因素,本书从改革动力、改革主体、改革内容和方式、改革结果这四个方面,详细比较两种户籍制度改革及其影响因素。

---

① 国务院法制办公室:《关于〈居住证管理办法(征求意见稿)〉公开征求意见的通知》,2014 年 12 月 4 日。

第一，改革动力的比较。改革动力分析的是地方政府选择不同改革类型的原因。从国家和社会的二维分析框架来看，制度改革的动力既可能来自内部，也可能来自外部。从内部来说，制度改革的动力主要是为了回应国家和政府的需要；从外部来看，户制度改革的动力则是为了回应社会的需求。G 市户籍制度改革主要是为了回应政府推动经济发展的需要，但是，C 市户籍制度改革则不仅是为了回应经济发展的需要，而且也是为了回应社会公平的需要，正是在这个意义上，本书将 G 市户籍制度改革称为发展型户籍制度改革，而将 C 市户籍制度改革称为兼顾型户籍制度改革。

第二，改革主体的比较。改革主体涉及谁在推动改革的问题。在本书中，课题组从政府内部职能部门的角度，分析职能部门的属性及其对户籍制度改革类型的影响。户籍管理至少涉及三类部门：人口管理部门（如公安部门）、综合部门（如发改委）和福利分配部门（如人社局）。户籍制度改革的牵头部门直接决定其改革的类型。在地方户籍制度改革中，G 市改革是人口管理部门（公安部门）推动的改革，而 G 市则是综合部门（城乡统筹委）推动的改革，这就直接导致两类户籍改革内容和路径不同。

第三，改革内容和方式的比较。改革内容和方式涉及地方政府如何推动改革的问题。户籍制度包括三种功能：人口登记、户口迁移和利益分配。改革内容和方式是指地方政府着力推动户籍制度哪类功能的改革：如果地方政府通过入户门槛的方式，吸纳精英入户，这类改革方式就是许可式改革；相反，如果地方政府通过改革户籍制度的利益分配功能，赋予户籍弱势群体权益，推进常住人口基本公共服务全覆盖，这类改革方式就是赋权式改革，这是 G 市和 C 市户籍制度改革的重要区别。

第四，改革结果的比较。改革结果包括改革所带来的成效和困境。从改革成效的角度来看，本书将分别分析两类户籍制度改革对政府和社会的影响。相对于改革成效而言，改革困境是本书的分析重点。G市户籍制度改革面临的核心困境是改革碎片化及其带来的福利碎片化问题；C市户籍制度改革则面临不断增加的福利支出成本与财政投入难以持续等体制机制方面的困境。在分别讨论两市户籍制度各自面临的困境后，本书在第六章总结了两市户籍制度改革面临的根本困境，分别是：G市户籍制度改革具有工具理性，而非价值理性；C市户籍制度改革面临地方探索与缺乏顶层设计的矛盾。

本书遵循比较研究方法。首先，本书在第二章和第四章分别分析G市和C市两类户籍制度改革的动力、改革主体、改革内容和方式、改革效果；然后，本书在第五章总结、概括和提升G市和C市两类户籍制度的差异性和相同点，并在此基础上提出从发展型户籍制度改革到兼顾型户籍制度改革的进步与不足，在此基础上呼吁公平型户籍制度改革，这就是第六章对策建议要分析的内容。

二、数据来源

本书所做的是一项双案例比较分析的经验研究，数据主要有两个来源：一是一手调研材料；二是政府法规和改革文件等。其中一手调研材料是主要数据来源。

（1）与户籍制度有关的法规文献。包括公安部的《户口管理资料汇编》七卷本以及G市和C市户籍制度改革的相关文件，G市的材料至少包括蓝印户口和积分入户制的改革文件，C市户籍制度改革的文件包括《C市统筹城乡发展年度报告》（2011）、《C市统筹城乡发展年度报告》（2012）、《C市统筹城乡发展年度报告》（2013）、《C市统筹城乡综合配套改革试验区建设资料选编》、《C市统筹城乡改革发展实践交流材料》、《C市全国统筹城乡综合配套改革试验区建设5周年回顾（2007—2012）》等。

（2）一手调研材料。本书的案例材料主要来源于一手访谈数据。

第一，访谈对象的选择。如表1.2所示，笔者对G市和C市户籍制度改革涉及的政府部门、社会组织和居民进行了访谈。一是户籍制度改革的决策者和执行者，包括G市农民工工作处负责人（2010—2013年积分入户组织单位）、G市公安局负责人、C市城乡统筹委负责人、C市公安局户政科负责人、C市区民政部门。二是户籍制度改革涉及的社会组织——户口网创始人，他们帮助民众准备积分入户材料。三是，户籍制度涉及的居民，如C市集中居住区居民等。

需要说明的是，在访谈对象的选取上，本书只对G市和C市两地的户籍制度展开比较研究，故访谈区域只包括G市和C市。但是，由于G市积分入户制度改革由A省整体部署和推进，该省其他地级市积分入户制改革对理解G市改革仍有借鉴意义。借政府委托课题的机会，笔者得以有机会全面访谈D市GC区新莞人管理办公室、教育分局、劳动分局等。这次访谈对笔者理解户籍制度改革部门的碎片化有非常重要的帮助。

第二，访谈时间。本书的访谈从2012年一直持续到2015年。其一，笔者对C市城乡统筹委、C市公安局进行了持续的追踪访谈，调研C市城乡统筹改革的具体过程及其面临的问题。与此同时，笔者对G市公安局、G市人社局进行访谈和参与式观察，收集G市户籍制度改革的一手材料。其二，笔者借参与其他课题的机会对访谈对象进行深入而持续的调研。例如2015年3月到7月，笔者借国家民政部和英国政府合作的政府购买公共服务重大课题的调研机会，对G市和C市户籍改革的最新动态进行调研，增加了对两个城市的市、区/县财政部门、民政部门和居民的访谈，获得了较为翔实的一手资料。

表1.2 访谈情况一览

受访者类型	访谈编号	受访者工作单位	访谈内容
政府部门	20120501	C市城乡统筹委	C市城乡统筹政策出台和执行情况
政府部门	20150518	C市城乡统筹委	C市城乡统筹的追踪访谈
政府部门	20120506	C市公安局户政科	C市户籍改革
政府部门	20120629	G市农民工	G市积分入户制实施情况
政府部门	20130915	G市公安局	G市户籍改革
政府部门	20120705	D市GC区公安分局	流动人口管理
政府部门	20120704	D市GC区新莞人服务管理中心	积分入户制
社会组织	20140901	户口网	积分入户制
居民	20150519	C市W区	城乡统筹户籍后集中居住区居民情况

第六节 研究创新与不足

地方性户籍制度改革的方式及其影响因素可以从社会公平、政府管制、发展型政府等角度加以分析，本书在已有研究的基础上，沿着发展型政府的视角分析户籍制度改革的类型。不同于发展型政府的分析视角，本书运用制度与行动者的分析框架，验证了G市户籍制度改革具有发展型政府的特征，但是，随着中央政策的调整、当地资源禀赋的差异等因素的出现，C市推行了不同于发展型户籍制度的改革方式，本书将详细分析户籍制度改革方式的转型过程及其发生机制，以此补充发展型政府理论。本书具有如下创新点和不足。

第一，研究视角的创新。目前学术界主要有三类研究户籍制度改革的视角，它们分别是社会公平视角、政府管制视角和地方发展主义视角。社会公平论视角无法解释为何社会要求户籍改革的呼声越来越强烈，但是政府回应社会需求的动力越来越弱的悖论现象。政府管制论虽然可以解释政府回应，但是，他们并没有解释户籍制度改革的地区差异。地方发展主义的研究者尽管分析了地区落户门槛的差异，但是，他们的分析过多聚焦于经济发达城市户籍制度改革，忽略了经济欠发达地区的户籍制度改革；他们分析了20世纪90年代到21世纪初期的户籍制度改革的逻辑，却忽略了中央政策的调整及户籍制度改革的最新动向。本项研究试图推进地方发展主义视角的研究，一方面，本项研究不仅关注经济发达地区的户籍改革，而且关注经济欠发达地区的户籍改革，并将两者进行比较。另一方面，本书不仅关注20世纪90年代的户籍改革，而且关注当下推进的积分入户制改革、城乡统筹户籍改革等最新户籍改革形式，从中把握和分析户籍制度改革的最新动态及面临困境，并在此基础上提炼地方政府的行为理论，与已有的地方发展型政府进行理论对话。

第二，研究方法的创新。本书采用双案例比较研究方法，选择了一组案例，进行双案例比较分析。双案例比较研究法有利于揭示户籍制度改革的地区差异和历史转型，并通过比较分析解释户籍制度改革转型的生成机制。一是，本书对G市积分入户制度进行分析，提出地方发展型户籍改革，并分析压力型体制、晋升激励、地方户改自主权是地方政府选择地方发展型户籍改革的根本原因。二是，本书以C市户籍制度改革为例，提出兼顾型户籍改革模式，并认为C市户籍制度改革既回应地方发展需求，又在一定程度上回应社会公平的需要，具有双重改革目标。

第三，研究观点的创新。首先，目前关于户籍制度改革的研究，较多就户改论户改，较少进行理论提升。与此同时，关于地方政府行为的研究多集中于经济建设领域，较少集中于户籍制度改革，而户籍制度改革既牵涉地方经济发展，又涉及地方社会建设，是一项横跨经济建设领域和社会建设领域的综合型制度改革，对这项制度的改革必然涉及地方政府经济发展和社会发展的双重逻辑。因此，本项研究试图以户改为个案,分析地方政府在户籍改革上的行为及其地区差异,对话和补充地方发展型政府理论。其次,本书提出户籍制度改革碎片化的概念,这是对当前户籍制度改革现状的真实描述,也是地方政府主导户籍制度改革面临的困境。从理论建构上来说,笔者试图通过户籍制度改革碎片化与"权威主义碎片化"理论①进行对话,建立起"权威主义碎片化"与地方政府策略性行为之间的关联性。

当然,囿于地方户籍制度改革的发展情况及笔者的研究能力,本书也存在诸多不足,有待进一步研究和分析。本书试图建构户籍制度改革方式及其生成机制的逻辑框架,将制度与行动者这两个因素纳入,这是一个较好的尝试,也有利于跳出户籍制度改革的经验材料,回应地方政府行为及其影响因素的理论议题。但是,地方政府行为有一个非常重要的影响因素是中央政策环境,由于无法对国务院部委决策者进行访谈,因此中央政策环境这一影响因素主要通过对副省级城市政府职能部门负责人的访谈得以呈现。这一策略性的技术处理有可能忽略中央政府在户籍改革中生动和丰富的决策过程,这是本书存在的缺陷。针对这一缺陷,笔者也尽量寻找更多的中央政府的户籍制度改革文本进行弥补。

---

① Lieberthal, Kenneth and David M. Lampton, *Burecucracy, Politics, and Decision Making in Post-Mao China*, Berkeley: University of California Press, 1992.

第二章　发展型户籍改革：以 G 市为例

　　1984 年"自理口粮户口"出现，这标志着改革开放后户籍制度逐步松动，各地开始推行户籍制度改革。从 20 世纪 80 年代至今，即使实行最严格户籍管制的副省级以上的城市也纷纷推行具有地域特色的户籍改革，例如广州、上海、深圳推行的蓝印户口、工作证、积分入户制等。虽然各地具体做法有所差异，但是，这些改革具有如下几个共同特征。

　　第一，改革不只发生在某一个城市，而是在同类城市进行政策扩散。以蓝印户口为例，1994 年，深圳最先实行蓝印户口，随后上海于 1995 年跟进推行这项政策，G 市于 1999 年加入，北京市在 2003 年选择跟进这项政策。

　　第二，尽管改革类型繁多，户口名称不同，但是，这些改革具有相同的发展型政府的特性，即地方政府通过设定门槛，让符合条件者获得城市户口。各个地方政府设定的条件大多是依据本地所需，以发展所需的稀缺性要素作为入户门槛，例如 20 世纪 90 年代，地方政府为了推动房地产的发展，把购房作为入户门槛。① 在这个意义上来说，本书把这类户籍制度改革统称为发展型户籍改革。

---

① 21 世纪初，当金融危机出现时，各地房地产不景气，有人在房地产研讨会上提出要重启买房入户，以此拉动房地产，这从一个侧面印证了当年地方政府推动蓝印户口政策的一个主要目的是刺激房地产发展。相关材料参见林华：《"购房入户"新政卷土重来》，载《经融经济》，2009 年第 3 期，总第 321 期。

什么是发展型户籍改革？它有什么改革类型？这是本章要回答的核心问题。笔者将以G市蓝印户口和积分入户制为例①，分析发展型户籍改革这一概念的理论渊源、概念内涵和特征，并以G市蓝印户口和积分入户制为例，分析发展型户籍改革两种形态的发展进程和改革特点。

第一节 发展型户籍改革的理论框架

发展型户籍改革是地方发展型政府理论在户籍制度改革上的运用。吴开亚较早把发展型政府理论借鉴用来分析户籍制度改革，认为发展主义是指地方政府以经济增长为第一要务，导致地方政府更为关心当地的经济发展速度，形成发展主义的改革逻辑。② 不过其研究仅仅指出了户籍制度改革具有发展主义的特征，并没有从理论上形成发展型户籍制度的概念，也没有分析发展主义的理论渊源。接下来，笔者将分析地方发展型政府的理论内涵，然后运用这个概念分析户籍制度改革，形成发展型户籍改革的学术概念。

一、地方发展型政府③

（一）地方发展型政府与发展型国家的理论差异

地方发展型政府是近年来学者们用来分析中国地方政府行为的一套

---

① 导论中已经分析了G市作为发展型户籍制度改革的案例典型性和代表性。
② 吴开亚、张力：《发展主义政府与城市落户门槛——关于户籍制度改革的反思》，载《社会学研究》，2010年第6期。
③ 笔者已将地方发展型政府这部分内容公开发表，参见拙作《超越地方发展型政府：理论框架与经验分析》，载《四川大学学报》，2014年第6期。

理论。中国学者常易把地方发展型政府混同于发展型国家的概念①，但是两者是完全不同的两套理论。为了避免混淆，有必要先做一个简单的区别。发展型国家最早由美国政治学家约翰逊在《通产省与日本奇迹》一书中提出，它既不同于美国的自由主义经济下的监管国家，又不同于苏联式计划经济下的威权主义国家，而是一种"计划导向的市场经济制度"。②发展型国家的理论核心是强国家能力（嵌入式自主性）、国家经济政策（有选择的产业政策）、专业的官僚队伍（具有自主性的经济官僚）以及国家和私营经济的合作（紧密的政商关系）。③其后大量学者推动着这个概念的发展，认为"发展型国家是由政治的、官僚的和财阀势力组成的无缝网络的简称，这一网络塑造了东北亚的政治经济生活。"④

发展型国家和地方发展型政府至少具有如下几个方面的差异。第一，研究对象的差异。发展型国家探讨的是国家，强调的是国家能力；而地方发展型政府分析的对象是地方政府。第二，研究的问题不同。发展型国家研究的是在内政外交的不利条件下，东北亚国家如何促进国内经济发展的问题；地方发展型政府研究的是在国内压力型体制下，中国地方政府如何促进本地经济发展。第三，研究背景不同。发展型国家强调的是后发国家在经济发展过程中面临的外部压力；地方发展型政府强调的是国内从上至下的压力型体制。第四，研究观点的差异。发展型国家强调强国家能力、有选择的产业政策、专业的经济官僚和紧密的政企合作；但是，地方发展型政府强调地方政府干预地方经济、地方法团主

---

① 一些论文的作者混淆了地方发展型政府和发展型国家这两个概念，这里可以随便举一个例子，例如在陈玲、王晓丹、赵静：《发展型政府：地方政府转型的过渡态》，载《公共管理学报》，2010年第3期的论文中，论文作者混淆了这两个概念。
② [美] 查莫斯·约翰逊：《通产省与日本奇迹——产业政策的成长（1925—1975）》，吉林出版集团有限责任公司2010年版，第2页。
③ 同上书，第10页。
④ [美] 禹贞恩：《发展型国家》，曹海军译，吉林出版集团有限责任公司2008年版，第1页。

义、地方政府及厂商。

(二) 地方发展型政府的理论要素

受中国独特的央地关系——政治上权力高度集中,但是行政上高度分权①、中国特色财政联邦主义、横向和纵向双重监督机制缺失②的影响,改革开放以后,中国的地方政府扮演着发展型政府的角色。非常多的学者讨论了改革开放后地方政府的行为模式,并形成了不同的学术概念。戴慕珍(Jean Oi)提出了地方法团主义理论③,认为地方政府主要通过工厂管理、资源分配、行政服务、投资与贷款这四种方式控制和介入企业的经营运作。④ 魏昂德(Walder)考察不同层级的政府之间在组织特征方面存在的差异,形成了政府即厂商的理论,认为政府与企业的关系类似于一个工厂或公司内部的结构关系,即政府作为所有者,类似于一个公司中的董事长,而企业的管理者则类似于厂长或车间主任的角色。⑤ 彭玉生对魏昂德的观点做了两点修正:不是政府直接监督而是市场间接监督减小了乡镇企业的代理问题;不是地方政府公司内部的平调补贴而是市政府能从银行借贷,后者是国企预算约束软化的根本原因。彭玉生的研究验证了地方法团主义理论的解释力。⑥ 张静提出地方政府

---

① 周黎安:《转型中的地方政府:官员激励与治理》,上海人民出版社 2008 年版。
② 郁建兴、高翔:《地方发展型政府的行为逻辑及制度基础》,载《中国社会科学》,2012 年第 5 期。
③ Oi, Jean, "The Role of the Local State in China's Transitional Economy", *China Quarterly*, 144; Oi, Jean, "Local State Corporatism", in Jean C. Oi (eds.), *Rural China Takes Off: Institutional Foundations of Economic Reform*, Berkeley: University of California Press, 1999.
④ Oi, Jean, "Fiscal Reform and the Economic Foundation of Local State Corporatism in China", *World Politics*, 45 (1), 1992, pp. 118 – 122.
⑤ Walder, Andrew, "Local Governments As Industrial Firms", *American Journal of Sociology*, 101, 1995, pp 268 – 269.
⑥ Peng Yusheng, "Chinese Villages and Townships as Industrial Corporations: Ownership, Governance, and Market Discipline", *American Journal of Sociology*, 106 (5), 2001, p. 1361.

是"政权经营者"的概念。① 杨善华、苏红在此基础上进一步区分了代理型政权经营者和谋利性政权经营者两个概念，认为在市场转型过程中基层政权的角色从代理型政权经营者转向谋利型政权经营者。② 地方法团主义理论、地方政府及厂商、政权经营者的概念具有某些共同之处，我们可以把它们整合进地方发展主义的学术概念，并把地方发展主义界定为地方政府"以推动经济发展为主要目标，以长期担当经济发展的主体力量为主要方式，以经济增长作为政治合法性主要来源的政府模式"。③

地方发展型政府能够有效地解决官员的激励问题，在短时期内促进经济的发展，但是，学术界对地方发展型政府的行为异化也几乎达成共识。④ 地方发展型政府的行为异化至少表现在如下几个方面。

第一，重经济建设，轻社会建设。郁建兴、高翔指出地方政府在积极履行经济发展职能的同时，却忽视了公共服务职能的承担。⑤ 这是因为经济建设能给地方政府带来财政收益，但是，社会建设却需要政府承担大量的财政支出。

第二，财政收益最大化。周飞舟指出分税制以后，地方政府开始积极寻找新的税收点。地方政府热衷于投资基础设施、土地开发和土地转让，这是因为投资建设所带来的巨额营业税、土地转让带来的土地出让金属于预算外或非预算收入，不需要和中央分享。地方政府甚至把城市化作为新的经济增长点。⑥ 郁建兴和高翔认为地方政府选择性执行中央

---

① 张静：《基层政权：乡村制度诸问题》，浙江人民出版社2000年版。
② 杨善华、苏红：《从代理型政权经营者到谋利型政权经营者》，载《社会学研究》，2002年第1期。
③ 郁建兴、高翔：《地方发展型政府的行为逻辑及制度基础》，载《中国社会科学》，2012年第5期，第97页。
④ 周黎安：《转型中的地方政府：官员激励与治理》，上海人民出版社2008年版。
⑤ 郁建兴、高翔：《地方发展型政府的行为逻辑及制度基础》，载《中国社会科学》，2012年第5期。
⑥ 周飞舟：《分税制十年：制度及其影响》，载《中国社会科学》，2006年第6期。

政府的指令，在中央政府调整战略，从注重经济建设转变为注重社会建设后，地方政府仍然遵循财政收益最大化的逻辑，把社会建设作为促进财政收益最大化的工具。①

第三，重视流动性强的要素，形成资本偏好型政策，不重视流动性弱的主体，中央的惠民政策得不到执行。周黎安指出地方政府偏好为流动性强的生产要素服务，不愿为流动性弱的要素买单，因此地方政府为了招商引资不惜放低税收门槛，为资本提供各类便捷性的服务，却不愿意为流动性弱的居民提供公共服务。② 欧伯文和李连江认为很多地方干部把上级交办的任务分为"硬目标"和"软目标"。地方政府会选择性执行"硬目标"，如收税、计划生育，不执行"软目标"，如惠民政策，导致有些惠民政策得不到有效执行。③ 之后，周黎安进一步明确指出干部岗位目标责任制是一种可置信承诺。④ 在已有的考核体系中，惠民政策的感受主体是民众，但是，在干部考核体系中，民主测评对职业几乎没有影响。地方政府不会执行受民众欢迎、却对仕途没有影响的政策。与此同时，地方政府为追求有显示度的成绩，常层层加压，导致农民的负担最重，惠民性的政策可能还会变成扩张性的政策⑤，给政府治理带来有效性和合法性的双重挑战。

总而言之，地方发展型政府是对改革开放之后地方政府行为的理论概括，它是指在压力型体制的行政压力和政治锦标赛的政治激励下，中国地方政府在促进经济发展的过程中出现政府干预和主导地方经济的一种行为

---

① 郁建兴、高翔：《地方发展型政府的行为逻辑及制度基础》，载《中国社会科学》，2012 年第 5 期。
② 周黎安：《转型中的地方政府：官员激励与治理》，上海人民出版社 2008 年版。
③ O'Brien, Kevin J. and Lianjiang Li, "Selective Policy Implementation in Rural China", *Comparative Politics*, Vol. 31, No. 2, 1999, p. 174.
④ 周黎安：《转型中的地方政府：官员激励与治理》，上海人民出版社 2008 年版。
⑤ O'Brien, Kevin J. and Lianjiang Li, "Selective Policy Implementation in Rural China", *Comparative Politics*, Vol. 31, No. 2, 1999, pp. 167–186.

模式。地方政府嵌入市场经济的发展进程，甚至成为市场经济的主体，不仅引导而且主导、不仅指导而且直接指挥地方经济发展，不仅主动而且成为地方经济发展的主角，出现"地方政府即企业"①的角色混乱，地方政府追求财政收益最大化、重视流动性强的要素，不重视流动性弱的主体②，地方政府从代理型政权经营者转向谋利型政权经营者。③

二、发展型户籍改革

发展型户籍改革，是地方发展型政府理论在户籍制度改革上的运用，是地方政府在户籍制度改革中的行为模式。户籍制度本是政府实行社会管理的基本制度，但是地方政府改革户籍制度的目的并不是为了满足社会对户籍制度改革的需求，而是基于地方发展的目的，通过户籍制度改革吸引地方经济发展中的稀缺资源，将作为社会管理的户籍制度异化成增加地方财政收入的政策工具。发展型户籍改革内涵至少包括如下内容。

（一）户籍改革成为地方政府谋求财政收益最大化的政策工具

从改革目的来看，地方政府将户籍改革作为增加财政收益最大化的政策工具。地方政府通过户籍改革促进财政收益最大化，导致"源于社会管理需求的户籍制度在转型时期被城市政府异化为竞争资金、人才，增加本级财政和缓解对公共产品冲击的政策工具。"④ 兴起于 20 世纪 90

---

① Walder, Andrew, "Local Governments as Industrial Firms", *American Journal of Sociology*, 1995 (101), pp. 268 - 269.
② 王清：《超越地方发展型政府：理论框架与经验分析》，载《四川大学学报》（哲学社会科学版），2014 年第 6 期。
③ 杨善华、苏红：《从代理型政权经营者到谋利型政权经营者》，载《社会学研究》，2002 年第 1 期。
④ 吴开亚、张力：《发展主义政府与城市落户门槛：关于户籍制度改革的反思》，载《社会学研究》，2010 年第 6 期。

年代的蓝印户口政策和当下各个城市推行的积分入户政策是发展型户籍改革的典型案例。两者的区别在于地方政府的入户条件有所变化。在20世纪90年代，由于户口的含金量较高，当时地方政府缺少发展所需要的资金，因此，蓝印户口的重点是通过户籍制度改革刺激投资和房地产发展。近年来各个城市的积分入户制的重点则在于通过户籍制度改革吸引城市发展的急需人才。

第一，地方政府通过发展型户籍改革刺激投资和房地产发展，提高财政收入。蓝印户口把投资、买房作为申请条件。例如，上海市于1994年规定投资可以申请蓝印户口，具体来说，外商和港、澳、台人士在上海投资20万美元，其他省市单位或个人在上海市浦东新区和中心区投资100万元，且经营两年以上，就可以获得1个蓝印户口指标，而在上海市浦东新区和中心城区之外①投资50万元，只能申请1个蓝印户口。②深圳也做了同样的规定，它于1995年印发《深圳市户籍制度改革暂行规定》，规定在深圳"每投资100万元，可以为本企业（项目）的管理骨干、生产技术骨干申请一个蓝印户口指标"③，但是为了保证申请者是适龄劳动者，深圳市要求"申请者的年龄在深圳经营特区须40周岁以下。"④ 在购房上他们也有相应的规定。例如深圳市规定在宝安区和龙岗区买房面积为40—50平方米，可以申请1个蓝印户口，50—70平方米，可以申请2个蓝印户口，70—100平方米，可以申请3个蓝印户口，100平方米以上可以申请4个蓝印户口。⑤

第二，地方政府通过发展型户籍改革，向符合条件的非机械增长人

---

① 包括嘉定、闵行、宝山、金山、松江区和南汇、奉贤、青浦县。
② 《上海市蓝印户口管理暂行规定》，载《中国经营报》，2001年6月26日。
③ 深圳市政府：《深圳市户籍制度改革暂行规定》，1995年10月24日。
④ 同上。
⑤ 深圳市政府：《关于促进我市房地产市场发展的若干规定》（深府〔1995〕239号），1995年10月9日；深圳市政府：《宝安、龙岗区"购房入户"政策实施细则》，1995年10月9日；深圳市政府：《关于促进我市房地产市场发展的若干规定》1996年11月6日。

口收费，谋取财政收益最大化。蓝印户口每年缴纳的城市增容费用就是一个典型例子，它存在于20世纪90年代，后被废止。这些费用是地方性收费，完全归地方财政。地方政府通过蓝印户口政策征收了大量城市增容费。例如，从1994年到1999年，北京市规定蓝印户口必须缴纳城市容纳费，五年间一共征收了2700万元。①

（二）发展型户籍改革重视流动性强的要素，不重视流动性弱的要素

在市场发展中，资本和高端劳动力比低端劳动力的流动性强，前者往往是地区发展的稀缺资源。地方政府选择性设置入户门槛和入户条件，让流动性强的要素进入城市，限制流动性弱的要素。例如从2009年开始，各个地方政府推行的积分入户制，给予学历、紧缺人才更高的分值，"我们希望通过这样的方式，补充我们城市发展急需的人才"。②这样既能让稀缺资本和高端劳动力为该地区服务，促进经济发展，同时，高端劳动力的收入较高，一般可以通过市场的方式实现自身的利益，且他们纳税较高，不会给城市带来负担，但是低端劳动力由于收入较少且纳税较少但需享受本地政府提供的户口福利，可能增加城市负担。因此，发展型户籍改革通过地方设定准入条件（locally set entry conditions）③或准入条件控制④，吸纳高端劳动力排斥低端劳动力，这样既可以获得经济发展中的稀缺资源，又能减少城市负担。

---

① 笔者无法获得深圳和上海收取的城市增容费的数量，只有北京的数据。但是，由于各地均收取城市增容费，因此，北京的数据能在一定程度上反映问题。北京收取的城市增容费的数目综合以下文献得到：《北京市征收城市容纳费条例》第四条；《北京取消城市容纳费》，载《人民日报》，1999年3月31日第4版；《北京废止城市容纳费》，载《中国青年报》，1999年3月31日；《北京停止征收"增容费"》，载《华西都市报》，1999年3月31日。
② 笔者于2012年6月29日对G市人社局农民工工作处负责人的访谈，访谈编号20120629。
③ Wang, Fei-Ling, Organizing Through Division and Exclusion: China's Hukou System, Stanford, Calif.: Stanford University Press, 2005, pp. 111 - 112, p. 112.
④ Ibid., p. 90

（三）发展型户籍改革重人口管理，轻公共服务

地方政府在推行发展型户籍改革过程中重视人口管理和吸引稀缺资源，轻视配套公共服务供给。

1. 地方政府重视人口管理

其一，从早期负责发展型户籍改革的政府部门来看，地方政府大多选择公安部门作为改革的牵头单位，公安部门的核心业务是人口管理，包括了解人口实有居住信息、保持人口有序化等，它不是基本公共服务的供给部门。近年来兴起的积分入户制，地方政府逐步转变管理思路，让一些综合型部门参与和统筹积分入户制改革，并提出流动人口服务和管理并重。例如 D 市积分入户制的牵头部门是新设机构新莞人服务管理局，G 市在人力资源和社会保障局下设农民工工作处，负责收集积分入户材料。这些机构设立的初衷是协调横向其他职能部门，提高人口服务和管理水平。但是，由于条块分割、部门预算等体制并无改变，在实际过程中，"每个部门都叫你协助，我们全部的职能都是协助"①，协调功能变成了协助功能，人口服务得不到保障。

其二，地方政府对新入户居民进行动态控制。例如，在蓝印户口政策中，地方政府规定蓝印户口者每年都要接受检查，如果一旦不符合蓝印户口申领条件，例如失业、出售商品房、违反计划生育政策等，已经获得的蓝印户口将被自动取消。② 地方政府通过这些措施保证蓝印户口必须有房产、有固定工作，为城市不断创造财富，而不是享受政府为弱势群体提供的福利。

---

① 笔者 2012 年 7 月 4 日对 D 市 GC 区新莞人服务管理中心的访谈，访谈编号：20120704。
② 2015 年，一位男子因为超生，其由蓝印户口转为常住户口的 3 个家庭户口被当地公安机关取消，该男子将当地公安机关告上法庭，但遭败诉，该案例材料参见《为落户广州努力 10 年查出作假被打回原籍》，载《信息时报》，2015 年 7 月 7 日。

2. 地方政府轻视配套公共服务供给

在发展型户籍改革中，地方政府不重视为非机械增长的新增户籍人口提供基本公共服务，这至少表现在如下几个方面。

其一，对于入户者来说，由于地方政府在落户门槛上进行了筛选，并设置了条件，因此，入户者大多是拥有一定资金、住房，或掌握紧缺技术的人员，这些人常常不会享受地方政府提供的面向低收入群体的低保、救济金等。

其二，从财政体制上来说，我国实行部门财政预算，但是，提供公共服务的职能部门一般把户籍人口，而不是包括流动人口在内的常住人口纳入服务范围，例如民政部门为符合条件的户籍居民提供低保、教育部门解决户籍居民适龄孩童的入学问题。因此，我们可以看到在传统的管理体系中，这些提供基本公共服务的部门，他们所提供服务的对象是户籍人口。即使在最近的积分入户制改革中，一些城市开放入户指标，让符合条件者获得城市户口，但是，市级政府并没有为新增人口增加教育经费投入，新增教育经费支出由下级政府自筹解决。下级政府并无动力增加教育投入，但是为了完成市级政府交办的入学指标的任务，下级政府常常采取策略性的方式应付上级任务。以东莞为例，东莞市积极推进积分入户和积分入学制度，但是，由于新增人口的义务教育经费由镇街政府承担，因此，镇街政府对于积分入户和积分入学制度的执行不太有力。"我们又不是国务院。"[1] 这是东莞下辖某镇街党委书记对笔者的抱怨，他的言下之意是，我们管不了那么多人口，我们只能管自己的户籍人口。但是为了完成任务，下级地方政府采取策略性的行为，把积分入学的适龄孩子安排到该区排名靠后的两所郊外学校。[2]

总之，发展型户籍改革是地方发展型政府理论在户籍制度改革上的

---

[1] 笔者2013年9月4日对D市GC区党委书记的访谈。
[2] D市GC区学区和学籍管理数据。

运用，它是指户籍制度改革成为地方政府汲取资源的工具，地方政府重视财政收益最大化，不重视社会公平诉求；重视流动性强的要素，轻视流动性弱的要素；重视人口管理，轻视公共服务供给的一种改革方式。

第二节　发展型户籍改革的类型1：蓝印户口

从改革形式来看，发展型户籍改革选择性放低落户门槛，形成了不同形式的户口改革类型，它至少包括蓝印户口、工作证、积分入户制、积分入学制。蓝印户口是20世纪八九十年代一些地方政府在辖区内推行的当地城镇有效户口，它是"指在本市辖区范围内，对具备本规定条件的非本市辖区常住户口人员，经本市公安机关核准登记，在一定期限内有效，并在规定年限内可转办为本市常住城镇居民户口的一种准常住户口户籍管理形式"①。从本质上来看，蓝印户口是典型的发展型户籍改革形式，也是其后出现的积分入户制的逻辑起源。下面，本书首先分析蓝印户口政策的时空扩散特点，然后以G市蓝印户口政策作为案例，分析地方发展型户籍改革的基本特点。

一、蓝印户口的政策扩散

表2.1显示了蓝印户口政策在中国出现的时间进度和空间分布。蓝印户口政策的扩散至少具有如下特征。

第一，从政策扩散的时间来看，蓝印户口大致经历了三个发展阶段。第一阶段，20世纪80年代到90年代初期，这是蓝印户口政策的出

---

① G市人民政府办公厅：《G市蓝印户口管理实施细则的通知》（穗府办〔2000〕6号）2000年2月28日。该政策于1999年10月1日起执行。

现阶段。大连市于20世纪80年代推行蓝印户口,90年代初期,营口、沈阳相继出现蓝印户口,但是这些城市的落户门槛较低。第二阶段,20世纪90年代中期到90年代末期,这是蓝印户口政策的发展阶段。国内一些大城市出现蓝印户口,例如深圳、上海、广州、南京。这一阶段是蓝印户口发展最为深入的阶段。第三阶段,21世纪后,各个城市逐步叫停蓝印户口政策,该政策逐渐消失,因此,该阶段是蓝印户口政策的终止阶段。例如,G市于2003年叫停购房入户政策[1],天津市蓝印户口政策结束时间最晚,大约在2014年停止蓝印户口政策。[2]

第二,从政策扩散的空间分布来看,第二阶段出现的蓝印户口大多出现在华东、华南经济较为发达的地区,这些城市的落户门槛普遍高于中小城市。

表2.1 蓝印户口政策扩散的时间进度和空间分布

城市 年份	华北	东北	华东	中南	华南	西南	西北
1984		大连					
1985—1992		沈阳、营口					
1993			厦门				
1994			上海			昆明	
1995			南京				
1996				武汉	深圳		
1997			苏州				
1998			青岛、杭州		广州		

资料来源:张玮著《中国户籍制度改革地方实践的时空演进模式及其启示》,载《人口研究》,2011年第5期,第71—80页。笔者对原表格稍有修订。

---

[1] 政策文件参见G市人民政府:《关于改革我市常住人口调控管理制度的若干意见的通知》(穗府〔2003〕72号),2003年12月6日。
[2] 《天津5月将取消蓝印户口政策,或引发津郊楼市降价》,载《京华时报》,2014年4月18日。

二、G 市蓝印户口政策的实施及改革特点

从 1998 年到 2004 年六年时间，G 市经历了蓝印户口的兴起和衰落。G 市政府于 1998 年颁布《G 市购买商品房申办蓝印户口暂行规定》，规定购买一定面积的商品房可以申办蓝印户口，1999 年印发《G 市蓝印户口管理规定》，将申办条件扩展到购房、投资、兼并国企等几类入户形式，2000 年印发《G 市蓝印户口管理实施细则的通知》，明确了蓝印户口的实施细则①，2003 年 G 市出台《关于改革我市常住人口调控管理制度的若干意见》，提出"取消侨汇购房入户我市的有关规定……停止受理申办 G 市蓝印户口手续"，取消征收城市增容费，规定 2004 年 1 月 1 日，G 市停止办理 G 市蓝印户口。但是，该文件明确提出"采用人口准入条件与年度人口计划安排相结合的调控常住人口管理办法……建立规范、统一的全广常住人口准入条件政策体系。"② 这就是说 2003 年 G 市政府出台的文件虽然叫停了蓝印户口，但是将蓝印户口政策的核心要素，即"人口准入条件"作为户籍改革的基本形式。"人口准入条件"成为入户门槛，它是发展型户籍改革的典型形式，这种管理思路一直延续至今。

纵观 G 市蓝印户口政策的实施过程，笔者发现它具有发展型户籍改革的典型特征，具体表现如下。

（一）改革目标：增加地方收益

从改革的目标来说，G 市推行蓝印户口政策最根本的原因是为了拉

---

① G 市人民政府办公厅：《G 市蓝印户口管理实施细则的通知》（穗府办〔2000〕6 号），2000 年 2 月 28 日。该政策于 1999 年 10 月 1 日起执行。

② G 市人民政府：《关于改革我市常住人口调控管理制度的若干意见的通知》（穗府〔2003〕72 号），2003 年 12 月 6 日。

动本地房地产的发展。这至少可以从如下几个证据得以显示。一方面，《G市蓝印户口管理规定》对购房入户类蓝印户口做出如下规定：

"在本市白云区、芳村区、黄埔区、G市经济技术开发区西区和东区、G市保税区生活居住区、海珠区新窖镇、天河区东圃镇（含车陂）及柯木朗、渔沙坦、龙洞、棠下村，购买商品住宅房屋建筑面积50平方米至74平方米、75平方米至99平方米和100平方米以上的购房者，可为本人或亲属分别申办1、2、3人的蓝印户口。"①

从这里可以看出来，G市并没有把核心城区如越秀区、荔湾区拿出来进行改革，而只是针对新城区或者经济活力不那么强的城区，如天河区东圃镇（含车陂）及柯木朗、渔沙坦、龙洞、棠下村。这是因为新城区有大量新建商品房，需要拉动商品房的销量，促进本地经济的活跃度。正是在这个意义上，蓝印户口政策最初的目标是为了刺激房地产，拉动经济发展。②

（二）改革路径：条件准入制

从改革路径来说，发展型户籍改革采用条件准入制的方式推进改革。G市的蓝印户口政策规定：购房者、投资者、购买、兼并国有困难企业或承包、租赁国有困难企业且达到纳税条件者可以申请蓝印户口。具体规定如下："连续经营3年以上，并在3年内累计上缴税款40万元，或连续经营5年以上，并每年上缴税款8万元以上的，可申办2人的蓝印户口；1年内每上缴税款30万元的，可申办1人的蓝印户口；开办的私营企业已被市科委确定为本市高新技术企业，在3年内累计上缴税款35万元的，可申办2人的蓝印户口。购买、兼并国有困难企业或承包、租赁国有困难企业并正常经营2年以上，2年内累计上缴税款35万

---

① G市人民政府办公厅：《G市蓝印户口管理规定》，1999年10月6日。
② 童丹、韩远飞：《广州蓝印户口曾掀购房入户潮，拟再推惹争议》，载《信息时报》，2008年10月25日。

元的,可申办 2 人的蓝印户口。"①

从上面可见,地方政府设定入户门槛,选择性地让一部分人获得蓝印户口。入户门槛具有两个方面的特征。

第一,选择性,即地方政府选择性设定入户门槛,吸引流动性强的稀缺资源。从全国各地的情况来看,蓝印户口的入户门槛主要是购房、投资,这与 20 世纪 90 年代整个经济环境有关,地方政府为了拉动本地房地产的发展,获得招商引资的机会,从而通过蓝印户口的方式吸引稀缺资本。

第二,入户门槛具有鲜明的地方特征。地方政府一般会根据本地的实际情况,设定入户门槛。例如有的地方政府为了鼓励见义勇为,该市有一些入户指标专门奖励给见义勇为者。② 同样,在 G 市蓝印户口的入户门槛中,有一条特别规定"购买、兼并国有困难企业或承包、租赁国有困难企业并正常经营 2 年以上,2 年内累计上缴税款 35 万元的,可申办 2 人的蓝印户口。"这一入户门槛针对的是当时 G 市的难点工作。1997 年国务院推行国有企业转制后,地方政府面临上级考核压力,需要考虑如何处理国有困难企业,这是当年的中心工作,也是难点工作。因此,G 市鼓励外来人口承包、租赁、购买和重组国有企业,并允许达到一定缴税额度者申请蓝印户口,试图通过这样的激励方式吸引资本。

(三) 改革过程:重管理,轻服务

在蓝印户口的管理和服务过程中,政府部门十分注重严格的户口管理,而缺乏基本公共服务供给。

第一,在 G 市蓝印户口政策推行过程中,政府部门在蓝印户口入户

---

① G 市人民政府办公厅:《G 市蓝印户口管理实施细则的通知》(穗府办〔2000〕6 号) 2000 年 2 月 28 日。该政策于 1999 年 10 月 1 日起执行。

② 赵强:《以户口奖励见义勇为者的利与弊》,《央视网评》第 1081 期,2013 年 12 月 17 日访问地址:http://opinion.cntv.cn/2013/12/17,访问日期:2017 年 3 月 16 日。

管理上的分工如下:"市公安局户政管理部门按市计委每年下达的蓝印户口总指标及分类指标控制审批入户人数,各区公安分局按区计划局根据市计委下达的本区蓝印户口具体计划指标审核入户人数。凡批准入G市蓝印户口的人员,均由市公安局户政管理部门发给由市计委印制的《G市蓝印户口指标卡》,附申请材料转派出所存档备查。"从上可见,政府对蓝印户口的管理至少表现在如下几个方面。蓝印户口政策的管理至少具有如下三个特征。

其一,总量控制。蓝印户口纳入本市人口发展规划,市计划部门统一制定蓝印户口总指标及蓝印户口下面购房入户、投资入户、兼并国企入户等不同类型蓝印户口当年度入户指标。

其二,属地管理。市计委按照属地化管理原则,将蓝印户口入户指标下达给各个区,区公安分局负责本区域内入户审核工作,并将结果报给市公安局。属地管理使得蓝印户口成为地方性、暂时性、过渡性户口。"蓝印户口只在当地街、镇其入户地址有效,在市区内不得迁移。离开本市并且今后不在本市居住的,由持蓝印户口人员到入户所在地公安派出所申报注销蓝印户口。"[①] 从上可见,蓝印户口只是一种以镇街为属地的地方性户口,市区内不可迁移,且不能迁出。

其三,公安部门对蓝印户口进行动态管制。"市公安局是蓝印户口的行政主管部门"[②],负责蓝印户口入户审核、颁证、转户、注销等管理工作。市公安局主要侧重通过对蓝印户口申领者5年的表现来审核是否转为常住户口,一旦违法犯罪被劳动教养或判处刑罚、违反计划生育政策规定,不按规定履行了劳动合同,没有参加社会保险者,自动注销蓝印户口,更没有资格转为常住户口。G市一位已经从蓝印户口转为非农业户口的居民,因为违反计划生育政策,而被收回非农业户口。该居民

[①] G市人民政府办公厅:《关于印发G市蓝印户口管理实施细则的通知》(穗府办〔2000〕6号),2000年2月28日。

[②] 同上。

将市公安局告上法庭，但遭败诉。①

第二，从户口福利上来说，蓝印户口仅能获得部分户口利益。例如，尽管 G 市规定，持蓝印户口者，可以享受与当地户籍居民同样的义务教育、医疗、就业、社会保险等方面的福利。②但是，持蓝印户口者不享有异地高考权，必须回原户籍地考试。③这充分说明户籍制度在教育资源配置上仍然发挥巨大的作用④，蓝印户口只是"一种准常住户口户籍管理形式"⑤，持蓝印户口者只具有"半公民资格（proto-citizens）"⑥。

总之，如表2.2所示，蓝印户口是一种典型的发展型户籍改革形式，它的改革目的是促进本地房地产和经济发展，改革路径是条件准入制，改革过程重管理、轻服务，由此造成申领者只享受部分户口福利。

表 2.2 蓝印户口改革的基本特征

改革目的	改革路径	改革过程	新户口类型	户口福利
推动房地产发展，拉动经济	条件准入式改革	重管理，轻服务	当地城镇有效户口	部分户口福利

---

① 《为落户广州努力10年查出作假被打回原籍》，载《信息时报》，2015年7月7日。
② G 市人民政府办公厅：《G 市蓝印户口管理实施细则的通知》（穗府办〔2000〕6号），2000年2月28日。该政策于1999年10月1日起执行。
③ 2004年2月10日《南方都市报》报道，"根据深圳市政府颁布的《深圳市户籍制度改革暂行规定》，持有蓝印户口的学生在转为深圳户籍户口之前，不能在深圳报名参加普通高考，可回原户籍地参加高考，原户籍地户口仍可保留"。
④ Fei-ling Wang, *Organizing Through Division and Exclusion: China's Hukou System*, Stanford, Calif.: Stanford University Press, 2005, p. 51.
⑤ G 市人民政府办公厅：《G 市蓝印户口管理实施细则的通知》（穗府办〔2000〕6号），2000年2月28日。该政策于1999年10月1日起执行。
⑥ Dorothy J. Solinger, *Contesting Citizenship in Urban China—Peasant Migrants, the State, and the Logic of the Market*, University of California Press, 1999, p. 289.

第三节　发展型户籍改革的类型2：积分入户制

上一节分析了蓝印户口具有发展型户籍改革的基本特征，但是，由于蓝印户口发生在上个世纪，它可能并不能准确地反映发展型户籍改革的最新动态。2009年G市积极推行积分入户制，这种改革形式得到上级政府的重视。在2013年开始的最新一轮的户籍制度改革中，国务院提出人口在100万以上的城市，"建立完善积分落户制度，合理设置积分分值"①，展现了国家对这种改革形式的重视。但是，笔者认为积分入户制在一定程度上具有发展型户籍改革的特质，因此，在国务院出台进一步关于积分入户制的政策之前，研究者有必要对G市已经推行的积分入户制进行审视和反思，总结其发展历程和发展特点，分析其存在的问题，并提出有针对性的建议。在这一节中，笔者要解决的核心问题是A省积分入户制的发展及G市执行积分入户制的基本特征，并讨论为什么积分入户制仍然是一种发展型户籍改革。

一、A省积分入户制的发展历程

A省地处改革开放前沿，各类产业创造了巨大的就业机会，成为流动人口集聚地。据第六次全国人口普查统计，A省外来人口已突破2000万人，超过了本地户籍人口数量，出现人口倒挂现象，这种现象在A省内珠三角其他地市也较为普遍。例如，深圳外来人口与常住人口之比为7∶1；中山市外来常住人口165万余人，占常住人口53%。流动人口数量超过本地户籍人口，出现人口倒挂，这给地方政府的人口管理带来了

---

① 国务院法制办公室：《居住证管理办法（征求意见稿）》，2014年12月4日。

巨大的挑战。如何管理流动人口？这个问题成为 A 省的难题。

A 省对流动人口的管理历经了从暂住证到居住证的转变。在暂住证时代，地方政府的公安机关通过行政强制的方式检查流动人口的暂住证，没有办理者将被遣送回籍。但是，流动人口通过消极抵抗的方式回避检查，造成公安机关无法实时掌握人口信息。极端情况下，流动人口与公安机关形成激烈的冲突，并最终促使《收容遣送制度》被废止。①
2009 年以后，G 市开始推广居住证，居住证不同于暂住证的最大的地方是管理方式的差异，居住证是政府了解辖区内实有人口的一种方式，但是，地方政府不能通过行政手段强制要求流动人口办理居住证。此时，地方政府管理处于两难的处境：一方面，地方政府希望通过居住证了解实有人口信息，因此，在公安系统内部，省公安厅给市公安厅下达了"推居"任务，即要求 99% 到 100% 的"推居率"；另一方面，居住证靠流动人口自觉办理，公安部门也不能强制流动人口办理。在这样的情况下，地方政府如何让流动人口自觉办理居住证呢？

积分入户制度被看成是 A 省回应流动人口管理所做的改革。它最早兴起于 A 省中山市，其后被 A 省采纳并在全省推广，G 市跟进执行 A 省的积分入户改革。整体而言，A 省积分入户制至少经历了三个发展阶段。第一阶段是市级政府实验阶段，第二阶段是从市到省自下而上的政策扩散阶段，第三阶段是从省到市自上而下的政策推广阶段。

（一）第一阶段，市级政府实验阶段

在中央行政任务与自身现实问题的双重背景下，自 2007 年起中山市借鉴国外移民经验，在全国率先以"积分制"为突破口探索梯度式、渐进式户籍改革和基本公共服务均等化。在试行期（2007—2009 年），

---

① 孙志刚事件，一位大学生来广州找工作，因为身上没有暂住证而被收容遣送。其后，他在收容遣送所死亡，由此引起了全国对《收容遣送暂行办法》的质疑，并最终由全国人大废止了《收容遣送暂行办法》。

中山市先后在小榄镇、东升镇、火炬开发区等镇区开展积分入读公办学校试点，确立了积分制破解公共服务均等化和推行户籍改革的工作思路；在推广期（2009—2010年）中山市在全市范围内正式实施积分入学，初步构建了规范的积分制体系和工作机制；在调整期（2010—2012年），中山市建立计生审核前置、信息管理、多元宣传的工作机制，调整积分体系，提升长期稳定就业的、技能型流动人员分值，打造公益参与平台，允许政策外的子女申请积分入学；在深化期（2012—2013年），中山市将积分制向流动人员住房保障领域延伸；在成熟期（2013年至今）中山市确定积分入户二次排位工作模式，降低住房保障准入线，赋予企业积分自主权，完善积分指标体系，制度文本由暂行文件确定为正式文件。2008年12月，《珠江三角洲地区改革发展规划纲要（2008—2020年）》在总结中山市积分制经验的基础上提出："探索和完善流动人口积分制管理办法，引导流动人口融入所在城市"①，对积分制予以制度认可。

（二）第二阶段，从市到省自下而上的政策扩散阶段

2009年12月31日，国务院通过了《关于加大统筹城乡发展力度进一步夯实农业农村发展基础的若干意见》（中发〔2010〕1号文件），该文件提出"深化户籍制度改革，加快落实放宽中小城市、小城镇特别是县城和中心镇落户条件的政策，促进符合条件的农业转移人口在城镇落户并享有与当地城镇居民同等的权益"。② 2010年1月11日，A省委省政府发布粤发〔2010〕1号文件，决定要"科学制定鼓励外来务工人员落户的政策，探索推广采取'积分制'等办法，使在城镇稳定就业和居住的农民有序转变为城镇居民"。③ 之所以发布这个文件至少有三个方面

---

① 国家发展和改革委员会：《珠江三角洲地区改革发展规划纲要（2008—2020年）》，2008年12月。
② 2009年12月31日，国务院通过了《关于加大统筹城乡发展力度进一步夯实农业农村发展基础的若干意见》。
③ A省政府：《关于实施扩大内需战略的决定》（粤发〔2010〕1号），2010年1月11日。

的原因，一是，因为 G 市当年实行转变经济增长方式，需要大量技术类劳动力；二是，当时省委书记有意向推行社会建设，而流动人口管理和服务是社会建设的一个部分；三是，这是对中央 2010 年一号文件的执行，容易得到中央认同。

(三) 第三阶段：从省到市自上而下的政策推广阶段

2010 年 6 月，A 省办公厅形成了具有操作性的《A 省人民政府办公厅关于开展农民工积分制入户城镇工作的指导意见（试行）》（粤府办〔2010〕32 号）。将中山市的积分入户制度向全省推广。[①]《指导意见（试行）》对积分落户作出了四点规定，一是对积分入户对象进行规定，即"在本省务工的本省户籍农村劳动力，凡已办理 A 省居住证、纳入就业登记、缴纳社会保险的均可申请纳入积分登记"。这一规定将非 A 省户籍的外来农民工排除在积分入户政策覆盖范围之外。二是对积分入户的地域范围进行规定，"符合积分入户条件的农民工，可以选择在就业地镇（街）或产权房屋所在地镇（街）申请入户，其配偶和未成年子女可以随迁"。显然，《指导意见（试行）》对积分入户地域的规定表明，就业、拥有产权房是外来农民工到目的地城镇申请积分入户的前提条件。三是对积分指标进行规定，"积分指标由省统一指标和各市自定指标两部分构成，省统一指标包括个人素质、参保情况、社会贡献和减分指标；各市自定指标应当包括就业、居住、投资纳税等情况"。四是对积分分值进行规定，"原则上农民工积满 60 分可以申请入户，具体入户分值由各地级市以上人民政府根据当年入户计划和农民工积分排名情况确定"。五是对积分入户的政策指向进行规定，"按照总量控制、因地制宜、统筹兼顾、稳妥有序的原则，确定农民工入户城镇的规模。农民工入户城镇计划指标重点向中小城

---

① 严士清：《新中国户籍制度演变历程与改革路径研究》，华东师范大学博士论文，2012 年。

市和县城、中心镇倾斜"。①

其后，A 省各地市开始执行省政府颁布的积分入户改革。2010 年 7 月，惠州市开始实行农民工积分入户工作②；8 月，深圳、肇庆两市开始实施农民工积分入户制度；9 月，汕头、佛山、东莞、清远四市实施农民工积分入户制度。2010 年 11 月 4 日，G 市政府向各有关单位印发《G 市农民工及非本市十城区居民户口的城镇户籍人员积分制入户办法实施细则（试行）》，开始实行该政策。到 2010 年 12 月中旬，A 省 21 个省辖市全部实行农民工积分落户制度。③

2011 年全国两会上，"社会管理创新"一词首次写入《政府工作报告》，7 月份国家颁布了《中共中央、国务院关于加强和创新社会管理的意见》（中发〔2011〕11 号）提出"加强流动人口和特殊人群服务管理"。④ 在此背景下，A 省于 2011 年年底颁发《中共 A 省委 A 省人民政府关于加强社会建设的决定》（粤发〔2011〕17 号），决定推行 6 个方面的改革，其中一个方面的改革就是户籍制度与流动人口管理改革，并颁布了《关于加强我省人口服务和管理的实施意见》作为指导方针，在这个实施意见中，A 省提出积极稳妥推进户籍管理制度改革，继续实施农民工积分入户制⑤，这可以被看成 A 省对积分入户制改革的再次确认。

由上可见，从 A 省积分入户制改革来看，它经历了市级政府实验，市级政府的经验上升为省级政府的政策，并在全省范围内推广这三个发展阶段。

---

① A 省人民政府办公厅：《关于开展农民工积分制入户城镇工作的指导意见（试行）》（粤府办〔2013〕32 号），2013 年 11 月 17 日。
② 惠州市农民工工作联席会议办公室：《印发惠州市农民工积分制入户城镇工作方案的紧急通知》，2010 年 7 月 26 日。
③ 严士清：《新中国户籍制度演变历程与改革路径研究》，华东师范大学博士论文，2012 年。
④ 中共中央、国务院：《关于加强和创新社会管理的意见》（中发〔2011〕11 号）。
⑤ 广东省委、广东省人民政府：《关于加强我省人口服务和管理的实施意见》（粤发〔2011〕17 号），2011 年 12 月 26 日。

二、G 市积分入户改革的实施及其特点

(一) G 市积分入户改革的实施过程

G 市积分入户制改革紧随 A 省的改革部署，分为两个发展阶段。

第一，2010—2013 年：G 市积分入户改革的第一阶段

为了执行 A 省的积分入户改革，G 市政府于 2010 年 11 月 4 日印发《G 市农民工及非本市十城区居民户口的城镇户籍人员积分制入户办法实施细则（试行）》，开始执行积分入户制改革，该细则规定在 G 市就业的非本市城镇户籍外来人员及农民工（即所有非 G 市十城区户籍人员），除具备违反计划生育政策、有犯罪记录、未办理 A 省居住证（增城、从化市户籍人员除外）、未缴纳社会保险、未签订一年期及以上劳动合同五种情况之一的人员外，均可办理积分入户。2010 年的政策积分入户政策共采纳12 项积分指标，分为三大类：基本分、导向分和附加分。基本分包括文化程度及技能、年龄、社会保险、住房；导向分包括专业/工种、行业、地区；附加分包括毕业院校、和谐劳动关系、社会服务、表彰奖励和投资纳税。初审积分达到 85 分后，按分数高低排名参与积分筛选。

第二，2014 年至今：G 市积分入户制改革的第二阶段

2014 年后，G 市发布文件，继续实施积分入户制，但是调整了积分入户的细则，取消了一些有争议的加分项目，新增了一些入户门槛。如附录1所示，相比于 2010 年的政策，积分入户新政策至少具有如下两个不同点。

其一，G 市积分入户新政策提高入户门槛。一方面，缩小申请者的资格限定范围。原积分入户政策中并未对申请者做出年龄及社保缴费年限限制，但是新政策新增对"年龄和缴纳社保年限"的规定，要求申请入户者年龄在 20—45 周岁，并在本市就业（创业）并缴纳社会保险满 4年。这其实是提高了入户申请者的门槛，以保证入户者是适龄劳动力。

另一方面，竞争排名方式变化。原积分入户政策以总分分值排名，初审分值为 85 分，积分新政策的虽然降低初审分值到 60 分，但是以累计缴纳社保时间先后排序取代记分分值高低，更加看重社保缴费时间和缴费年限。在访谈中，有访谈对象对课题组说：

"你越年轻，我给你的分数越高，希望吸引这种青壮年、劳动力。"

"我们就看这几个方面，'五险'满四年，积分达 60 分，这两点就可以淘汰很多人，因为普通农民工你们想一想，以往 G 市，我们在 2007 年、2008 年，甚至在这之前的话，很多地方给普通的这些工厂的工人没有社保的，后来给他们买社保就是为了规避风险而考虑的，单买工伤，还有很多买的是外地的社保，比如 Q 市的，根本不是 G 市的社保。还有就是我刚刚举的一个客户的情况，他可能是一家公司的职员，他们的生命险就没有，就是买得不全，买得少，甚至没买。"①

由上可见，大量外来务工人员因"五险"购买时间不够四年而失去积分的资格。外来务工人员社会保险的年限不够的原因至少包括如下几个方面。一是政策执行力度不够，企业降低用人成本，只给务工人员购买工伤险，造成险种购买不全，"有些公司没有给男职工买生育险。但社会保险法里面是规定男女都要买生育险的，今年很多人就栽在（没有）这个生育险上，这就是政策操作问题。"② 二是外来务工人员自身的问题，因为买社保，他们自己也需要缴纳费用，但是，他们大多数都认为"反正我要返回老家，我要买社保干吗？"以上两个原因造成外来务工人员社保的覆盖率很低。积分入户改革提高了积分的社保年限，这其实是提高了入户申请者的门槛，"今年的新政策和旧政策实际上差别是非常大的……现在应该不能叫积分入户了，现在应该叫社保入户了。"③ 新政策试图回应已经在城市生活的"存量人口"的户口需求，但是，这

---

① 对户口网创始人 Y 的访谈，访谈时间：2014 年 9 月 1 日。
② 同上。
③ 同上。

对农民工十分不利。

其二，2014年积分新政策放宽门槛，这主要表现在如下几个方面。（1）加分项目缩减，由11项减少为5项，取消年龄、房产、社保、表彰、导向、捐款的加分，只保留教育程度、技术能力、职业资格或职业工种、社会服务、纳税五类加分指标。同时，降低教育程度所占分值，本科积分从80分降低为60分，大专积分从60分降为40分，各降低了20分，降低了教育程度在积分入户中的比重。（2）积分入户的指标略有增长，每年略微超过3000个，但是，仍然实行严格的入户指标控制。（3）不断简化申办流程。申请者需要交纳的"计生证明"和"无犯罪记录"，分别可以通过互联网查询或由公安部门内部查询，不需申办者前往办理。

总之，相比于2010年的积分入户政策，2014年G市积分入户新政策虽然做了一些便民性的调整，但是实质上提高了入户门槛，新政策提高了申请者的申报资格，并加大了社保的比重。

（二）G市积分入户制的特点

G市积分入户制有何特点？它和蓝印户口相比有何区别呢？笔者从改革的牵头部门、改革内容、户口类型等四个方面的内容，从与蓝印户口进行比较的角度，分析G市积分入户制的特点。

第一，牵头部门：从强制性部门向综合型部门的转变。积分入户制改革的牵头部门不同于20世纪90年代的蓝印户口政策。蓝印户口政策的牵头部门是公安部门，这反映了当时政府把户籍制度改革看成人口管理改革的思路[①]，也是那个时期全国户籍改革的基本特点，当时很多改

[①] 新中国成立初期，公安部门负责管理户口，但是，1955年，国务院下文规定管理部门从公安部门转移到民政部门，一年不到，户口管理部门又回到公安部门，并于1958年颁布《户口管理暂行条例》，标志着管制型户籍制度正式成立。从这个意义上来说，户籍制度是中国政府对人口和资源进行管理的管制型制度。

革都由公安部门牵头,例如,1984年开始的自理口粮户口、1985年开始的暂住证、20世纪90年代初期的户口买卖、2000年之后的居住证等,这些改革的牵头部门都是公安部门。

积分入户改革的牵头部门转变为综合型部门,并注重多部门协作。这反映了地方政府对户籍制度改革的准确定位,逐步走出"小户籍改革"的理念,转向"大户籍改革"。"小户籍改革"是指对狭义户籍制度的改革,即仅把户籍制度当成人口管理的工具;"大户籍改革"是指针对广义户籍制度的改革,即改革户籍制度的资源分配功能。大户籍制度改革不只是人口管理的改革,而涉及与户口关联的基本公共服务的改革;不只是公安部门的职能,而是牵涉到提供公共服务的部门之间的联动。G市政府已经意识到这一点,决定由宏观性、综合性部门即发改委承担积分入户制改革的协调和统筹工作,并让人社局、教育局、公安局等部门进行协作。G市积分入户制改革的牵头部门是G市发改委,负责组织实施、统筹协调职能部门的积分入户工作;G市人力资源社会保障部门负责组织实施,并负责指导区县人力资源和社会保障部门审核材料;G市控制人口机械增长办公室负责积分制入户的复核;公安部门负责办理入户手续。①

第二,入户条件:从资本导向的落户门槛走向劳动技术偏好的落户门槛。从入户条件来看,蓝印户口是一种资本导向的落户门槛,积分入户的入户条件或入户门槛下降,转变为劳动技术偏好的落户门槛。例如,2014年积分入户新政策的积分指标为5大类,分别是文化程度、技术能力、职业资格或职业工种、社会服务和纳税。其中对纳税的规定是"申请当年的前三个纳税年度……依法缴纳个人所得税净入库税额累计

---

① G市人民政府办公厅:《G市农民工及非本市十城区居民户口的城镇户籍人员积分制入户办法(试行)》(穗府办〔2010〕82号),2010年11月4日。

达到10万元"可以加20分，累计可积60分。由此可见，积分入户制不仅考虑了纳税，也考虑了劳动技能等要素，入户条件更加多元。从入户条件来说，G市积分入户的条件不断降低，它让普通的外来务工人员也能申请入户，从这个意义上来说，这种入户机制考虑到累进性，是一种阶梯式户籍政策①，在暂住证和常住户口之间架起了一个平台和一种联系机制。

第三，户口类型：从过渡性户口转变为常住户口。从转户后的户口类型来说，蓝印户口是一种过渡性的户口，不能实现市内迁移。但是积分入户制转户后的户口是常住户口，可以在省域内实现户口迁移，G市提出"要确保省统一指标积分全省互认和接续"。② 转户者不需要缴纳任何费用，就可以获得常住户口。

第四，从全或吸纳到属地吸纳。蓝印户口向全国及海外开放，但是积分入户制仅对本省范围内的外来务工人口开放。例如G市对蓝印户口申领人群做出如下规定："出国取得硕士以上学位且在国外和港澳台地区取得了居留资格，在本市投资开办企业1年以上或受聘于本市企事业单位签订3年以上合同的留学人员，其在本市有固定住所、稳定的职业或生活来源的配偶、未成年子女可申办蓝印户口。"③ 由此可见，外市甚至境外人士也可申请蓝印户口。但是G市积分入户制仅限A省范围内的非农业户口申请，具有属地特征。

---

① 徐增阳：《农民工的公共服务获得机制与"同城待遇"——对中山市"积分制"的调查与思考》，载《经济社会体制比较》，2011年第5期，第94—101页。

② 《关于进一步做好农民工积分制入户和融入城镇工作的意见》（粤人社发〔2011〕306号），2011年12月1日。

③ G市人民政府办公厅：《G市蓝印户口管理实施细则的通知》（穗府办〔2000〕6号），2000年2月28日。该政策于1999年10月1日起执行。

三、G 市积分入户制仍是一种发展型户籍改革

尽管相比于蓝印户口，G 市积分入户制已经取得了一些进步和发展，但是积分入户制改革面临指标供给和实际需求之间的结构性矛盾，导致普惠性不够；管理导向与服务配套之间的矛盾使得地方政府仍然难以摆脱重管理，轻服务的困境。基于以上两个方面的特征，积分入户制改革仍然是一种发展型户籍改革。

（一）财政收益最大化

财政收益最大化是指地方政府希望通过积分入户制改革促进地方发展，换言之，积分入户仍是地方政府促进经济发展的政策工具，地方政府希望通过积分入户吸引地方发展所需的技术劳动力，并增加社保投保率，这是 G 市政府推行积分入户制改革的主要目的。

第一，G 市政府希望通过积分入户吸引高素质、高技能型人才，这样既能优化人口结构以适应产业发展的需要，又不至于给地方政府带来过大的财政负担。[①] 在制度设计上，G 市积分入户给高学历、高技能者提供了更高的分值。例如，地方政府明确提出"优先满足优秀农民工和技能型人才落户需求"[②]，文化程度中拥有博士学历、副高级以上专业技术资格、执业资格或高级技师职业资格的人群可积 100 分，而高中及高中以下学历且没有技师证的人群最多只能加 20 分，分差过于悬殊，使得占外来人口数量大多数的文化程度较低的人群毫无竞争力。对于紧缺专业或工种、重点发展行业和政策导向地区，都各占 10 分，显示出 G

---

① 徐增阳：《农民工的公共服务获得机制与"同城待遇"——对中山市"积分制"的调查与思考》，载《经济社会体制比较》，2011 年第 5 期，第 94—101 页。
② A 省委办公厅、A 省政府办公厅：《关于加强我省人口服务和管理的实施意见》（粤办发〔2011〕22 号），2012 年 11 月 9 日。

市政府对紧缺型技能人才的重视。G 市 2014 年之后的积分入户制改革的新政策更加强调文化程度、技术能力、职业资格或职业工种的重要,三者占了五个条件中的三个,且分值较高。"积分制不利于没有学历和技能……居住时间不长的人,大部分人难以享受得到,有利于高学历、高技能以及……居住时间较长的人。"①

第二,G 市政府特别重视外来务工人员缴纳社保的情况,规定"参加城镇基本养老保险、城镇基本医疗保险、失业保险、工伤保险、生育保险,每个险种每满一年积 1 分,最高不超过 50 分"。② 地方政府之所以重视社保是因为各地出现社保金不足,需要劳动力加入缴纳社保金,积分入户的劳动力都在 20 岁到 45 岁之间,正是创造财富,而不是一味增加政府负担的青壮年劳动力,从这个意义上来说,"地方政府开展的社会政策创新隐含了另一种'发展'逻辑,仍然体现出发展型政府的典型特征,表明了财政收益最大化对地方政府行为的支配地位"。③

第三,为了降低财政支出成本,大城市对积分入户实行总量控制,指标供给和实际需求之间的结构性矛盾,导致普惠性不够。积分入户制推行后出现的现象是,大城市人们排队争取积分入户,小城市无人问津。例如,G 市很多人申请积分入户,但是"对年度积分入户人数实行总量控制,年度积分入户指标总量纳入当年人口计划统筹安排"。④ 前三年每年 3000 个指标,第一年入户者大多是"一些公立医院的护士,来了好多年了,一直没有解决户口。指标还是有些不够"。⑤ 但是,2010

---

① 徐增阳:《农民工的公共服务获得机制与"同城待遇"——对中山市"积分制"的调查与思考》,载《经济社会体制比较》,2011 年第 5 期,第 94—101 页。

② G 市人民政府办公厅:《G 市农民工及非本市十城区居民户口的城镇户籍人员积分制入户办法(试行)》(穗府办〔2010〕82 号),2010 年 11 月 4 日。

③ 吴开亚、张力:《发展主义政府与城市落户门槛:关于户籍制度改革的反思》,载《社会学研究》,2010 年第 6 期。

④ G 市人民政府:《G 市积分制入户管理办法》,2014 年 2 月 25 日。

⑤ 笔者于 2012 年 6 月 29 日对 A 省农民工工作处负责人的访谈,访谈编号:20120629。

年，中山市拿出 3000 个入户指标，6000 个入学指标，但是最终成功入户 2149 人，成功入学 4384 人，分别有 795 个积分入户指标和 821 个积分入学指标没有用完。① 同样的情况也出现在 A 省中山市，"5 个中心区镇的申请数与指标数之比超过 31，但部分落后镇街的指标却乏人问津"。②

从上可见，G 市积分入户制对于高学历者、高技能者、缴纳社保者有较好的优待，正是在这个意义上，笔者认为 G 市政府仍然是通过积分的方式选择入户者，通过积分提高政府的经济效益，而没有完全注重社会公平的需求。

（二）重视人口管理，轻视公共服务

G 市积分入户制改革面临管理导向与服务配套之间的矛盾，导致地方政府重视人口管理，但是配套公共服务难以跟上。

第一，积分入户制改革的初衷是推进人口管理。参与制度设计的一位学者这样表述积分入户制改革的制度设计初衷："当初设计这个制度，有两个目的：一是对城市的流动人口实行规范化管理，并理性、有序地解决流动人口入户问题。二是实现政策引导，引导流动人口努力提高自己的素质，融入城市现代生活。"③ 从第一个目的我们可以看到，积分入户制的推行可以给流动人口一个引导，让他们主动办理居住证，这样有利于公安部门掌握人口的实际情况，实现"对城市的流动人口实行规范化管理"。

第二，积分入户制改革的配套公共服务供给不足。教育和就业是积分入户者最为看重的两个福利。在教育资源享受上，学籍不仅取决于户籍，还取决于学区，申请积分入户者的小孩大多在郊区公立学校上学。

---

① 曾东萍：《积分入户制实验在路上》，载《南风窗》，2011 年第 6 期，第 32—34 页。
② 同上书，第 34 页。
③ 同上书，第 33 页。

在就业服务上，虽然市政府下达指标给区政府，区政府层层加码，要求镇街政府登记辖区内的失业率和就业率，劳动部门也被要求定期组织再就业培训，但是，目前的培训主要针对的是户籍失业人口的再就业培训，极少外来务工人员参加过政府的就业培训，更少有人通过政府的就业培训找到工作。①

综上所述，蓝印户口和积分入户政策是发展型户籍改革的两种类型，两者既有区别，又存在相似性。蓝印户口和积分入户政策的区别至少表现在如下三个方面。第一，牵头部门实现从强制性部门向综合型部门的转变。蓝印户口的牵头部门是公安机关，但是积分入户制改革的牵头部门是发改委，可以看出政府对户籍制度改革的认识已经从"人口管理制度的调整"转变为"资源分配的调整"。第二，资本导向的落户门槛走向劳动技术偏好的落户门槛。蓝印户口偏好资本、投资、纳税和购房，但是到了积分入户制改革的时期，城市户口已经难以吸引资本，在此背景下，地方政府通过户籍改革吸引高技能人才，形成劳动技术偏好的落户门槛。第三，临时性户口与常住户口。蓝印户口只是介于暂住户口和常住户口之间的过渡性、临时性户口，但是积分入户制为入户者提供常住户口。第四，全域吸纳与属地吸纳。蓝印户口向全国及海外开放，但是积分入户制仅对本省范围内的外来务工人口开放。

蓝印户口和积分入户制至少存在如下共性，这些共性使得两者都具有发展型户籍改革的基本特征。第一，户籍改革成为地方政府吸引稀缺资源的工具。第二，地方政府选择性设定入户门槛。第三，地方政府重视管理，轻视基本公共服务。正是基于这三个相似的属性，笔者将蓝印户口和积分入户制共同归纳为发展型户籍改革。

---

① 调研参见徐增阳：《农民工的公共服务获得机制与"同城待遇"——对中山市"积分制"的调查与思考》，载《经济社会体制比较》，2011年第5期，第94—101页。

第四节 发展型户籍改革的成效及困境

如何评估发展型户籍改革的效果？本书从改革成效和改革困境两个方面对改革效果进行评估，其中，改革困境是分析重点。

一、发展型户籍制度改革的成效

政策成效有两个评估方法：一是政策本身的效果；二是政策所产生的经济和社会效益。政策所产生的经济和社会效益较难评估，这是因为政策执行与经济社会效益之间的相关性不仅需要精确的数据，而且需要量化技术才能阐述清楚，否则研究者并不能判断某一时段的经济发展指标（例如GDP）的增长是户籍制度改革所带来的，前者完全可能是招商引资等其他政策所引起的结果。因此，本书不评价政策所产生的经济和社会效益，只从政策本身的效果来评估地方户籍制度改革的成效。

从政策本身的效果来看，政策效果是政策结果与政策初衷之间关系的反映。从政策执行的效果的角度来看，如果一项政策的执行结果达到了政策初衷，这项政策是较有成效的；相反，如果一项公共政策的政策结果和政策初衷之间出现落差，政策结果没有达到政策初衷，这项政策就可能失效。发展型户籍制度是地方政府主动推行的一项户籍制度改革，它的政策初衷是通过允许部分人群获得城市户口，以此吸纳包括资本、劳动力在内的稀缺要素。大体而言，G市户籍制度改革至少取得了如下几个方面的成效。

（一）为外来人口提供了入户渠道

第一，在改革开放之前，外来人口入户城市只有招工、招干和上学三种方式，G市推行的发展型户籍制度改革使得外来人口可以通过购房入户、投资入户、兼并国企入户、积分入户这样的入户渠道。第二，从入户门槛来看，从蓝印户口到积分入户制，G市户籍制度改革的落户条件从强调资本要素到逐步强调劳动者本身的要素，落户门槛逐步下降。第三，从落户指标来看，蓝印户口一年只能为几百个人解决蓝印户口，G市一年有3000个积分指标。以上三个方面，展现了G市的户籍制度改革为外来人口提供了切实可行的入户渠道。

（二）吸纳地方发展所需要的稀缺要素

地方发展型户籍制度改革的一个很重要的初衷是吸纳市场中的稀缺要素，G市户籍制度改革在早期较好地实现了政策初衷，即20世纪90年代初，地方政府通过蓝印户口吸纳了部分资本入户，在一定程度上促进房地产的发展。积分入户制的政策初衷是招收紧缺工种的工人，2012年实行积分入户制后，当年度一些医护人员通过改革获得了城市户口。"这主要是当时，我们和这些医护人员是有某种协议的，比如一些是一线工作人员，我们发展急需（这类人才）。"[①] 这在一定程度上吸纳了城市发展所需的特殊工种，实现城市人口结构的更新。不过，随着城市户口含金量的降低，以及市场福利分配机制的发展，近些年来户籍制度改革的成效逐渐放缓。

发展型户籍改革在为外来人口提供入户渠道，吸纳地方发展所需的稀缺资源的同时，也面临巨大的困境，这种困境至少包括：偏好替代带来社会不公平、户籍制度改革碎片化带来户口福利碎片化。

二、偏好替代

偏好是经济学上的一个概念，它是指每个个体对公共物品的喜恶及

---

① 对G省农民工工作处负责人的访谈，访谈时间：2012年6月29日，访谈编号：20120629。

其喜恶程度。① 偏好替代是指地方政府以自己的偏好取代民众的偏好，重视地方收益，忽视民众追求户口福利均等化的诉求；重视流动性强的要素，忽视流动性弱的要素。

（一）地方政府重视政府的发展效益，忽视民众的公平诉求

改革开放以后，在压力型体制和政治锦标赛的推动下，中央政府主要通过GDP考核地方政府，这就造成地方政府以经济增长和GDP增幅作为最主要的发展目标。在户籍制度改革中，地方政府以增加地方财政收益作为户籍制度改革的目标。但是，对于民众而言，他们对户籍制度改革的期待是享受均等化的基本公共服务，实现社会公平。然而，由于户籍制度改革是一种强制型制度变迁，政府是制度变迁的唯一主导者，民众很难参与制度变迁的议程设置过程，因此，政府将自己的偏好反映在户籍制度改革过程中，重视地方收益，忽视民众追求户口福利均等化的诉求。

（二）地方政府重视流动性强的要素，忽视流动性弱的要素

地方政府将户籍制度改革变成汲取地方财政收益的工具，通过户籍制度改革吸纳地方经济发展的稀缺资源。在土地、资本、劳动力这三项基本的市场资源中，20世纪90年代，资本是最稀缺的资源，因此，地方政府通过蓝印户口改革吸纳资本，形成资本偏好型户籍制度改革。资本偏好型户籍制度改革是指在户籍制度改革过程中，地方政府通过设定投资、纳税和购房的入户门槛，允许符合条件的投资纳税者获得当地城镇有效户口的一种改革形式。当然，地方政府的偏好会随着市场条件而改变。例如，在20世纪90年代就业率低迷的情况下，地方政府实行严格的户籍制度，限制外来劳动力进入本地就业市场。② 但是，在劳动力

---

① ［美］萨缪尔森、［美］诺德豪斯：《微观经济学》，萧琛主译，人民邮电出版社2012年版。
② 蔡昉、都阳、王美艳：《劳动力流动的政治经济学》，上海人民出版社2003年版，第153—182页。

市场供不应求的情况下，企业面临招工难，企业向地方政府传达信息，要求地方政府解决劳工荒的难题。在企业的压力下，地方政府为了解决劳工荒，适当放宽户籍制度。到了 21 世纪，尤其是 2010 年以后，随着产业转移和人口红利的消失，人口流入地一些工种缺少技能型劳动力，此时，地方政府通过积分入户吸纳这部分技能型劳动力入户。在整个发展型户籍改革过程中，地方政府重视流动性强的要素，忽视流动性弱的要素。

（三）地方政府重视汲取资源，忽视福利供给

在发展型户籍改革中，地方政府重视吸纳资本和技能型劳动力，汲取投资、税费等，但是，地方政府并没有为非机械增长的这部分人口划拨专门的基本公共服务供给经费，相反，地方政府财政仍然使用部门财政，即每个部门每个财政年度申报报本部门的经费预算，市委市政府给每个部门分配年度经费。这就可能出现两种情况，其一，每个政府部门每年获得的部门经费没有因为非机械增长人口而增加，这样就带来一个巨大的问题，一方面，政府部门设置门槛，限制非机械增长人口享受福利。例如，中心城区优质教育资源限制入户年限，将新增积分入户的人口排除在外；另一方面，在政府预算经费不变的情况下，随着非机械增长人口的增加，原户籍人口所享受到的福利将减少。这就是为何一些地方政府推行蓝印户口者可以在当地参加高考，引发原户籍人口激烈反对的原因。① 其二，即使每个部门获得的年度经费有所增长，但是每个改府部门在每一个财政年度都有中心工作和重心工作，部门预算会以中心工作和重心工作为重点，不一定会把新增经费投入到非机械增长人口身上。由此可见，财税体制决定地方政府重视资源汲取，忽视福利供给。

由上可见，在发展型户籍改革中，地方政府追求财政效益最大化，

---

① 天津市蓝印户口，或者其他地市高考移民引起本外地冲突。

忽视民众追求公平的偏好；重视流动性强的要素，忽视流动性弱的要素；重视资源汲取，忽视福利供给，形成严重的偏好替代问题。偏好替代带来民众对政府户籍改革的不满，形成地方户籍制度改革的外在压力，迫使地方政府做出回应，这是发展型户籍改革转型的外在压力。

三、户籍制度改革碎片化[①]

如前所述，广义户籍制度的改革涉及多个部门，是一项横向多部门协调的过程。但是，在横向协同过程中，由于没有哪个部门能够主导其他横向部门，由此造成户籍制度改革的碎片化。"碎片化"的英文是fragmentation，原意是完整的东西被分成多个"小块"。目前关于碎片化的研究主要有三个学术概念：权威主义碎片化、政府碎片化和政策碎片化。接下来，笔者将逐一梳理和评析以上三个理论的基本内容，在此基础上提出制度变迁碎片化的概念，并用它来分析户籍制度改革困境。

（一）已有关于碎片化的研究

1. 权威主义碎片化

权威主义碎片化（Fragmented Authoritarianism）是李侃如（Lieberthal）和奥克森伯格（Michel Oksenber）于1992年创立的关于中国决策体制的分析概念，他们认为政府很多事务需要各个部门的合作，但是中国的"零散、割裂和分层的政府结构导致了充满谈判、讨价还价和寻求政策共识的政策系统。在这样的政策系统中，政策过程表现为杂乱、拖沓和渐变的特征"。[②] 纵向政府部门也可能出现权威碎片化的现象，突出

[①] 笔者已将本部分内容以论文的形式发表于学术期刊，参见王清：《制度变迁过程中的碎片化：以户籍制度改革为例》，载《学术研究》，2015年第4期。
[②] Lieberthal, Kenneth G. and Oksenberg, Michel, *Policy Making in China Leaders, Structures and Processes*, Princeton, New Jersey: Princeton University Press, p. 22.

表现是"随着组织规模的扩大,上层领导者的控制力逐渐减弱,且下属总是试图逃避或抵制上级的控制,并根据自身需要发展出各式各样的'土政策'"。① 因此,权威主义碎片化是指权力分布具有分离性和不连贯性。②

在权威碎片化下,各个权力主体如何实现各自的权威呢?兰普顿(Lampton)认为中国的资源分配和政策过程是各个政府部门相互交涉、相互谈判、相互妥协的反复的过程。③ 他进一步提出权威主义碎片化的政府部门"讨价还价的铁律":各个地区和各个部门都会夸大自己的成本,淡化自己的收益;与此同时,他们也会夸大别的地区或部门的收益,淡化别的地区或部门的成本。④ 也有学者基于李侃如和奥克森伯格提出的分权和集权的标准⑤,分析了碎片化的三个表现:价值整合方面的碎片化、资源和权力分配的碎片化、政策制定和执行的碎片化。⑥

权威碎片化是海外学者在中国政治研究过程中提出的一个分析概念,它从政治体制的角度分析改革开放以后中国公共政策过程,认为中国政治体制最高层之下的权力是相互分离的,每个部门都有自己独自的权威,因此,讨价还价和相互制衡成为中国政府管理和政策制定的常态。权威碎片化理论分析的对象主要是各级政府,这一理论能否用来分析同级政府的不同部门呢?这是本书尝试探讨的问题。

---

① 雷尚清:《浅议政府管理的良性碎片化》,载《学习与实践》,2012 年第 7 期,第 52 页。
② Lieberthal, Kenneth and David M. Lampton, *Bureaucracy, Politics, and Decision Making in Post-Mao China*, Berkeley: University of California Press, 1992.
③ David M. Lampton, *Water: Change to a Fragmented Political System*, Paper Presented to the Workshop on Policy Implementation in the Post-Mao Era, Columbus, Ohio, June 1983, p. 27.
④ Lieberthal, Kenneth and David M. Lampton, *Bureaucracy, Politics, and Decision Making in Post-Mao China*, Berkeley: University of California Press, 1992, p. 49.
⑤ Ibid., p. 6.
⑥ 任敏:《我国流域公共治理的碎片化现象及成因分析》,载《武汉大学学报》(哲学社会科学版),2008 年第 4 期,第 580—584 页。

2. 政府碎片化

政府碎片化是公共行政学分析部门分割现象的一个学术概念。政府碎片化是一种部门分割的现象，它不是中国政府独有的现象，而是世界各国政府面临的通病，俗称山头主义、部门林立、部门战、九龙治水。这一研究领域的成果较多，他们集中研究的问题包括如下几个方面。

（1）为什么会产生政府碎片化？学者们认为至少有以下原因。第一，分权和分工。马克斯·韦伯认为，现代官僚体制的运作方式是"对为了官僚体制统治机构的目所需要的、经常性的工作，进行固定的分工，作为职务的义务；对为了履行这些义务所需要的命令权力，同样进行固定的分割，并且通过规则对赋予它们的（有形的、宗教的或其他的）强制段，划清固定的界限"。① 第二，科层制带来部门分割。基于专业分工、层级节制的官僚制和企业家政府在建立初期有利于提高政府效率。"对明晰的追求，出发点是好的，即需要区分权力、明确责任，但是当问题相互关联时，当任何问题都不能脱离其他问题而被单独处理时，这种明晰就成了效率的障碍。"② 这就意味着理性科层制进一步的发展带来了职权分割、部门分割、领域分割、行动者分割的问题，带来政府碎片化的局面。第三，新公共管理运动进一步加剧部门分割。新公共管理运动把企业家政府引入政府领域，形成政府部门的"机构化"和"公司化"③，"政府组织结构从大型化、合理化、垂直整合等级的官僚制组织模式转向分散化、独立化、分权化和灵活性的组织模式"。④ 此

---

① [德]马克斯·韦伯：《经济与社会》（下卷），林荣远译，商务印书馆1997年版，第278—279页。
② [法]皮埃尔·卡蓝默：《破碎的民主：试论治理的革命》，高凌瀚译，上海三联书店2005年版，第11页。
③ [英]马丁·米诺格等：《超越新公共管理》（上），载《北京行政学院学报》，2002年第5期。
④ 谭海波、蔡立辉：《"碎片化"政府管理模式及其改革：基于"整体型政府"的理论视角》，载《学术论坛》，2010年第6期，第30页。

时,政府碎片化的问题进一步加剧。

(2)政府碎片化有哪些表现形式呢?政府碎片化既表现为分工过细、流程破碎、部门林立、管理主义导向,也表现为价值、体制、政府职能的碎片化等。① 政府碎片化的核心概念是地盘(turf)和底盘战。地盘指的是"不同部门具有各自独立的职能区域和政策空间,以及该领域的裁判权"。② 地盘战是指各个政府部门都在长期的行政过程中发展成部门利益,甚至是部门意识,在具体的行政过程中,政府部门会想方设法保护自身的权益,部门之间一旦发生矛盾,冲突就在所难免③,此时政府碎片化的问题就会出现。

总体而言,政府碎片化理论具有如下两个特征。第一,政府碎片化采用组织行政学的研究视角。碎片化的本质是不同部门的组织边界的问题。已有研究大多"从组织视角研究政府管理碎片化"。④ 第二,政府碎片化对应的分析概念是整体型政府(Holistic Government)⑤ 政府碎片化理论的研究缺陷是提出了政府碎片化的概念,但是较少基于微观个案,探讨政府碎片化的过程,或者说讨价还价的过程。

3. 政策碎片化

相比于权威主义碎片化、政府碎片化而言,政策碎片化的理论分析最为薄弱。政策碎片化是研究中国社会政策和社会保障的研究者提出的概念。政策碎片化的分析对象是社会保障政策,包括社会医疗保险制度、养老保障制度等。政策碎片化的研究至少具有两个方面的不足。其

---

① 赵树凯:《论基层政府运行体制的"碎片化"体制》,载《北京日报》,2010年11月29日。
② David C. King, *Turf Wars: How Congressional Committees Claim Jurisdiction*, Chicago: University of Chicago Press, 1997.
③ 叶托、李金珊、杨喜平:《碎片化政府:理论分析与中国实际》,载《中共宁波市委党校学报》,2011年第2期,第43页。
④ 雷尚清:《浅议政府管理的良性碎片化》,载《学习与实践》,2012年第7期,第52页。
⑤ 竺乾威:《从新公共管理到整体性治理》,载《中国行政管理》,2008年第10期。

一，学者们对政策碎片化的理解过于单一，认为政策碎片化就是指中国的社会保障政策不统一，出现"城乡分割、地区分割、人群分割和管理分割"[①]，呈现城市与农村不同、沿海发达地区和内地不同、私人部门与公共部门分立的多种社保制度并存的现象，即地区差异、单位差异和人群差异。[②] 其二，政策碎片化理论建构程度不高，学者们往往直接使用碎片化的概念来分析中国社会保障政策的现状，但是既没有对概念进行理论梳理和概念化加工，也没有相应的经验材料的支持。

由上可见，权威主义碎片化、政府碎片化和政策碎片化这三个理论至少具有如下三个方面的差异。第一，分析视角的差异。权威主义碎片化的分析视角是政治体制，政府碎片化的分析视角是组织行政学，而政策碎片化的分析视角是社会政策。第二，核心含义的差别。权威主义碎片化强调的是权威分散，政府碎片化分析的是部门分割，而政策碎片化强调的是政策分割。第三，三者对比的概念不同。权威主义碎片化暗含的对比概念是权威主义一体化，政府碎片化理论明确指出它所对比的概念是整体型政府，而政策碎片化对比的概念是政策统一性。

表 2.3　权威主义碎片化、政府碎片化和政策碎片化三类研究的差异

分析概念	分析视角	核心含义	对比概念
权威主义碎片化	政治体制	权威分散	权威主义一体化
政府碎片化	组织学	部门分割	整体型政府
政策碎片化	社会政策	政策分割	政策统一

[①] 申曙光、侯小娟：《我国社会医疗保险制度的"碎片化"与制度整合目标》，载《广东社会科学》，2012 年第 3 期，第 20 页。

[②] 郑秉文：《中国社会保险"碎片化制度"危害与"碎片化冲动"探源》，载《社会保障研究》，2009 年第 1 期。

权威主义碎片化、政府碎片化和政策碎片化这三个学术概念为进一步展开研究提供了坚实的理论工具，但是，碎片化理论仍然存在进一步拓展的空间。第一，权威主义碎片化、政府碎片化和政策碎片化三者都是研究中国政府管理中的碎片化现象，三者是否具有一定的关联性？如果具有一定的联系的话，三者是什么关系？能否有一个总括性的理论将三者整合进一个学术概念？第二，在碎片化的过程中，不同主体如何实现自己的权威或巩固自身的权力呢？已有研究从学理上分析了碎片化过程中不同主体讨价还价的策略，但是，关于政治过程中不同主体讨价还价的经验材料十分贫乏。

（二）制度变迁碎片化

权威主义碎片化和政策碎片化是学者对中国政治体制和政策的分析，政府碎片化虽然是一个产生于西方学术界的概念，但是，中国学者借鉴过来分析中国的行政管理过程，因此，以上三个理论分析的都是中国政治过程，具有一定的关联性。但是，已有对碎片化的学术分析都侧重使用某一个概念而忽视其他两个概念。为了有效统合以上三个有关碎片化的理论，本书提出制度变迁的碎片化。制度变迁的碎片化是指在制度变迁过程中出现的权威分立、部门分散、政策分割的政治过程。制度变迁的碎片化是对制度变迁过程的总括性描述，也是对已有关于碎片化的理论的综合。

在借鉴已有学者提出的碎片化的概念上，本书所讨论的政策碎片化具有如下几个方面的特征。

1. 权威分立

改革没有一个唯一的权威性的主体，横向层面上多个职能部门从不同的层面推进改革。为何户籍制度改革会出现无中心化的现象呢？这是因为，一是，中央没有关于改革的统一的指导性文件，改革是"摸着石头过河"的过程。因此，地方政府成为户籍制度改革的实施主体。① 二是，地方一把手对待改革的态度会影响改革的进程。但是在户籍制度改革过程中，地方一把手往往会主持制定一个改革的整体性的指导文件，具体的改革要各个政府部门自己寻找突破口，因此，政府部门在户籍改革过程中发挥着重要的作用。本书不讨论地方一把手对改革的影响。我们假设在地方一把手不反对改革的条件下，各个政府部门依据部门条件，对户籍政策进行策略性的选择。

2. 部门分散

制度变迁有多个部门参与，不同的部门处于不同的任务环境，在行政过程中形成了较为稳定的价值，部门与部门之间的行为可能相互抵触或冲突。政治机构中的控制是强有力的，但科层机构在功能上却又互相分割，在不同的层次和部门之间存在着经常的紧张状态、讨价还价和利益冲突。② 具体到户籍制度改革而言，制度的特殊性造成其改革涉及多个政府部门。由于中国户籍制度的本质是进行资源分配的基础性机制③，户籍制度具有三项功能：人口登记、户口迁移和利益分配。人口登记和户口迁移的执行主体是公安部门，但是利益分配涉及多个职能部门。在现有体制下，各个地区的财政支出主要以户籍人口为基础，而不是以包括流动人口在内的常住人口为基础，这就导致各个职能部门以户籍制度作为排斥流动人口的基础性制度。陆益龙认为户籍制度具有粘连性④，职能部门可以根据自身所处的条件选择是否以户籍制度作为区分服务对象的标准。⑤ 按照业务的差异，笔者把户籍

---

① 王清：《利益分化与制度变迁：当代中国户籍制度变迁》，北京大学出版社2012年版。
② 孙立平、郭于华：《"软硬兼施"：正式权力非正式运作的过程分析——华北B镇收粮的个案研究》，载《清华社会学评论》（特辑），2000年，第68页。
③ 国务院办公厅：《国务院办公厅关于积极稳妥推进户籍管理制度改革的通知》，国办发〔2011〕9号。
④ 陆益龙：《户籍制度：控制与社会差别》，商务印书馆2003年版。
⑤ 例如，改革开放以后，不会以户口作为能否买车的标准，但是，为了限制车辆增长，北京市规定只有本地户口才能在北京买车，此时，北京户口发挥了区分人群的功能。

制度改革涉及的部门分为人口管理部门（即公安部门）、综合型部门（如发改部门）和社会服务部门（如教育部门、民政部门等）。以牵头部门的类型作为分类标准，发展型户籍改革主导部门经历了从公安部门主导向综合型部门主导的发展。但是，在包括G市在内的广东积分入户户籍制度改革中，尽管主导部门转变为发改部门，但是，综合型部门有多个业务职能，其对户籍改革的重视程度不够，因此，户籍制度改革碎片化程度仍然严重。

3. 政策分割

制度变迁主体的权威分立、部门分散不可避免带来政策分割的问题。政策分割是指每个部门都可能根据部门的需要选择性执行上级的任务，由此带来同一项改革内部出现多个部门政策，有的部门的政策甚至可能互相冲突。政策分割带来了改革的不连贯性，并常出现政策的反复。以户籍制度改革为例，20世纪90年代很多城市为了推动房地产的发展，鼓励买房入户，出现了"蓝印户口"，但是，随着房价高涨，在中央政府下令控制房价的过程中，很多城市不仅限制买房入户，而且规定拥有本地户口才能购房，改革政策具有不连贯性。

综上所述，制度变迁碎片化是指在改革中没有一个唯一的改革的权威主体、不同政府部门依据部门的价值和利益，制定部门政策或者变通执行本级政府制定的政策，导致改革政策分割的过程。制度变迁碎片化是对已有碎片化理论的传承和创新。第一，从理论传承来看，制度变迁碎片化的理论综合了已有碎片化理论的研究。第二，从理论创新来看，制度变迁碎片化理论吸收了已有的三类碎片化的理论，但是也尝试做一些创新。(1) 制度变迁碎片化将已有理论放在不同的层次上，从而把三个从不同视角分析中国政治过程的碎片化理论整合到一起。具体来说，制度变迁碎片化从制度变迁的主体权威、主体权力结构（政府部门）、工具（地方性政策）这三个方面，提炼出权威、权力、政策三个方面的内容。(2)已有碎片化的理论较少聚焦到具体个案，没有呈现不同的权威主体、不同的政府部门讨价还价的具体策略，笔者试图聚焦到G市户籍制度改革，呈现制度变迁过程中，不同政府部门所采用的策略，呈现详细的制度变迁碎片化的政治过程。（见表2.4）

表2.4　制度变迁碎片化与已有碎片化理论的传承与创新

分析维度　　　具体内容	碎片化的构成要素	移用的概念	创新
制度变迁主体的权威	权威分立	权威主义碎片化	整合已有三个理论
制度变迁主体的结构	权力（部门）分散	政府碎片化	分析制度变迁碎片化的政府行为
制度变迁的工具	政策分割	政策碎片化	—

（三）户籍制度改革碎片化

地方政府主导的户籍制度改革涉及三类政府部门，即人口管理部门（即公安部门）、综合型部门（如发改局、农民工工作处）和社会服务部门（如教育部门），呈现户籍制度改革的权威分立、部门分散和政策分割的局面。

1. 户籍制度改革碎片化：概念内涵

（1）在改革中每个政府部门都享有充分的自主权，改革并无权威主导部门。2009年，G市推行积分入户制，这项改革由市发改委牵头，农民工工作处负责收集材料，公安局负责办理入户手续，各个职能部门负责审核材料。但是，在执行过程中，市发改委处于多任务环境下，积分入户只是人口机械增长这个任务下的一个子任务，"发改委并不特别重视和推进这项工作，它只是制定指标，其他工作都给了我们处（农民工工作处——笔者注)。"① 但是，在积分入户制改革中，农民工工作处只是负责收集材料，它无权也无力协调其他处室，造成户籍制度改革过程中各个部门有相对的自主权。

（2）每类部门面临的工作任务不同，改革主张不同甚至互相冲突。公安部门的主要任务是了解人口信息，维护辖区安全，但是，市场经济带来的人户分离为人口登记工作带来挑战，因此，他们主张推行人口登记一体化的改革。与此相反，教育部门主要是为辖区内的适龄孩童提供教育资源，在现有的财税体制下，义务教育的支出责任主要由地方政府承担。因此在不改变现有财税体制下，教育部门担心过度放开会带来教育资源紧张，对积分入户制不太支持。

（3）每类部门通过不同的策略与其他部门讨价还价。每个部门会根据自己的部门任务、行政价值推行对本部门有利的政策，这个过程中可能出现部门冲突和矛盾之处，此时，各类政府部门如何讨价还价呢？笔者将依次分析公安部门的借力策略、社会服务部门的应付策略和综合协调部门的不作为/无力作为策略。（见表2.5）

表 2.5　户籍制度改革的多重部门逻辑

部门类型	具体部门	任务环境	改革的政策	改革策略
人口管理部门	公安局	治安	人口登记式改革	借力策略
社会服务部门	教育局	提供社会服务	反对人口登记一体化改革	应付策略
综合型部门	发改委、农民工工作处	协调	—	不作为或无力作为

---

① 笔者于2012年6月29日对G市农民工工作处负责人的访谈，访谈编号：20120629。

2. 户籍改革碎片中的部门策略

(1) 借力策略：人口管理部门的改革策略

G 市公安局通过借助媒体和社会力量，积极推进积分入户制。首先，人口管理部门为何积极推进积分入户制改革？之所以这样选择是公安局实现基本职能的需要。市场经济的发展带来大量的人户分离，在缺乏激励的情况下，流动人口大多不去公安系统登记。有学者根据调查，指出 79% 的外来人口没有去公安机关登记暂住情况。① 海因·莫雷（Hein Mallee）把这种行为称为"看不见的抵抗（invisible resistance）"。② 外来人口没有去流入地进行暂住人口登记，造成辖区内的公安机关难以及时地、客观地掌握辖区内常住人口的数量，给公安机关的工作带来巨大的挑战。在这样的背景下，为了维护社会治安，了解辖区内的人口信息，公安部门有巨大的动力推行户口登记改革，以此实时掌握人口信息。积分入户制的申办前提是申报居住证，因此，推进积分入户制有利于公安部门推进居住证工作，了解人口的实有居住信息。

其次，公安部门向下借助社会力量扩大本部门在户籍改革中的重要性。由于公安局推行的户籍改革只能促进户口登记一元化，无法使户口与福利脱钩，因此，近年来公安系统推行的户口登记的改革并不能引起大家的关注。然而，我们看到的一个现象是，户籍制度改革最为热闹的就是公安系统推行的改革，之所以形成这样的印象是由于公安系统对于户口登记一体化的改革报道最多。公安系统借助社会舆论的正面报道，为自己的改革造势，争取社会更大的关注度，从而为确立、奠定和提高本部门在改革中的重要地位提供支持。例如，由于 G 市积分入户改革的

---

① Kam Wing Chan and Li Zhang, "The Hukou System and Rural-Urban Migration in China: Processes and Changes", *The China Quarterly*, 1999（160）.

② Hein Mallee, "Migration, Hukou and Resistance in Reform China", in Elizabeth J. Perry and Mark Selden et al., *Chinese Society: Change, Conflict and Resistance*, London: Routledge New Fetter Lane, 2000, p. 95.

牵头部门不是公安局，G市公安局非常希望把改革的牵头权力拿回来。在调研中，G市来穗局的负责人说，"很希望和高校第三方合作，一起研究一下下一步（积分入户的）工作如何开展，希望下一步我们部门有一些主动权"。①

由此可见，公安部门有强烈的动机要求进行人口登记式的改革，但是，公安部门所推动的人口登记式改革可能遭到社会服务类部门的抵触，为了保证本部门推行的改革顺利进行，公安部门通过向下借助媒体力量，宣传本部门所推行的改革的重要性，以此推行本部门偏好的政策，并奠定本部门在户籍改革中的地位和作用。

（2）应付：社会服务型部门的改革策略

社会服务型部门是以户籍制度为基础，对排他性的户口利益进行配置的机关的总称。社会服务型部门涉及教育、劳动、民政部门等多个部门。目前中国的政府体制是一种行政发包制，上级政府对下级政府部门分发任务，但是并没有财政支持，一切都需下级政府自行解决。② 在现有的财税体系下，社会服务型部门的服务对象大多只包括辖区内户籍居民，不包括外来人口。在各类服务的财税分配制度没有发生变化的前提下，社会服务型部门因为担心新入户的人口过多，挤占原有户籍居民所能享受的社会服务，甚至引起资源拥挤，引起社会服务型部门内部混乱。因此，在没有财政配套的前提下，社会服务型一般都激烈地反对户籍制度改革。但是如果抵制失效的话，社会服务型部门被迫采取选择性执行的方式，优先执行上级政府下达的硬指标，不执行软指标。接下来，笔者将按照社会服务型部门对政策的执行程度，阐述其应付改革的两种策略。

首先，抵制改革。抵制改革是指社会服务型部门不执行改革的行

---

① 笔者对G市来穗局负责人的访谈，访谈时间：2014年10月16日。
② 周黎安：《转型中的地方政府：官员激励与治理》，上海人民出版社2008年版。

为。以 A 省 2004 年户籍制度改革为例，此次改革的核心是以准入条件取代进城人口控制指标，"打破城乡分割的户口管理二元结构，建立统一的户口登记管理制度"。这一举措遭到了来自省民政部门的强烈反对。民政部门反对的理由是这项改革会增加地方财政负担。在改革前，只有城镇居民才能申领城镇最低生活保障支出；非农业户口所享受的烈士家属和退伍军人家属优待高于农业户口；在退伍军人安置工作上，政府只为非农业户口提供转业岗位，为农业户口退伍军人提供就业扶持。如果取消农业户口和非农业户口的限制，随着城市居民的增加，城镇居民最低生活保障费、烈士家属和退伍军人家属优待金将剧增，地方政府也要为更多的退伍军人提供安置岗位。因此，民政部门激励反对这项改革，最终造成 A 省没有推进此项改革。[1]

其次，选择性执行。选择性执行是学者在分析县乡两级政府提出的概念，它是指县乡政府只会优先完成上级政府强调的"硬指标"，不执行"软指标"；主管上级的态度是决定地方政府是否执行某项任务的关键因素。例如，如果中央对待某项任务的态度强硬，但是省市政府对待该项任务的态度不那么强硬，那么，县乡政府不会优先执行该任务。[2]

---

[1] A 省 2001 年 11 月 22 日下发了《转发省公安厅关于我省进一步改革户籍管理制度意见的通知》（粤府办〔2001〕106 号），提出"按照实际居住地登记户口的原则，在我省范围内取消农业户口、非农业户口、自理口粮户口及其他类型的户口性质，实行城乡户口登记管理一体化，统一称为居民户口"，但是，民政部门由于有关退伍军人安置政策的调整不及时，不得不于 2002 年 3 月暂缓执行户籍制度改革的有关内容。参见《公安部三局关于进一步改革户籍管理制度意见的报告》之附件三《有关部门对〈公安部关于进一步改革户籍管理制度的意见（征求意见稿）〉的意见和建议》，见公安部三局：《中华人民共和国户口管理资料汇编（2004 年—2007 年）（第七册）》，中国人民公安大学出版社 2007 年版，第 39 页；《公安部三局关于进一步改革户籍管理制度意见的报告》之附件四《部分地方深化户籍管理制度改革的综合情况》，见公安部三局：《中华人民共和国户口管理资料汇编（2004 年—2007 年）（第七册）》，中国人民公安大学出版社 2007 年版，第 51 页。

[2] O'Brien, Kevin J. and Lianjiang Li, "Selective Policy Implementation in Rural China", *Comparative Politics*, Vol. 31, No. 2, 1999, pp. 167 – 186.

在户籍制度改革中，在强制抵制失效的情况下，社会服务型部门可能采用选择性执行的策略优先执行硬指标而忽视软指标。例如，G市积分入户制最大的含金量在于入户者未成年子女的义务教育，市政府给区政府下达了各区需要解决积分入学者的指标，这是硬指标，相反，市政府向区政府下达的要求促进教育公平的目标，则无法量化和考核，这是软指标。区教育局优先完成市政府指派的积分入学指标，而不考虑教育公平问题。区教育局的策略是提高入读本辖区优质义务教育学校的条件，不仅要求具有本区户口，而且要求达到一定居住年限。这就将部分刚入户者的子女排除在优质义务教育资源之外。另外，区政府放宽郊外学校入学资质，向积分入户者开放这些学校，引导他们入读这些教学条件和生源结构不太好的学校。从这个过程中，笔者发现区教育局优先完成需达标的入学名额这个硬指标，但是并不关注本地学生和积分入户学生所报读学校的公平性，后者是不好测量和考核的软指标。

总之，在没有相应的财政经费配套的前提下，社会服务型部门难以推进改革。但是，当上级政府施加的改革压力过大时，社会服务型部门选择应付上级改革。他们选择什么样的策略呢？社会服务型部门至少选择两种策略：抵制改革和选择性执行。在这个讨价还价的过程中，政府部门会根据情境随时调整策略：当外在改革压力不大时，他们抵制改革，不执行改革任务；当外在改革压力增大时，他们会判断业务主管部门和上级对待改革的态度，一旦业务主管部门没有采取强硬态度，那么他们会选择性执行上级的任务。社会服务型部门通过这两种策略，表明本部门对待改革的"暧昧态度"，强化本部门的价值理念，并进一步塑造下一轮改革中本部门可能采取的行为。

（3）不作为与无力作为：综合协调型部门的改革策略

综合协调部门本是要克服户籍改革碎片化的核心部门，但是，在G市积分入户制改革中，综合协调性部门缺乏积极作为的意愿，而在D市，综合协调型部门则因权力有限，出现无力协调的现象。

首先，综合型部门不重视户籍改革，其不愿意协调各个职能部门的户籍改革进度，制度变迁碎片化程度较高。G市积分入户制的牵头部门是发改委，但是，积分入户制只是其人口机械增长这一业务职能下的分职能，不是该机构的中心工作和重心工作，发改部门甚至一度认为"户籍改革与我们有什么关系"。① 在这样的背景下，"G市发改委主要负责指标制定，具体的工作都落到我们处（农民工工作处）"。② 但是，农民工工作处是市人力资源与社会保障局新设的一个部门，该机构主要是服务农民工的社保业务，在户籍改革中负责收集积分资料，因此，它无法协调其他职能部门，积分入户制改革仍然存在较高的碎片化问题。

其次，综合型部门的权力较小，它难以协调户籍制度改革，此时制度变迁碎片化程度较高。由于G市并不属于这种类型，但是，为了论述的完整性，笔者引入A省D市积分入户制改革的案例来阐述本观点。D市实行积分入户制，达到一定积分的申请者可以获得本市户口，但是在实际执行过程中出现了严重的碎片化现象，一个重要的解释因素是负责综合协调的新莞人服务中心的权力较为弱小，难以协调其他部门。一方面，新莞人服务中心是一个没有资源分配权的弱势部门，无法协调多部门管理的问题。新莞人服务中心的服务对象是外来人口，但是它并没有资源分配权，"如果对外面的人来说，新莞人有什么事，马上就找到新莞人服务管理中心，但是来到（我们这里），我们完全没有这个职能，好像不关我们事，但是我们不可能拒绝人家。"③ 那么，新莞人服务中心如何处理新莞人的问题呢？"按照我们（新莞人服务）中心的每一项职能，每个（政府）部门都有专职的职能在那里，我们只是协助，协助计生、消防、地税，全部都是协助。我们唯一为自己促成的，就是优秀新

---

① 笔者对深圳市发改委负责人的访谈，访谈时间：2008年10月8日。
② 笔者于2012年6月29日对A省农民工工作处负责人的访谈，访谈编号：20120629。
③ 笔者于2012年7月4日对D市G区新莞人服务管理中心负责人的访谈，访谈编号：20120704。

莞人的评选，也是受理，评分的也不是我们。我们中心就是登记信息，录入系统，然后提供数据给政府作参考。"① 由此可见，新莞人的管理和服务由计生、消防、地税、公安等职能部门承担，新莞人管理中心没有权限，根本无法办调以上部门在新莞人管理中的矛盾。另一方面，新莞人服务中心是一个以服务而非管制为主的弱势部门，它的很多业务需要依托其他政府部门。新莞人服务中心有一块业务是管理，包括出租屋巡查。但是，他们在执法中管理中常常碰到困难。"我们没有执法权，到出租屋里面巡查登记信息时有困难，有些直接不给你进去。这个也是我们当初跟公安合并办公的一个大的原因。"②"（新莞人服务）中心没有我们（公安分局）这个服装，外地人有些听话有些不太听话，但说到警长来了，还是有作用"。③ 通过上面的访谈资料，我们可以发现由于新莞人服务中心并无执法权，所以只能依托和公安部门合署办公的方式，借公安部门的"服装"完成出租屋巡查等工作。而在合署办公的过程中，带队的是公安部门，新莞人服务中心只是参与，这在很大程度上消解了新莞人服务中心在流动人口管理中的作用，降低了新莞人服务中心统筹改革的能力，加剧了户籍改革碎片化的困境。

由上可见，对于综合性部门来说，当主持户籍制度改革的综合部门的权力较小或户籍制度改革不是它的主要业务范围时，其难以协调其他部门，户籍制度变迁的碎片化程度严重。

（四）改革碎片化带来的问题：福利碎片化

由于户籍制度是资源分配的基础性机制，户籍制度改革的碎片化必然带来被改革者所享受的福利碎片化。福利碎片化是指改革对象所享受

---

① 笔者于 2012 年 7 月 4 日对 D 市 G 区新莞人服务管理中心负责人的访谈，访谈编号：20120704。

② 同上。

③ 同上。

的福利的不平衡性发展：有些福利得到了充分的享受，但是，有些福利仍然难以享受。福利碎片化是制度变迁碎片化的结果，它至少包括如下两个方面的特征。

第一，地方性户口福利。新创设的户籍政策以城市为边界，地方政府与地方政府之间互不承认，例如 G 市蓝印户口以镇街为边界，市内不可迁移，离开 G 市即失效。地方政府推行户籍制度改革会造成地区与地区之间的户籍壁垒，造成福利身份的地方化与碎片化，不利于全国性的户籍制度的放松与发展。由于目前的改革最高的统筹单位是省，因此，也有学者把这种现象称为"省域公民身份"。①

第二，同一个个体从不同职能部门享受的福利具有显著差异，在有些领域，户口福利已经逐步被市场机制取代，例如社会保险、医疗保险等，在另外一些领域，户口与福利之间则没有实现剥离，这主要包括教育部门提供的义务教育，民政部门提供给老、幼、病、残者的福利。正是在这个意义上，一些城市意识到民众最为关心的户口福利是义务教育资源，因此，这些地方政府直接推行积分入学改革②，"申请积分入学的人数比积分入户的人要多一些"③，"G 市申请积分入学的人大多数也是看中义务教育"。④ 为什么社会保险能够实现剥离户口与社保的关联，却难以剥离户口与义务教育资源及民政部门所提供的福利的关联呢？这主要是因为后者是纯政府支出性开支，享受者不能创造社会财富，一旦剥离户口与这部分福利的联系，地方政府担心加重自身所承担的公共财政支出的压力。这类纯政府支出性公共服务，仅靠地方政府难以推动改

---

① 岳经纶：《"福利地区"的形成与"域公民身份"的建构》，载《时代周报》，2010 年 12 月 13 日。
② 东莞市同时推行积分入户制改革和积分入学制改革。
③ 笔者于 2012 年 7 月 4 日对东莞市 G 区新莞人服务管理中心负责人的访谈，访谈编号：20120704。
④ 笔者于 2012 年 6 月 29 日对 A 省农民工工作处负责人的访谈，访谈编号：20120629。

革,中央政府需要承担更大的责任。

综上所述,本章以 G 市户籍制度改革为例,分析了发展型户籍改革的内涵、类型、下一步改革面临的困境。形成如下基本结论。

第一,发展型户籍改革的内涵。在发展型户籍改革中,地方政府把户籍制度改革当成增加地方收益的工具。发展型户籍改革是地方发展型理论在户籍制度改革中的运用。

第二,发展型户籍改革的类型。蓝印户口和积分入户制是发展型户籍改革的两种类型。在这两类改革中,地方政府都重视流动性强的要素,忽视流动性弱的要素;重视人口管理,轻视服务供给;重视资源汲取,忽视服务供给。

第三,发展型户籍改革面临的困境。发展型户籍制度存在偏好替代的问题,这类改革没有回应社会诉求,反而可能进一步带来社会不公平。与此同时,户籍制度改革碎片化带来户口福利碎片化。

第三章 发展型户籍改革的形成逻辑

尽管发展型户籍改革存在偏好替代和改革碎片化的问题，但是，从改革开放至今，广州、深圳、上海、北京等特大城市纷纷选择这种改革方式。地方政府为何热衷于推动发展型户籍改革呢？接下来，笔者将探讨发展型户籍改革的形成逻辑。笔者认为发展型户籍改革具有深刻的动力机制：在压力型体制的行政压力和晋升竞赛的政治激励下，地方政府之间为了经济增长展开激烈的竞争；地方政府掌握户口迁移审批权，具有推动户籍改革的自主权；城市户口是一种稀缺资源，存在户口利益，地方政府通过发展型户籍改革，争夺资本和劳动力，促进本地经济增长。因此，压力型体制和晋升激励、改革自主权与户口利益，这是地方政府选择发展型户籍改革的动力机制。

第一节 压力型体制与晋升激励

改革开放之后，随着自主性的加强，地方政府在经济发展中发挥了越来越重要的作用。学术界逐步聚焦研究地方治理的议题。大致有如下两类领域的学者研究这一议题。一类学者来自政治学领域，他们描述了地方政府治理的制度特征，这类学者认为中国地方治理结构最显著的特征是压力型体制①，压力型体制更多地强调地方政府面临的制度环境，没有重点阐述这种制度环境对地方政府行为的影响机制。另一类学者来自社会学和经济学领域，他们详细分析了地方政府面临的治理结构及其对政府行为的影响，有学者认为行政逐级发包、属地管理、晋升竞争和财政分包，这是当代中国地方治理的基本特征②，有学者认为权威体制和有效治理是地方政府面临的制度环境。在这样的基础上，地方政府通过权宜之计应对上级任务。③ 这类学者细致地描述了地方政府的组织行为特征，但是，他们没有关注到地方政府所处的政治制度环境。笔者试图结合以上两类理论，分析地方政府所处的政治制度环境及其对地方政府行为的影响，认为在压力型体制的行政压力和晋升竞赛的政治激励下，地方政府之间为了经济增长展开激烈的竞争。一方面，在压力型体制下，上级政府向下级政府层层下达考核指标，在以经济建设为中心的指导原则下，GDP 考核成为地方政府最大的指标。另一方面，地方政府面临政治锦标赛的政治激励，地方政府的 GDP 增长成为官员晋升的必要条件，因此，地方政府热衷于经济建设，甚至不惜成为经济发展的主角。经济增长涉及土地、资本和劳动力。而资本和高端劳动力是经济发展的稀缺资源，各个地方政府竞相争夺这些资源。

一、压力型体制迫使地方政府重视经济发展

压力型体制最早由荣敬本等人提出，"所谓压力型体制，指的是一级政治组织（县、乡）为了实现经济赶超，完成上级下达的各项指标而

---

① 荣敬本等：《从压力型体制向民主合作体制的转变：县乡两级政治体制改革》，中央编译出版社 1998 年版，第 28 页。
② 周黎安：《转型中的地方政府：官员激励与治理》，格致出版社、上海人民出版社 2008 年版。
③ 周雪光：《权威体制与有效治理：当代中国国家治理的制度逻辑》，载《开放时代》，2011 年第 10 期。

采取的数量化任务分解的管理方式和物质化的评价体系"。① 压力型体制包括三要素结构，包括数量化的任务分解机制、各部门共同参与的问题解决机制和物质化的多层次评价体系。② 压力型体制的运行基础包括如下两项制度。一是下管一级的人事管理权，它使地方政府获得了独立的人事任免权，增加了地方上直接上级对下级的管理权威。二是干部岗位责任制，它使岗位职责落实到具体的职能部门甚至个人身上③，有利于把考核和激励结合起来，实现政治激励的可置信承诺。④ 压力型体制的核心机制是"加压驱动""层层加码"，甚至"一票否决"，造成从中央到省、地（市）、县、乡，越到基层，政府的压力越大。⑤ 它的运行大致可以分为四个阶段：指标、任务的确定、派发、完成和评价。在发展的初期，压力型体制有利于发挥地方政府的积极性，在一定时期内推动当地经济的发展。但是，随着经济和社会的发展，压力型体制不可避免地带来发展的矛盾：财政制度上出现财政限制和职能扩张的矛盾、用人制度出现"官员企业家"和腐败蔓延等问题。⑥ 荣敬本等人所提的压力型体制最初只用于解释经济领域，他们也预言随着经济和社会的进一步发展，压力型体制将逐步被民主合作体制取代。⑦ 但是，十多年后，当时

---

① 荣敬本等：《从压力型体制向民主合作体制的转变：县乡两级政治体制改革》，中央编译出版社1998年版，第28页。
② 杨雪冬：《压力型体制：一个概念的简明史》，载《社会科学》，2012年第11期，第4—12页。
③ 唐海华：《"压力型体制"与中国的政治发展》，载《中共宁波市委党校学报》，2006年第1期，第22—28页。
④ 周黎安：《转型中的地方政府：官员激励与治理》，格致出版社、上海人民出版社2008年版。
⑤ 徐勇：《从村治到乡政：乡村管理的第二次制度创新》，见《乡村治理与中国政治》，中国社会科学出版社2003年版，第106页。
⑥ 荣敬本等：《从压力型体制向民主合作体制的转变：县乡两级政治体制改革》，中央编译出版社1998年版，第28—57页。
⑦ 同上书，第57—107页。

的课题组成员杨雪冬通过追踪研究发现压力型体制并没有改变，且已经从经济领域扩展到社会管理领域。①

在压力型体制下，地方政府必须完成上级交办的硬指标。以 GDP 为核心的经济发展是中央政府考核地方政府的主要指标，这就造成地方政府一切围绕 GDP 增长而努力。然而，"1994 年的分税制改革带来的结果是资金向上集中，而事权则不断下放"。②"不足的财政资源迫使许多地方政府对企业和人口征收合法或非法的税收"③，地方政府在积极寻找税源的过程中，中央下放给地方的自主性也在不断增强，"随着地方政府在处理本地户籍制度上的自主性的增加，地方自发买卖城市户口权就变成了增加建设费或其他目的的一个很流行的工具。"④ 由此可见，压力型体制下，上级政府层层向下级下达经济指标，促进经济发展成为地方政府的第一要务。分税制改革增加了地方的财政压力，迫使地方政府寻找新的税源。

二、政治锦标赛推动地方政府间竞争

如果说压力型体制迫使地方政府重视经济发展的话，那么政治锦标赛的政治激励则推动地方政府主动寻找经济增长点。

(一) GDP 成为政治锦标赛的竞争标准

政治锦标赛是学者们对中国地方官员晋升方式的概括，它"是指上级政府对多个下级政府部门的行政长官设计的一种晋升竞赛，竞赛优胜

---

① 杨雪冬：《压力型体制：一个概念的简明史》，载《社会科学》，2012 年第 11 期，第 4—12 页。
② 周平：《当代中国地方政府》，人民出版社 2007 年版，第 321 页。
③ Kam Wing Chan, *Cities with Invisible Walls—Reinterpreting Urbanization in Post-1949 China*, Oxford University Press, 1994, p. 118。
④ Ibid.

者将获得晋升,而竞赛标准由上级政府决定。这里涉及的地方官员主要是各级地方政府的行政首脑。"① 改革开放之后,这种竞赛标准开始围绕经济增长而展开,出现为增长而竞争②和经济增长市场论③,有学者将之形象地表述为中央政府和地方政府之间的交换,"中央对经济增长有需求,支付的是政治晋升,地方政府对晋升有需求,支付的是经济增长,形成经济增长市场。"④ 在中组部下发的《体现科学发展观要求的地方党政领导班子和领导干部综合考核评价试行办法》中,人均地方生产总值及增长、人均地方财政收入及其增长成为排在前两位的考核标准。⑤ 学者们对中国省委书记的研究也显示,地方官员的升迁与经济增长呈现正相关。⑥

为何中央政府选择 GDP 增长率作为晋升竞赛的衡量标准,而不选择公共服务供给质量等标准呢?这至少存在两个方面的原因。一方面,GDP 容易考核和监督,是一种硬指标⑦,对于地方政府而言是一种强激励,而地方公共服务供给质量是一种软指标,中央政府监督考核的成本很高,且难以考核,对于地方政府而言则是一种弱激励,地方政府有很大的机会主义选择偷懒。因此,对于中央政府而言,一种简约化的治理

---

① 周黎安:《转型中的地方政府:官员激励与治理》,格致出版社、上海人民出版社 2008 年版,第 89 页。
② 张军:《中国经济发展:为增长而竞争》,载《世界经济文汇》,2005 年第 4 期。
③ 徐现祥、李郇、王美今:《区域一体化、经济增长与政治晋升》,载《经济学》(季刊),2007 年第 6 卷第 4 期。
④ 王贤彬、徐现祥、李郇:《地方官员更替与经济增长》,载《经济学》(季刊),2009 年第 4 期,第 1301—1328 页。
⑤ 中共中央组织部干部一局:《干部综合考核评价工作指导》,党建读物出版社 2006 年版,第 77 页。
⑥ 周黎安:《晋升和财政刺激:中国地方官员的激励研究》,北京大学国际经济研究中心报告,2002 年 11 月 17 日;Bo, Zhiyue, *Chinese Provincial Leaders: Economic Performance and Political Mobility Since 1949*, Armonk: M. E. Sharpe Incorporated, 2002.
⑦ O'Brien, Kevin J. and Lianjiang Li, "Selective Policy Implementation in Rural China", *Comparative Politics*, Vol. 31, No. 2, 1999, pp. 167–186.

方式是以 GDP 作为考核标准。尽管这个过程可能出现地方自主空间增强等负面影响,"但至少换来了相当水平的经济增长,这比弱激励下政府的不作为甚至偷懒、腐败要好"①。另一方面,改革开放以后,我国提出以"以经济建设为中心"的基本原则,而 GDP 是衡量经济建设的硬指标,它由此成为中央政府考核地方政府的主要标准。

(二)地方政府间竞争

在政治锦标赛的激励下,地方政府会选择什么样的行为策略呢?学术界认为至少存在两类策略。一是,相互合作,出现市场整合的趋势,通过合作促进经济发展②,这就是实践中不断凸现的政府间合作和跨区域合作。二是,互相竞争,出现为增长而竞争,甚至地方保护主义。当然,地方政府到底选择合作还是竞争,取决于外部溢出效应③,只有有利可图时,地方政府才会选择合作。在已有研究的基础上,笔者认为在政治锦标赛的压力下,地方政府更有可能选择竞争。这至少有如下几个方面的原因。

第一,政治职位只有一个,而晋升很大程度上取决于地方经济发展和 GDP 增长,因此,理性的地方官员一定会选择市场竞争,排斥临近地区享受经济发展带来的效益。④ 经济学者认为政治晋升和经济发展呈现正相关,政治学者不太认同这类观点,认为政治晋升受多种因素的干扰,尤其可能受到政治庇护主义的影响。⑤ 笔者在综合这两类学者的研究的基础上,认为经济发展可能不是政治晋升的充要条件,但是,政治

---

① 周黎安:《中国地方官员的晋升锦标赛模式研究》,载《经济研究》,2007 年第 7 期,第 45 页。
② 张军:《中国经济发展:为增长而竞争》,载《世界经济文汇》,2005 年第 4 期,第 101—105 页。
③ 徐现祥、李郇、王美今:《区域一体化、经济增长与政治晋升》,载《经济学》(季刊),2007 年第 6 卷第 4 期,第 1975—1096 页。
④ 周黎安:《晋升博弈中政府官员的激励与合作——兼论我国地方保护主义和重复建设问题长期存在的原因》,载《经济研究》,2004 年第 6 期,第 33—40 页。
⑤ Lowell Dittmer, "Chinese Informal Politics", *The China Journal*, No. 34, 1995.

晋升一定要以经济发展作为必要条件。这种观点在经验事实中得到验证后，形成正向激励机制，进一步激励地方官员重视经济发展。

第二，经济发展高度依赖市场经济中的稀缺资源。从改革开放至今，资本一直是市场中的稀缺资源，"地方政府之间的竞争主要是对资本的竞争"。① 招商引资成为地方政府的中心工作和重心工作。一些地方政府开出"零地价"甚至"税收返现"等策略性的优惠政策吸引资本，出现"无底价的竞争"。这种竞争导致的结果是地方财政的数据增长，出现"数字出官"等负面现象。②

第三，属地化管理为地方政府间竞争提供了现实基础。在属地化管理"谁主管、谁负责"的原则，地方政府以行政区划为边界，围绕稀缺资源展开了激烈的争夺。"晋升锦标赛最大收益之一是在地方政府之间引入了竞争机制，这种竞争随着各种生产要素（尤其是资本和人力资本）的流动性日益增大而加剧。"③ 属地化管理的原则下，地方政府之间的竞争很容易出现以区域为边界的地方保护主义。在企业管理上，地方政府更加注重为本辖区内向本级政府交纳税收的企业服务，不愿意吸纳总部不再本辖区内的企业入驻④；在人口管理上，地方政府以户籍人口作为决策和行政资源配置的基础，忽略外来常住人口的需求。在本地户籍劳动力失业率增加的情况下，地方政府甚至通过行政措施限制外来劳动力流入。例如，1995 年全国就业形势紧张，北京市、上海市、青岛市等全国多个地市都公布了聘用外来劳动力的分类管理办法，规定金融业、保险业、管理业务员等行业

---

① 徐钧、李宏：《地方政府竞争机制演进——基于户籍制度变迁的视角》，载《山东社会科学》，2008 年第 7 期，第 156—160 页。
② 荣敬本等：《从压力型体制向民主合作体制的转变：县乡两级政治体制改革》，中央编译出版社 1998 年版。
③ 周黎安：《中国地方官员的晋升锦标赛模式研究》，载《经济研究》，2007 年第 7 期，第 43 页。
④ 一个根本的原因在于，总部不在辖区内的分公司缴纳的税收的大部分归总部所属的政府，辖区政府能获得的税收较少，因此，地方政府不愿意引进总部在其他区域的分公司。经典的案例可以参考笔者编写的 MPA 班级教学内部案例：《吉之岛为何难以落户 A 区》，2014 年。

不能使用外来劳动力，否则要予以经济处罚和通报批评。①

总而言之，在压力型体制的行政压力和晋升竞赛的政治激励下，地方政府之间为了经济增长展开激烈的竞争。一方面，在压力型体制下，上级政府向下级政府层层下达考核指标，在以经济建设为中心的指导原则下，GDP考核成为地方政府最大的指标。另一方面，地方政府主要官员面临政治锦标赛的政治激励，地方政府的GDP增长成为官员晋升的必要条件，因此，地方政府热衷于经济建设，甚至不惜成为经济发展的主角。经济增长涉及土地、资本和劳动力，而资本和高端劳动力是经济发展的稀缺资源，各个地方政府竞相争夺这些资源。

第二节 户籍制度改革：地方政府间竞争的工具

在压力型体制和晋升竞赛的激励下，地方政府之间为了争夺稀缺资源，促进经济增长展开了激烈的竞争。地方政府之间通过哪些方式和手段竞争呢？已有研究认为地方政府之间竞争的方式和手段至少包括如下几个方面。一是税收竞争。地方政府之间的税收竞争的研究开始于蒂伯特的"用脚投票理论"，该理论认为民众的选择是约束地方公共财政收支的重要因素。②其后，梅伊兹科夫斯基（Mieszkowski）和威尔逊（Wilson）发展了资本税收竞争模型，认为地方政府通过向资本征税从而提供公共服务。③但是，这些模型都产生于西方自由市场之中，不符

---

① 相关报道参见《新民晚报》，1995年2月13日；《经济信息报》，1996年2月9日；《北京经济报》，1997年3月18日。

② Tiebout, C. M., "A Pure Theory of Local Expenditures", *Journal of Political Economy*, 1956 (65), pp. 116 – 424.

③ Zodrow. G and P. Mieszkowski, "Pigous, Tiebout, Property Taxation and Underprovision of Local Public Goods", *Journal of Urban Economics*, 1986 (19), pp. 356 – 370.

合中国的现实条件。其后，一些学者提出针对中国国情的税收竞争理论，包括财政联邦主义①、进取型、保守型和掠夺型税收竞争。② 二是支出竞争。西方关于地方政府间竞争的理论更为关注税收竞争，但是，中国对地方政府竞争的研究则更加注重制度竞争③，包括地方政府采取国企改制，推进私营经济的发展、降低为民众提供的公共物品④，转而为资本提供优质服务⑤。这种制度竞争其实是一种支出竞争，地方政府选择性优先为资本提供公共服务，通过这样的方式吸引资本，从而促进经济发展。

户籍制度作为一项资源分配的基础性机制，附着了大量的户口利益。经济越发达的城市，户口的"含金量"越高，对人们的吸引力越大。与此同时，改革开放以后，中央政府对户籍制度一直缺少顶层设计，地方政府拥有户籍制度改革的自主权。在此条件下，地方政府把户籍制度改革作为税收竞争的工具，通过户籍改革吸引资本和汲取资源，由此出现发展型户籍制度改革。

一、地方政府拥有一定的户籍改革自主权

改革开放以后，中央政府没有对户籍改革进行顶层设计，而是采用沉默或默许的方式，允许地方政府在辖区内依据自身特点进行户籍制度的调整，这就使得地方政府在户籍制度改革中拥有一定的行政自主权。

---

① Yingyi Qian and G. Roland, "Federalism and the Budget Constraint", *American Economic Review*, 1998（88），pp. 1145 – 1162.
② 周业安、赵晓男：《地方政府竞争模式研究》，载《管理世界》，2002 年第 12 期。
③ 杨海水：《地方政府竞争理论的发展述评》，载《经济学动态》，2004 年第 10 期。
④ 刘亚平、颜昌武：《转型期中国地方政府间竞争：策略选择与制度规范》，载《浙江社会科学》，2006 年第 6 期，第 25—30 页。
⑤ 彭宅文：《分权、地方政府竞争与中国社会保障制度改革》，载《公共行政评论》，2011 年第 1 期，第 174—177 页。

这种自主权与行政性分权有关，行政性分权和经济性分权同时产生，经济性分权是指权力在国家和生产性单位（如国企）之间的转移，行政性分权是指权力在中央部门和地方政府之间的转移。①"行政性分权被当成一种战略一直持续到 20 世纪 80 年代"②，虽然 1994 年分税制改革在一定程度上削弱了地方政府的权力，但是，地方政府在地区经济和社会发展中仍然具有较大的自主权。在户籍制度的实行领域，20 世纪 80 年代以前，中央政府控制着户口迁移审批权，这就使得在户籍制度改革的进程中，地方政府几乎难以发挥作用。这样导致的结果是，各地户籍制度改革进展缓慢，当时农村户口转为城市户口只有三个途径：升学、招工和招干。改革开放以后，入户审批制度发生了较大的转变，各个市级政府掌握落户指标和落户审批权，一度出现市领导审批户口迁移"一支笔"。③

户籍制度改革的行政性分权通过中央命令和地方执行这一行政结构体制展现。中央命令与地方执行是中国上下级政府间关系的基本特征，即中央政府只发命令，地方需要自筹经费完成中央任务，但是这个过程客观上为地方自主权的发展提供了空间。

（一）中央命令

中央命令至少具有两个方面的特征。一是中央给地方下任务，甚至是指标。中央将任务和指标层层下达，造成层层加码，地方政府成为改革的操作性主体，面临的改革任务最为繁重。例如，2013 年，中央政府

---

① Schrumann, F., *Ideology and Organization in Communist China* (2nd ed.), Berkeley: University of California Press, 1968.
② 李芝兰：《当代中国的中央与地方关系：趋势、过程及其对政策执行的影响》，见［德］托马斯·海贝勒、［德］舒耕德、杨雪冬主编：《"主动的"地方政治：作为战略全体的县乡干部》，中央编译出版社 2013 年版，第 118 页。
③ 公安部三局：《中华人民共和国户口管理资料汇编（一九八六年—一九九二年）》（第四册）》，群众出版社 1993 年版，第 277—278 页。

提出推进以常住人口基本公共服务全覆盖为核心的改革命令，全国各个省政府纷纷表态支持改革，并发布本省范围内的改革方案。二是在户籍制度改革中，中央政府虽然明确"国家基本户籍管理制度属于中央事权"①，并且提出"建立财政转移支付同农业转移人口市民化挂钩机制"②，但是，中央只下达任务，并无专门经费配套，改革经费需要地方政府自行筹集。在调研中，访谈对象说"（国务院）主要的支持就是四个字——'先试先行'，在转移支付上没有财政支持"。③

（二）地方执行的自主权

地方执行是指地方政府成为户籍制度改革的具体执行者，它至少具有如下几个方面的特征。一是地方政府是中央政府的执行机构，因此，地方的自主改革最终需要得到中央的首肯和支持。"这个体制决定了最终还是要有一个裁判员来说这个（改革）是对的还是错的，那么对的还好；要是错了，现在的路子我们已经探索了多年，群众也按照这样在接受，你又说这样不行了，要回到过去，这样来讲的话，对一个地方的影响还是非常大的。"另外，"有些（改革内容）跟国家的政策抵触。要是一些国家政策方向迟迟定不下来的话，进一步的探索很难。"④ 二是地方政府需要自行筹集经费进行改革。三是既然地方政府可以自行筹集经费进行改革，因此，在具体的户籍制度改革上，中央政府实行了较为充分的放权，让地方政府自主探索户籍改革的形式。这就是为何各地户籍制度改革形势各异的制度空间。

中央命令和地方执行的改革方式至少具有如下制度优势。第一，

---

① 国务院办公厅：《关于积极稳妥推进户籍管理制度改革的通知》（国办发〔2011〕9号），2011年2月26日。
② 《中共中央关于全面深化改革若干重大问题的决定》，人民出版社2013年版。
③ 笔者于2012年8月3日对C市城乡统筹委负责人L的访谈，访谈编号：20120803。
④ 同上。

灵活性。各地能够根据自身的特征，因地制宜进行户籍制度改革的探索。笔者在对发展型户籍改革进行研究的过程中发现20世纪90年代同样是蓝印户口，G市的蓝印户口准入门槛低于深圳和上海，准入条件也有所不同。① 这样，不同的城市能根据城市发展的程度和户口吸引程度，因地制宜地进行户籍制度改革。第二，试错性。各地进行自主性探索，即使探索失败或得不到中央的肯定，这样的改革的影响范围不至于太大。例如，2005年郑州取消户口，一时带来适龄学生大量涌入，郑州及时停止了这项改革，并没有在全国带来太多的波动。

由上可见，中央命令与地方执行的行政结构既能灵活适应各地的实际情况，又能避免改革幅度过大造成全国的不稳定性，因此，从1984年至2013年，中央政府较少发布关于户籍制度改革的总体框架，而是允许各个地方积极探索。地方政府的自主性不断增强，他们掌握着户口迁移审批权和户籍制度改革的整体进度，这是地方政府以户籍制度改革作为竞争工具的前提条件。"地方官员必须……拥有较大的行动空间，才能真正对地方经济发展负有行政责任。此时激励地方官员推动经济增长与发展才有意义。"② 地方政府根据本地经济发展的需要，策略性地推动本地户籍制度改革，由此形成户籍制度改革的地域性和多样性。

二、地方政府通过发展型户籍改革，争夺市场稀缺资源

由于城市户口具有"含金量"，而地方政府拥有户籍改革的自主权，因此，地方政府将户籍制度作为争夺市场稀缺资源的工具，由此推动发

---

① 例如，深圳和上海都允许投资入户，但是广州并无此项，整体而言，广州的蓝印户口准入条件低于深圳和上海的准入条件。
② 周黎安：《转型中的地方政府：官员激励与治理》，格致出版社、上海人民出版社2008年版，第221页。

展型户籍改革,"户口拓宽了地方政府的税源"。① 笔者将通过上一章讨论的 G 市蓝印户口的纳税入户、购房入户和聘用入户这三种改革形式,阐述地方政府通过户籍制度的目的在于汲取稀缺资源。

(一) 纳税入户增加地方收益

在投资入户中,地方政府规定纳税额达到一定标准可以入户,通过这样的方式吸引资本。如表 3.1 所示,G 市于 1999 年规定,投资开办个体工商户、私营企业的投资者或经营者,连续经营 3 年以上,并在 3 年内累计上缴税款 40 万元,或连续经营 5 年以上,并每年上缴税款 8 万元以上的,就能申请 2 个人的蓝印户口;1 年内每上缴税款 30 万元的,就可以申请 1 个人的蓝印户口;开办的私营企业已被市科委确定为本市高新技术企业,在 3 年内累计上缴税款 35 万元的,就能申请 2 个人的蓝印户口。②

表 3.1 G 市投资纳税入户的条件

申办对象	企业性质	可申办户口数	纳税额 (元)	经营时间 (年)
本省市单位或个人开办的私营企业或个体工商户	一般企业	2	累计 40 万	3
	一般企业	2	每年 8 万	5
	一般企业	1	30 万	1
	高新技术企业*	2	35 万	3
外省市及港澳台地区的单位	一般企业	1	30 万	1
	高新技术企业	1	25 万	1

* 这里的高新技术企业需经 G 市科委认定。

资料来源:G 市人民政府:《G 市蓝印户口管理规定》(穗府办〔1999〕9 号文件),1999 年 10 月 6 日。

---

① Kam Wing Chan and Li Zhang, "The Hukou System and Rural-Urban Migration in China: Processes and Changes", *The China Quarterly*, No. 160, December 1999, p. 840.
② G 市人民政府:《G 市蓝印户口管理规定》(穗府办〔1999〕9 号文件),1999 年 10 月 6 日。

由上可见，地方政府通过规定纳税额的方式，让符合条件的企业和个人获得城市户口，通过这样的方式，地方政府在一定程度上增加了本地企业数量，增加地方财政收入。但是，这种改革形式仅在 20 世纪 90 年代奏效，随着户口"含金量"的降低，投资入户的吸引力越来越弱。

（二）购房入户增加地方收益

在购房入户中，地方政府通过设定购房位置和购房面积，允许符合条件者申请蓝印户口。如表 3.2 所示，G 市规定，在 G 市白云区、芳村区、黄埔区、G 市经济技术开发区西区和东区、G 市保税区生活居住区、海珠区新窖镇、天河区东圃镇（含车陂）及柯木朗、渔沙坦、龙洞、棠下村，购买商品住宅房屋建筑面积 50 平方米至 74 平方米、75 平方米至 99 平方米和 100 平方米以上的购房者，可为本人或亲属分别申办 1、2、3 人的蓝印户口。

表 3.2　G 市购房入户条件

房屋位置	房屋面积	可申报户口数
白云区、芳村区、黄埔区、G 市经济技术开发区西区和东区、G 市保税区生活居住区、海珠区新窖镇、天河区东圃镇（含车陂）及柯木朗、渔沙坦、龙洞、棠下村	50 平方米至 74 平方米	1
	75 平方米至 99 平方米	2
	100 平方米以上	3

资料来源：G 市人民政府：《G 市蓝印户口管理规定》（穗府办〔1999〕9 号文件），1999 年 10 月 6 日。

购房入户对地方财政的影响至少表现在如下两个方面。一方面，地方政府通过购房入户获得房屋交易税；另一方面，购房入户的房屋位置大多处于新区或者经济不够活跃的区县，地方政府试图通过购房促进地方房地产的发展，拉动区域经济增长。

（三）技术入户增加地方收益

地方政府通过技术入户，为企业或组织发展提供人力资源，促进地方经济发展。一方面,如表 3.3 显示,在蓝印户口政策中,G 市聘用入户规定了聘用者的学历、职称和聘用要求。与深圳不同的是,G 市在蓝印户口政策中并没有规定申请者年龄,也没有规定工种类型。

表 3.3　G 市聘用入户条件

学历/职称	工作年限	聘用年限	住所
大学专科以上学历或中级以上专业技术职称或中等职业教育以上学历且技术等级中级	在本市累计连续工作并居住满 5 年	同一单位继续聘用且签订了不少于 3 年劳动合同	固定住所

地方政府通过聘用入户,并为企事业单位人才落户"开口子"。G 市积分入户制可以看成聘用入户的延续,但是,其口子开得更大。G 市政府试图通过积分入户吸引高素质、高技能型人才,因此,在制度设计上,给予高学历、稀缺工种、社保以很高的分值,通过这样的方式,选择性吸纳高技能型劳动力。由上可见,无论是蓝印户口还是积分入户制,地方政府通过聘用入户,吸引地方稀缺工种人才。

综上所述,压力型体制和政治锦标赛使得地方政府越来越嵌入地方经济增长过程,入户审批权的下移让地方政府享有户籍改革的自主权,同时,户籍制度作为一项垄断性资源,户口附着利益,这使得地方政府具有通过户籍改革吸引市场稀缺资源,增加地方财政收益的可能性。压力型体制和政治锦标赛下的增长竞争、行政性分权和户口利益是地方发展型户籍改革的动力机制。

第四章　兼顾型户籍改革：以 C 市为例

如上一章所述，地方发展型户籍改革有利于增加地方政府收益，因此很多地方政府选择这类改革方式。但是，有些城市并未跟进，而是选择与此完全不同的户籍改革方式，C 市户籍制度改革就是一个特例。既然地方发展型户籍改革有利可图，C 市政府为何不合大流，而是另起炉灶选择另外一类户籍改革方式呢？本书以 C 市户籍制度改革为例，将其改革归纳为兼顾型户籍改革。本章要分析的核心问题包括：第一，兼顾型户籍改革经历了哪些发展阶段？第二，兼顾型户籍改革有什么基本特征？笔者将分析兼顾型户籍制度的改革历程及其基本特征。第三，在取得改革成效的同时，兼顾型户籍改革面临什么发展困境？笔者将从财政支出、配套制度等角度分析兼顾型户籍改革面临的困境。

第一节　兼顾型户籍改革的历程

从 2003 年至今，C 市户籍制度改革经历了地方探索、中央试点这两个阶段。接下来，笔者将通过政府文件和访谈材料，勾勒 C 市兼顾型户籍改革的历程。以改革的发起者作为标准，笔者将 C 市兼顾型户籍改革分为两个发展阶段，一是地方探索阶段，这个阶段是指地方政府在没有中央正式文件授权的情形下进行的自主探索，二是中央试点阶段，即地方政府获得了中央政府正式文件授权而继续推行的改革。当然，以上两个阶段是为了研究便利所进行的划分，在具体的实践过程中，两个阶段具有紧密的联系：地方探索阶段为中央试点积累了丰富的经验，中央试点阶段则是地方探索的深化。

一、第一阶段：地方探索阶段

2003 年到 2006 年，这是 C 市兼顾型户籍改革的地方探索阶段。2003 年，C 市委、市政府通过领导讲话和多个规范性文件的形式，开启兼顾型户籍改革，2007 年 C 市被国务院确定为城乡统筹国家试验区。因此，本书把 2007 年前的改革称为地方探索阶段。

2003 年，C 市委通过领导讲话的形式提出要进行城乡统筹发展。2004 年 C 市正式出台了《关于统筹城乡经济社会发展推进城乡一体化意见》，这是 C 市出台的兼顾型户籍改革的第一份标志性文件。该文件提出推进城乡规划一体化、产业布局一体化、城乡就业和社会保障制度一体化、城乡基础设施建设一体化、城乡社会事业发展一体化和城乡政策措施一体化。其中，城乡就业和社会保障制度改革、城乡社会事业发展一体化和城乡政策措施一体化三个方面是本书所讨论的户籍制度改革的内容。2006 年 3 月 23 日，C 市政府发布《中共 C 市委 C 市人民政府关于深入推进城乡一体化建设社会主义新农村的意见》（成委发〔2006〕24 号），这个文件包括农业、农村和农民三个内容，主要是从赋权和建设社会主义新农村的角度来阐述城乡一体化。2006 年 10 月 20 日，C 市政府发布《关于深化户籍制度改革，深入推进城乡一体化的意见（试行）》（成委发〔2006〕52 号），这个文件主要是为了消除农民向城镇转移的体制性障碍，完善城乡一体的户口登记制度，这个文件包括放松户口迁移、引导农民向城镇集中，统一户口登记，并布置了未来五年城镇化的工作指标，"到 2010 年，全市城镇化率达到 65% 以上。中心城区 2007 年城镇化率达到 100%；第二圈层 2010 年城镇化率达到 50%，农村居民进入集中居住区的比例达到 25%；第三圈层 2010 年城镇化率达到 45%，农村居民进入集中居住区的比例达到 20%"。①

在地方探索阶段，C 市兼顾型户籍改革具有一元化户口登记和二元化户口管理的特征。这就是说在文件层面，这一阶段已经提出兼顾型户籍改革包括人口登记、户口迁移和户口福利改革，但是在实践层面，这一阶段主要推进的是城乡户口登记一体化，还没有实现户口管理一体化。

（一）一元化户口登记

C 市于 2004 年出台的《关于统筹城乡经济社会发展推进城乡一体化意见》提出兼顾型户籍改革的三个方面的内容，分别是户口登记、户口迁移和户口福利方面的改革，这是对户籍制度改革较为完整的文件规定。但是，在实践过程中，C 市在这一阶段只实现了一元化登记，即把农业户口和非农业户口统称为居民户口，并未实现一元化管理。2004 年公安系统提出的户籍制度改革的目标是"降低门槛、放宽政策、简化手续"，改革内容包括对市外迁入人员实行准入条件法、本市农业户口和非农业户口一元化户口登记制度、一元化户口登记管理。② 在具体的实践中，2004 年 C 市公安局通过计算机后台把 C 市全部非农业户口登记为居民户口，然后逐步推进农业户口登记为居民户口，并于 2006 年 10 月基本完成。在将农业户口转为居民户口的过程中，C 市公安局对不同类

---

① 《中共 C 市委 C 市人民政府关于深化户籍制度改革，深入推进城乡一体化的意见（试行）》，见 C 市统筹城乡综合配套改革试验区建设领导小组办公室：《成都统筹城乡综合配套改革试验区建设资料选编》（内部材料），第 23—24 页。
② C 市统筹城乡综合配套改革试验区建设领导小组：《成都统筹城乡综合配套改革试验区建设资料选编》（内部材料），第 8—9 页。

型的情况进行分类处理。一是征地农民，公安局把其农业户口改为居民户口，登记地址栏上标注为"已征地"，公安局将其称之为农转居；二是未征地农民，"宣传工作做到位的，你就也可以以一个派出所或以村组把未征地农业户口转为居民户口，这些在户口上都是有记录的……未征地的就是'未征地农转非'"。①

（二）二元化人口管理

尽管统称居民户口，但原来的农业户口和非农业户口在登记地址和职业上仍有较大差异。"转完了的农民的户口簿的首页都叫居民户口，但是翻开之后下边登记地址一栏会有已征地还是未征地农转非的登记，同时我们还在他的职业一栏添加了'农业劳动者'这五个字。后来很多职能部门又把这五个字作为管理依据。"② 因此，"这个时候只能叫作一元化的户籍登记而不能叫作真正意义上的一元化的管理，这仅仅就是个登记。因为在那时做这个的时候就是阻力重重……其他相关职能部门的配套措施没跟进，他们都是按照户口簿上的户口性质那一栏在做管理"③。由此可见，相关职能部门并没有按照实行一元化户口管理，而是以户口登记上的"职业"区分农业户口和非农业户口，以此进行二元化管理。

因此，在地方探索阶段，C 市户籍改革主要是公安部门取消户口本上的"农"和"非"，统称居民户口，实现了户口一元登记，这个可以被称为积极稳妥的改革，也是户籍制度后续改革的基础。但是，涉及户口利益分配的其他部门仍然按照居民职业进行二元管理，这一阶段呈现一元登记和二元管理并存的现象。

---

① 笔者于 2012 年 8 月 6 日对 C 市公安局负责人 J 的访谈，访谈编号：20120806。
② 同上。
③ 同上。

二、第二阶段：中央试点阶段

从 2007 年至今，C 市户籍改革进入中央试点阶段，标志性事件是 2007 年国务院批准 C 市成为统筹城乡综合配套改革试验区。当年 C 市出台了《中共 C 市委 C 市人民政府关于推进统筹城乡综合配套改革试验区建设的意见》（成委发〔2007〕36 号）和《中共 C 市委 C 市人民政府关于深化城乡统筹开拓现代农业新局面的意见（试行）》（成委发〔2007〕37 号），这两份文件可以看成是 C 市城乡统筹改革的第二份纲领性文件，也是执行国务院城乡统筹试点后发布的第一份纲领性文件。相比于前面的文件，这两份文件布局更为全面。在成委发〔2007〕36 号文中，C 市政府明确了改革的内容是推进"三个集中"，推进新型工业化、农业现代化和新型城市化，并提出"通过 10 年左右的努力，促进 150 万农村居民转变为城镇居民"[1]，还提出建构统筹城乡发展的管理体制，包括政府职能转变、促进城乡社会事业均衡发展，完善覆盖城乡的公共财政体系。

在中央试点阶段，C 市户籍制度改革最突出的特征是从一元化户口登记演进为一元化户口管理。

（一）在人口登记和户口迁移方面，实行一元化户口管理

一元化户口管理包括两个发展阶段。第一，租房入户，基本实现自由迁徙。2006 年 C 市实行"本省农民租住统一规划修建的住房一年以上可以登记户口"[2]，统一规划修建住房是 C 市政府为了解决失地农民住

---

[1] 《中共 C 市委 C 市人民政府关于推进统筹城乡综合配套改革试验区建设的意见》（C 市委发〔2007〕36 号），见 C 市统筹城乡综合配套改革试验区建设领导小组办公室：《C 市统筹城乡综合配套改革试验区建设资料选编》（内部材料），第 39 页。

[2] 笔者于 2012 年 8 月 6 日对 C 市公安局负责人的访谈，访谈编号：20120806。

房而在市郊修建的集中安置房。该政策主要针对的是失地农民，不包括城镇人口。2008年4月C市将针对人群放宽，进一步降低入户门槛，规定"租住成套的私人住房可以入户"。① 第二，逐步实现全域自由迁移。C市委、市政府于2010年出台《关于全域成都城乡统一户籍实现居民自由迁徙的意见》（成委发〔2010〕23号），明确提出推行全域C市城乡统一户籍制度改革。对于很多城市来说，入户中心城区和郊区的条件是不一样的，从同一城市的郊区入户中心城区又有一道门槛。但是，C市"没有中心城区和远程区市县的户籍迁移上的区别，都是一样的政策"。② "在副省级城市中把租房条件放开，目前还是没有的。"③

（二）在户口利益方面，各个相关职能部门进行配套改革，逐步缩小城市和农村的户口福利差距，推进基本公共服务一体化

第一，2008年以后，C市委市政府出台了提升农村公共服务的一系列制度，包括《中共C市委C市人民政府关于加强根底保护进一步改革完善农村土地和房屋产权制度的意见（试行）》（成委发〔2008〕1号）、《中共C市委C市人民政府关于进一步提高农民集中居住质量的意见》（成委发〔2008〕5号）、《中共C市委C市人民政府关于促进进城务工农村劳动者向城镇居民转变的意见》（成委发〔2008〕12号）、《中共C市委C市人民政府关于进一步加强农村基层基础工作的意见》（成委发〔2008〕36号）、《中共C市委C市人民政府关于深化城乡统筹进一步提高村级公共服务和社会管理水平的意见（试行）》（成委发〔2008〕37号），2008年还印发了《C市城乡居民基本医疗保险暂行办法》，2009年分别印发了关于养老保险的文件，2009年C市统筹城乡工作委员会会同C市财政局印发《C市公共服务和公共管理村级专项资金管理暂行办

---

① 笔者于2012年8月6日对C市公安局负责人的访谈，访谈编号：20120806。
② 同上。
③ 同上。

法》(成统筹〔2009〕59号)对村级专项资金安排、资金管理、部门职责做了详细的规定,在同一天,C市统筹城乡工作委员会会同C市小城镇投资有限公司出台了《C市公共服务和公共管理村级融资建设项目管理办法》(成统筹〔2009〕60号)规定了项目申报、项目管理、资金管理、市县两级部门的职责。以上这些文件对农村土地处置、农民集中居住、农村医疗养老等进行了较为详细的规定。

2010年前后"其他相关部门的配套(制度)全都出台了。这个出台了以后,我们现在的农业劳动者不再是身份的象征,确实仅仅是一种职业的登记,这就实现了真正的一元化户籍管理而不仅仅是一元化的户籍登记"。① C市基本实现市内户口自由迁徙的前提条件是"其他相关部门的配套(制度)全都出台了……有了这些基础的工作保证之后,才能建立城乡一元化的户籍管理制度"。②

第二,逐步剥离户口利益,推进社会事业类改革。从2003年到2010年,C市共出台128份城乡统筹发展的政策文件,从文件内容来看,社会事业类文件占49%,经济发展类文件占30%,行政管理类文件占9%,综合类文件占8%,民主政治类占3%,文化发展类占1%。③其中,社会事业类文件占了将近一半,由此可见,C市十分重视社会事业改革,而社会事业中的很多改革内容都是户籍改革的重点。

第三,制度化建设。C市非常重视制度建设,通过建立市县两级的城乡统筹委、颁布改革文件、设立督察考核等制度,逐步实现改革的制度化。"由于前期的制度已经建立起来了,现在不管怎么样(不管领导人是不是换了),制度在运行,机构也在运行,事情就在推进之中。"④ C市围绕城乡统筹和兼顾型户籍改革的制度化建设,保证了改革的可持

---

① 笔者于2012年8月6日对C市公安局负责人的访谈,访谈编号:20120806。
② 同上。
③ 《C市统筹城乡发展的政策评估报告》,第165页。
④ 笔者于2015年5月18日对C市城乡统筹委负责人L的第二次访谈,访谈编号:20150518。

续性。

总之，从 2007 年至今，在国务院试点的推动下，C 市以城乡统筹为契机，积极推动兼顾型户籍改革，实现人口登记一元化，逐步实现人口管理一元化，并推进制度化建设，形成较为持续的改革。那么，什么是兼顾型户籍改革？兼顾型户籍改革有哪些基本特征呢？下一节将回应这两个问题。

第二节　兼顾型户籍改革的内涵及特征

兼顾型改革是指在地方发展和中央试点的动力下，在社会公平的压力下，地方政府以管理辖区为单位，以城市和农村户籍制度作为改革对象，逐步放低落户门槛，实现本辖区内基本公共服务一体化的户籍制度改革方式。简言之，兼顾型户籍改革是指地方政府在回应地方发展和社会公平的双重需求下所推动的改革类型，这种改革既有发展型户籍改革下地方政府追求经济发展的一般特征，但又超越了发展型户籍改革，在一定程度上向弱势群体赋权，体现社会公平。笔者将基于政治过程的视角，从改革主体、改革内容、改革方式三个方面阐述兼顾型户籍改革的基本特征。

一、改革内容：城乡统筹

从改革内容来看，发展型户籍改革的核心要点是入户门槛，即它只涉及户口登记和户口迁移，没有涉及户口利益的改革，但是，C 市兼顾型户籍改革不仅包括人口登记、户口迁移方面的改革，而且包括户口利益调整。相比于发展型户籍改革，C 市户籍制度改革被纳入统筹城乡经济社会发展的大改革之中，实现城乡统筹的转型。那么，如何区分户籍制度改革和城乡统筹改革之间的关系呢？如表 4.1 所示，本书所使用的户籍制度改革的概念不局限于政府所用的户籍制度改革，是指户口登记、户口迁移和户口利益三个方面的改革，其中户口登记和户口迁移改革是城乡统筹改革的基础性机制，户口利益改革是城乡统筹的重要组成部分。

表 4.1 户籍制度与城乡统筹改革的关系一览

城乡统筹改革 户籍制度改革	社会统筹	经济统筹
人口登记	城乡统一的新型户籍管理制度（政府文件所使用的狭义户籍改革）	城乡规划一体化 城乡产业布局一体化 城乡基础设施建设一体化
户口迁移	全域迁移	—
利益分配	城乡就业和社会保障制度一体化 城乡社会事业发展一体化	—

（一）本书所使用的户籍制度改革的概念大于政府所用的户籍制度改革的概念

在 C 市政府发布的文件中，户籍制度改革是中义户籍改革，包括两个部分，一是一元化户口登记制度改革，二是户口迁移改革。但是，正如本书在导论中所述，中国户籍制度有别于其他国家户籍制度，差别在于中国户籍制度具有利益分配的功能，广义户籍制度改革包括户口利益的调整，因此，本书将涉及个体户口利益的改革也纳入户籍制度改革的范畴。C 市城乡统筹改革既包括调解政府和市场关系的经济建设类制度的调整，即城乡规划一体化、城乡产业布局一体化、城乡基础设施建设一体化，同时包括调整政府和社会关系的社会建设类改革，即城乡就业和社会保障制度一体化、城乡社会事业发展一体化。涉及户口利益调整的制度是社会建设类制度，因此，本书所研究的户籍制度改革不仅包括户口登记、户口迁移改革，而且包括户口利益调整，即城乡就业和社会保障制度一体化、城乡社会事业发展一体化（包括教育和卫生服务等改革）。

（二）兼顾型户籍改革是城乡统筹改革的基础性机制

人口登记和户口迁移改革是城乡统筹改革的基础性机制，只有实行一元化登记和管理，才有可能推进农民向城镇转移，深化城乡经济建设和社会建设一体化。按照 2004 年出台的《关于统筹城乡经济社会发展推进城乡一体化意见》这份城乡统筹的标志性文件，C 市政府所界定的户籍制度改革是六个统筹中的一个。这六个统筹分为经济统筹（包括城乡规划一体化、城乡产业布局一体化和城乡基础设施建设一体化）和社会统筹（包括城乡就业和社会保障制度一体化、城乡社会事业发展一体化、城乡政策措施一体化）。其中"城乡统一的新型户籍管理制度"是第六个统筹即"城乡政策措施一体化"的一个部分，由此可见，在 C 市政府的认识中，户籍制度改革是实现城乡统筹其他内容改革的基础性机制。

（三）兼顾型户籍改革是城乡统筹改革的组成部分

除了人口登记和户口迁移外，兼顾型户籍改革还包括社会建设类改革，即城乡就业和社会保障制度改革、城乡社会事业发展一体化这几个方面的改革，分别涉及就业、社保、教育、卫生这四个方面的福利制度改革[①]，这属于城乡社会统筹发展，它和城乡经济统筹共同构成了城乡统筹的组成部分。

---

① 《中共 C 市委 C 市人民政府关于统筹城乡经济社会发展，推进城乡一体化的意见》（成委发〔2004〕7 号），见 C 市统筹城乡综合配套改革试验区建设领导小组办公室：《成都统筹城乡综合配套改革试验区建设资料选编》（内部材料），第 7—8 页。

二、改革部门：一体化

发展型户籍改革面临的困境之一是改革部门碎片化，没有哪个部门能够统领并协调户籍制度改革。但是，在 C 市户籍制度改革中，它由综合型部门牵头改革，协调户籍改革中横向部门间关系，尝试推进改革部门一体化。

（一）弱综合型部门与强综合型部门

以部门的类型作为标准，综合型部门在户籍制度改革中扮演的角色至少发生过一次较大的变化。第一，在近年来的发展型户籍改革中，发改委（局）在户籍制度中扮演着决定性的作用，它们负责核定各地的入户指标，通过在总量控制的基础上以条件准入的方式选择城市发展所需的人才，户籍制度改革的综合部门。但是从发改委的业务上来看，它并没有明确推进户籍制度改革的任务，发改委认为"户籍制度改革与我们有什么关系"①。由于户籍制度改革是一项涉及多个职能部门的综合型改革，发改局未能有效发挥户籍改革中部门协调的作用，导致户籍改革中部门碎片化问题依然严重。第二，鉴于户籍改革部门的碎片化，近年来一些城市开始成立专门的户籍制度改革和流动人口管理综合协调型部门。从机构设立的初衷来看，综合型部门本来是要在人口管理和社会服务两类部门之外建立一个负责流动人口管理和户籍改革的机构，试图通过这个机构协调现有横向部门间在户籍改革上的矛盾，共同推进户籍改革。但是，户籍改革综合型部门也存在强弱之分，导致部门协调效果不一。按照综合型部门的权力强弱，笔者把不同城市户籍制度改革的综合型部门分为两类。一是强综合型部门。"这些部门的'弱势'是就整个

---

① 笔者对深圳市发改委负责人的访谈，访谈时间：2008 年 10 月 8 日，访谈编号：20081008。

政治体系而言的。'强势'部门拥有实质性的决策权、资源分配权以及行政审批权等权力"。① C 市户籍制度改革的牵头部门是市城乡统筹委，它是市委和市政府的工作机构，拥有较大的资源调配权，属于强综合型部门。二是弱综合型部门。弱势部门既包括拥有的法定权力没有得到充分实现的部门，也包括功能以服务而非管制为主的政府部门。② 如第二章分析的 A 省东莞市户籍制度改革的牵头部门是新莞人服务中心，这个中心是以服务而非管制为主的政府部门，缺乏资源调配权、人事权，是一个相对较弱的部门。③

（二）强综合型部门如何协调部门间关系

当主持户籍制度改革的综合型部门的权力越大，越能协调和推动户籍制度改革，制度变迁的碎片化程度较轻；当主持户籍制度改革的综合部门的权力较小时，其难以协调其他部门，户籍制度变迁的碎片化程度严重。在人口管理和社会服务型部门互相推诿的情况下，C 市城乡统筹委如何协调部门间矛盾，推进户籍制度改革呢？综合协调型部门通过扩权策略整合已有的部门，强力推进改革。扩权策略是指政府部门通过领导权威、人才选拔和监督考核，扩大本部门在改革中的主导权，强力协调其他政府部门的过程。

第一，借助领导权威。2004 年，C 市委市政府成立了 C 市推进城乡一体化工作领导小组，办公室设在 C 市委农工委下面，2007 年，随着国家选择 C 市作为城乡统筹的试点单位后，C 市专门成立统筹城乡

---

① 杨雪冬：《过去 10 年的中国地方政府改革——基于中国地方政府创新奖的评价》，载《公共管理学报》，2011 年第 1 期，第 84 页。
② 同上。
③ 2007 年，A 省政府批准东莞市成立新莞人管理服务局，市和镇街都有对应的机构，该机构是"市政府下属的全国第一个专为外来人口而设立的专职行政机构"，但是，2014 年，东莞市将该局合并到市人力资源局，相关材料参见，《新莞人服务局机构当撤，为新莞人服务不能弱化》，载《广州日报》，2014 年 10 月 13 日。

工作委员会，它列入市委工作机构序列，既是市委的工作机构，也是市政府的工作机构，挂C市统筹城乡综合配套改革试验区建设领导小组办公室的牌子，C市19个区（市）县也成立了相应的统筹城乡推进工作机构，乡镇也配备了相应的城乡统筹推进工作人员。统筹城乡工作委员会主要负责牵头城乡统筹综合配套改革工作、拟定规划、监督考核等工作。由于统筹委获得了市委市政府的双重支持，机构级别较高，拥有充分的人、财、物的调配权，这是该机构能发挥协调部门间关系的关键。

第二，通过人才选拔保证政策得以实行。"在干部的任用上，你要围绕着统筹城乡发展这个中心来（工作），像我们区市县的主要领导在选用之前都要先通过考试，专门关于统筹城乡方面的考试，考试不合格的还不行，它还不是干部能力的考试，是专门关于统筹城乡的一些思路、政策的考试，你作为主要领导对统筹城乡的思路都不清楚、不熟悉、理解不透彻的话肯定不行。"① 区市县的主要领导在选用之前都要先通过专门的统筹城乡思路的考试，选拔了解有意愿、有想法的区市县的领导，保障城乡统筹工作在区县得以贯彻和执行。

第三，监督考核。C市围绕城乡统筹的总体目标，将社会经济发展目标分解到各个职能部门，设置专门的考核部门对各部门进行考核，保障城乡统筹工作在各个职能部门得以贯彻和执行。"市委、市政府有专门的目标考核部门对各部门进行目标考核，我们每年的目标考核以这个总体的战略为主来构架，各个部门、各个区市县（的工作）都要围绕着这个总体战略来（开展）。"②

由上可见，C市城乡统筹委通过借助领导权威、人才选拔和监督考核三种方式扩大本部门的权力，保证政府职能部门接受其指挥。需要指

---

① 笔者于2012年8月3日对C市城乡统筹委负责人的访谈，访谈编号：20120803。
② 同上。

出的是，在实际过程中，由于业务范围的差异和信息不对称，综合型部门并不能完全协调各个政府部门，户籍改革仍在一定程度上出现部门分立、政策分割的现象。例如，前面提到的新转户的农民的户口本上写有"农业劳动者"，教育局以此作为区分学区的标准。当民众向教育局表达不满时，教育局回复民众"农业劳动者"是公安局加上去的，把矛盾推给公安局，公安局通过借力策略把矛盾转移到城乡统筹委，但是"城乡统筹委并不熟悉各个业务部门的具体业务，有些事情也会被他们（政府部门）蒙"。①城乡统筹委并没有办法解决这个问题，需要更高一级权威的介入和相关配套制度改革才能解决。

三、改革方式：赋权式改革

发展型户籍改革的方式是一种许可式改革，即允许部分精英通过交易的方式获得城市户口，从而享受城市部分户口福利，城市政府获得资本、稀缺劳动力或者税费。2003 年以前，C 市也采用许可式户籍改革，"当时我们就是把入城指标改成了条件准入了，发改委制定的指标由我们公安这边来运作。一般是一年一万多不到两万，如果指标用完了，你再优秀的人才也进不来"。② 2003 年以后，C 市转变户籍改革方式，开始推行兼顾型户籍改革，它不是许可式改革，而是一种赋权式改革。

赋权（empowerment，又译为"增权"）是西方 20 世纪 60、70 年代出现的用语，赋权理论具有如下三个特征。第一，赋权的对象往往是社会中"无权（powerlessness）"的群体③，如少数民族、弱势群体、农民工等。第二，赋权是一个互动的过程，强调社会框架与弱势群体之间的相互影响过程。第三，赋权的结果具有不确定性，"赋权在实践中也并非是

---

① 笔者于 2012 年 8 月 3 日对 C 市城乡统筹委负责人的访谈，访谈编号：20120803。
② 同上。
③ 范斌：《弱势群体的增权及其模式选择》，载《学术研究》，2004 年第 12 期，第 73—78 页。

一个必然的过程,它有可能造成弱势群体的减权(disempowerment)"。①在借鉴赋权理论的基础上,赋权式户籍制度改革具有如下特征。

(一)赋权对象:户籍管理中无权或弱势的群体

建立于1958年的户籍制度,把中国民众分为两类户口,一是农业户口,二是非农业户口。在1985年到1984年,为了配合国家计划经济,城市和农村实行城乡二元户籍制度,农业户口低于非农业户口,农业户口实现自给自足,非农业户口试行国家计划配给,农业户口转变为非农业户口只有招工、招干和入学这三条途径。总之,农业户口是弱势群体。C市兼顾型户籍改革的重点是将财政支出覆盖到农业户口,并提升农业户口所能享受的基本公共服务。这些措施都通过专门性文件得以制度化,例如2008年颁布了农地、农民、农村和农业改革的文件;2009年颁布了村级专项资金管理规定,对资金管理、部门职责做了详细的规定。

(二)民生偏好的公共财政支出结构

在赋权式户籍制度改革中,地方政府不断增加民生偏好的公共财政支出。民生偏好是相对资本偏好而言的,它是指社会福利支出占公共支出的比重高于一般性支出占公共支出的比重。C市通过改革基本公共服务支出基数、支出层级、支出结构的方式实现基本公共服务均等化。这个过程增加了地方财政压力,C市通过财政资金和社会融资的方式,扩充基本公共服务财政支持。

第一,以常住人口为基数的基本公共服务财政支出。C市以常住人口而不是户籍人口作为基本公共服务支出的标准,为基本公共服务均等

---

① 丁未:《新媒体赋权:理论建构与个案分析——以中国稀有血型群体网络自组织为例》,载《开放时代》,2011年第1期,第126页。

化提供财力支持。人口数据是进行政府管理的前提，但是目前关于政府管理中的常住人口和户籍人口一直存在两个不同的统计口径。一是，公安部门所提的常住人口等同于户籍人口。"我们常住人口的概念等同于户籍人口，是因为我们是根据《户口登记条例》来的，1958年的唯一现行且有效的一部（关于户口管理的）法律，它上面写的是：'公民应该在经常居住的地点登记为常住人口。'（该条例第六条）我们公安内部所有培训的资料所提的'常住人口'就是'户籍人口'。"① 二是，统计局和人口普查时提出的"常住人口"和公安的"常住人口"概念不一样，它是户籍人口加上流动人口再减去流出人口（户籍在当地但又离开了户籍地半年以上的人员），它是一个动态的数据。在早期政府管理的过程中，很多的人力、财力和物力的配备以户籍人口为基数，带来诸多问题。例如，派出所以户籍人口作为警力配备的基础，这就造成了人口流入地警力不足的严重问题。C市自从实行城乡统筹改革以来，"我们的很多财政支出都是按实有人口做的……包括我们给村社区的专项资金，我们都是面向常住人口的，而不是面向户籍人口的，这个是趋势。"② 这里所说的常住人口是指统计局口径的实有人口，这样有利于从财政上保障公共服务覆盖常住人口。

第二，公共服务和社会管理专项资金：从部门财政到需求者财政。城乡统筹改革前，C市和国内其他同类城市一样，实行部门财政。部门财政是指市县财政把基本公共服务支出的决定权交给各个职能部门，再由各个职能部门使用专项资金为民众提供基本公共服务。这种财政支出方式存在两个问题，一是公共服务供给碎片化，民政部门掌握优抚、低保等服务支出，教育部门负责义务教育支出，城建委负责农村专项建设支出。二是公共服务供给内容由职能部门决定，不一定能提供民众需要

---

① 笔者于2012年8月6日对C市公安局负责人的访谈，访谈编号：20120806。
② 笔者于2015年5月18日对C市城乡统筹委负责人的第二次访谈，访谈编号：20150518。

的公共服务。这是因为每个职能部门都嵌在科层制度内部,接受上级的任务和指令,因此,职能部门可能追求政绩要求而提供民众并不急需的服务。例如,在访谈中,有公安系统的干警告诉笔者,"老百姓对治安的满意度主要建立在本地治安事件上,但是公案系统要接受上级任务,可能更加关注大案要案的侦破而忽视小案的侦破,但是,大案要案的侦破并一定提升民众对治安的满意度。"① 因此,市级财政按照事项内容把经费拨付给职能部门并由职能部门安排使用,这就造成了职能部门识别的民众需求可能并不是民众的真正需求。但是先有的部门财政使得需求者只能接受职能部门提供的服务才能从部门获得财政支持。"比如说我到交通部拿钱,肯定只能搞交通基础设施……但也许这个村不需要。但也没办法,我如果拿到的是你(职能部门)的钱……我还得去修条路,然后你来验收,要不然我还弄不了这个钱。"② 这就是说,部门财政使得部门提供的公共服务可能不是民众最需要的公共服务。

从 2009 年开始,C 市城乡统筹委牵头开始推行需求者财政。需求者财政是指 C 市拿出一部分公共服务和社会管理专项资金,直接拨付给村庄或者城市社区,由公共服务需求者(村民或市民)通过民主议事规则直接使用这部分财政资金。它具有如下几个特点。一是资金来源。在这部分资金中,"中心城区按照 C 市—区五五分摊支出责任,远郊市县以 C 市—县七三分摊支出责任"③ 并将 "村级基本公共服务和社会管理经费纳入本级财政预算……对村级公共服务和社会管理投入的增长幅度要高于同期财政经常性收入增长幅度。"④ 二是资金总额。2009 年每村公

---

① 笔者对公安局干警的访谈,访谈时间:2015 年 4 月 18 日。
② 笔者于 2015 年 5 月 18 日对 C 市城乡统筹委负责人的第二次访谈,访谈编号:20150518。
③ 同上。
④ 《中共 C 市委 C 市人民政府关于深化城乡统筹进一步提高村级公共服务和社会管理水平的意见(试行)》(成委发〔2008〕37 号),选录在 C 市统筹城乡综合配套改革试验区建设领导小组办公室:《成都统筹城乡综合配套改革试验区建设资料选编》(内部材料),第 93 页。

共服务和社会管理专项资金不低于 20 万，2011 年提高到每村最低 25 万，2012 年增加到每村至少 30 万，2013 年增至 40 万。① 其后，城市社区按照每 100 户 3500 元的标准拨付。② 三是拨付方式。C 市改革公共服务的支出层级，市县两级财政直接拨付给村/社区公共服务和社会管理专项资金，不经过职能部门。这部分资金"是从（财政盘子）总体上切的……没有从职能部门手里拿钱"③，因此没有收到职能部门的阻挠。四是资金使用方式。如何保障和监督村民合理使用这笔专项资金呢？C 市建立村级民主议事平台，民众按照民主议事规则决定村级公共服务和社会管理专项资金的支出。2010 年 3 月 5 日，C 市委组织部会同 C 市民政局出台《C 市村民议事会组织规则（试行）》《C 市村民议事会议事导则（试行）》《C 市村民委员会工作导则（试行）》《加强和完善村党组织对村民议事会领导的试行办法》（成组通〔2010〕18 号），完善村级专项资金支出的制度化建设。这个制度运行了几年以后，C 市城乡统筹委发现每个村都有一些基本的公共服务和社会管理事项，比如环境卫生、治安巡逻等，因此，2015 年，为了降低民主决策和监督的成本，"我们划定了一个范围，资金要用在这个大的范围里面，自己去讨论具体的项目。这次我们类似于采取了'负面清单'的方式……列出来哪些不能干"。④

这项改革没有增加财政支出总量，"蛋糕还是那个蛋糕"⑤，但是改变了财政支出方式，从部门财政转变为需求者财政，市县财政"单独切

---

① C 市城乡统筹委：《C 市公共服务和公共管理村级专项资金管理暂行办法》（成统筹〔2009〕59 号）；C 市统筹城乡综合配套改革试验区建设领导小组办公室：《C 市全国统筹城乡综合配套改革试验区建设 5 周年回顾（2007—2012）》（内部材料），第 39—40 页，2012 年 6 月。
② C 市武侯区民政局负责人的座谈会，2015 年 5 月 18 日。
③ 笔者于 2015 年 5 月 18 日对 C 市城乡统筹委负责人 L 的第二次访谈，访谈编号：20150518。
④ 同上。
⑤ 同上。

一块出来直接给需要这个钱的人,他们自己去定做什么。"① 这样的制度设计至少发挥两个方面的效果。一方面,这项改革压缩了公共服务支出的行政层级,由 C 市、县/区直接拨付,民众自主选择社区所需公共服务,解决了公共服务支出碎片化和供需不匹配的问题。"在乡镇给每个村建了这个专项资金的专用账号。所以这些钱都是直接到转到专用账号上,中间不经过(职能部门)缓冲。"② 这样减少了职能部门对村级专项财政的干涉。另一方面,农村公共服务和公共管理村级专项资金金额高于城市社区,这有利于保障公共服务专项财政向薄弱的农村倾斜,实现城乡公共服务均等化。在这个意义上,很多学者把 C 市户籍改革称为"最彻底的户籍制度改革"③。

第三,C 市不断增加向农村的财政投入。C 市户籍制度改革逐步缩小城乡差距,消除附着在户籍上的城乡居民福利差,实现城乡居民在就业、住房、义务教育等 9 个方面的城乡居民福利均等化。④ C 市不断扩大农村学前教育的受益人群,每 1 个镇街至少建 1 所幼儿园,同时增加乡镇和村庄的卫生院覆盖面,3 年建设 218 个乡镇卫生院、100 个社区卫生服务中心、164 个社区卫生服务站、2802 个村卫生站。2004 年,在教育、医疗卫生和社会保障方面,C 市城乡人均公共服务投入差距为 1542.8 元,实行城乡统筹改革之后,C 市每年大约投入不低于 50 亿元的基本公共服务支出,2009 年,城乡人均公共服务投入差距为 136.2 元⑤,缩小了 90%。

---

① 笔者于 2015 年 5 月 18 日对 C 市城乡统筹委负责人的第二次访谈,访谈编号:20150518。
② 同上。
③ 高柱:《中国最彻底的户籍改革方案》,载《工人日报》,2010 年 11 月 28 日第 1 版,第 2 页。
④ C 市统筹城乡综合配套改革试验区建设领导小组办公室:《成都统筹城乡改革发展实践交流材料》(内部材料),2012 年,第 4—5 页。
⑤ 高柱:《"中国最彻底的户籍改革方案"——成都户籍管理制度改革政策解析》,载《工人日报》,2010 年 11 月 28 日,第 1 版。

第四，C市通过财政资金＋社会融资的方式，扩充基本公共服务财政支持。C市通过赋权的方式增加农村户籍居民所能享受到的基本公共服务的数量，提升基本公共服务质量，这个过程可能增加政府的财政负担，那么C市政府如何化解赋权式户籍改革与不断增长的福利支出的压力呢？C市政府除了财政资金投入外，还大力鼓励社会筹措资金，"鼓励民间资金投入村级公共服务和社会管理项目，各级政府根据服务的质量和管理的效果，可视情况给予配套资金支持。"①

C市社会融资的方式是政府主导加市场化运作，即政府投入专项财政资金，公司自投资金，并向社会资本融资，例如，C市小城镇投资有限公司的注册资本金1亿元人民币，"从2007年开始C市政府每年安排4亿元作为资本金"②，每年安排的资金按不低于10%递增。C市政府搭建的投融资平台包括C市现代农业发展投资有限公司、C市小城镇投资有限公司、C市现代农业物流业投资有限公司、区（市）县现代农业发展投资公司等。投融资平台的主要业务是获得银行信贷和社会资本，以此进行小城镇建设与开发。例如C市小城镇投资有限公司是市属国有独资工资，主要职能是为C市小城镇建设筹措社会资金和信贷资金，推进小城镇建设投资和融资、小城镇建设项目经营和综合开发、小城镇土地开发整理。这些投资公司共同建立起C市农村产权流转担保股份有限公司。这些担保公司的组建方式分为两类：一是市级政府主导型，即由市政府出资的公司参股组建，由市政府进行风险补偿，市场化运作的公司，如C市农村产权流转担保股份有限公司；二是地方政府主导型，即

---

① 《中共C市委C市人民政府关于深化城乡统筹进一步提高村级公共服务和社会管理水平的意见（试行）》（成委发〔2008〕37号），见C市统筹城乡综合配套改革试验区建设领导小组办公室：《成都统筹城乡综合配套改革试验区建设资料选编》（内部材料），第93页。

② C市小城镇投资有限公司：《以统筹城乡思路，推进小城镇建设》，见C市统筹城乡综合配套改革试验区建设领导小组办公室：《成都统筹城乡综合配套改革试验区建设资料选编》（内部材料），第219页。

由区（市）县出资，农业发展投资公司部分入股组建，并按比例进行风险补偿，市场化运作的公司，如灾区五（市）县农村产权流转担保公司、新津农村产权流转担保公司等。

由于数据有限，笔者不能准确描述社会资本在C市民生性福利支出中所发挥的作用，但是，从C市政府内部文件来看，投融资公司在一定程度上发挥了融资的作用。例如，到2010年为止，C市现代农业发展投资有限公司利用政府财政资金26.25亿元，实施项目621个，公司自身投入88.66亿元，向社会融资80.06亿元，"财政资金放大了6.5倍"。① C市小城镇投资有限公司"获得银行授信104.6亿元，已签订贷款协议资金68.87亿元，已到位贷款资金50.11亿元。投资启动项目共69个，涉及农村新型社区建设、城镇基础设施建设、土地一级整理、市政府交办项目、村级公共服务和公共管理融资建设项目等五大类。项目总投资达130亿元，已竣工项目44个"。② 同时，这家公司启动了8个区（市）县38个镇78个村的融资建设项目，"预计项目总投资为30亿元"。③ 社会融资在城乡统筹和兼顾型户籍改革中发挥了一定的作用。

综上所述，兼顾型户籍改革是指地方政府不仅回应地方发展，而且回应社会公平的需求，从而推动赋权式户籍制度改革，逐步实现一元化户口登记和辖区内户口自由迁移，逐步实现城乡基本公共服务一体化。相比于发展型户籍改革，兼顾型户籍改革实现了改革内容从单兵突进到城乡统筹的发展，改革主体从碎片化到一体化的演进，改革方式从许可式到赋权式的发展。

---

① C市现代农业发展投资有限公司：《创新农业投融资机制，加大现代农业投入》，见C市统筹城乡综合配套改革试验区建设领导小组办公室：《成都统筹城乡综合配套改革试验区建设资料选编》（内部材料），第211页。

② C市小城镇投资有限公司：《以统筹城乡思路，推进小城镇建设》，见C市统筹城乡综合配套改革试验区建设领导小组办公室：《成都统筹城乡综合配套改革试验区建设资料选编》（内部材料），第223—224页。

③ 同上书，第224页。

第三节　兼顾型户籍改革的成效和困境

一、兼顾型户籍改革的成效

C市兼顾型户籍制度改革的初衷是为了提高城镇化率，回应社会公平的需求。从改革的效果来看，C市兼顾型户籍制度改革在一定程度上回应了这两个改革初衷，即逐步提高城镇化率，不断回应社会需求，逐步实现城乡基本公共服务一体化，取得了较为显著的成效。

（一）城镇化率得到提升

城镇化率是衡量兼顾型户籍制度改革的一个重要的指标，从改革至今，C市兼顾型户籍制度改革推动该市的城镇化率不断得以提升。2005年，C市布置了未来五年城镇化的工作指标，"到2010年，全市城镇化率达到65%以上。中心城区2007年城镇化率达到100%；第二圈层2010年城镇化率达到50%，农村居民进入集中居住区的比例达到25%；第三圈层2010年城镇化率达到45%，农村居民进入集中居住区的比例达到20%。"[1] 从实际情况来看，C市兼顾型户籍制度改革促进C市城镇化的发展水平。数据显示，从1990年到2000年，C市城镇化年均增长仅为0.54个百分点，从2007年起，C市城镇人口增加474万人，城镇化率提高了6.23个百分点，年均增长1.56个百分点。[2] 2013年，四

---

[1] 《中共C市委C市人民政府关于深化户籍制度改革，深入推进城乡一体化的意见（试行）》，见C市统筹城乡综合配套改革试验区建设领导小组办公室：《成都统筹城乡综合配套改革试验区建设资料选编》（内部材料），第23—24页。

[2] 《四川统计局发统筹城乡分析报告，城镇化率超41%》，载《华西都市报》，2012年6月4日。

川省城镇化率达到44.90%，比2012年提高1.37个百分点，城镇化率增幅排全国第三，其中，成都的城镇化率为四川省最高，达到69.4%。①"把城乡一体的比较公平的发展制度构架起来，你有了这样的制度基础，你以后的发展才有可持续性。""C市也并没有出现因为我们投入了农村就影响了我们的经济发展（的情况），反而客观来讲这些年是C市经济发展比较快的几年。"② 由此可见，C市通过兼顾型户籍制度改革，提升了城镇化率。（见表4.2）

表4.2　2013年四川省各市州城镇化率③

单位：%

城市	城镇化率	城市	城镇化率
成都市	69.40	内江市	42.67
自贡市	45.52	乐山市	44.53
攀枝花市	63.43	南充市	40.89
泸州市	43.29	达州市	37.80
德阳市	45.86	雅安市	39.80
绵阳市	45.09	巴中市	34.77
广元市	37.80	资阳市	36.89
遂宁市	43.11	阿坝州	34.59
眉山市	38.95	甘孜州	25.81
宜宾市	42.45	凉山州	30.57
广安市	34.29	—	—

---

① 2013年四川省各市州城镇化率参见四川省统计局内部数据。
② 对C市城乡统筹委负责人的访谈，访谈日期：2012年8月3日，访谈编号：20120803。
③ 2013年四川省各市州城镇化率参见四川省统计局内部数据。

（二）逐步缩小城乡基本公共服务差距

从公民权利的实现的角度来看，C 市户籍制度改革逐步缩小城乡差距，消除附着在户籍上的城乡居民福利差，实现城乡居民在就业、住房、义务教育等 9 个方面的城乡居民福利均等化。① C 市不断扩大农村学前教育的受益人群，每 1 个镇街至少建 1 所幼儿园，同时增加乡镇和村庄的卫生院覆盖面，3 年建设 218 个乡镇卫生院、100 个社区卫生服务中心、164 个社区卫生服务站、2802 个村卫生站。2004 年，在教育、医疗卫生和社会保障方面，C 市城乡人均公共服务投入差距为 1542.8 元，实行城乡统筹改革之后，C 市每年大约投入不低于 50 亿元的基本公共服务支出，2009 年，城乡人均公共服务投入差距为 136.2 元②，缩小了 90%。

由上可见，一方面，C 市兼顾型户籍制度改革提升了城镇化率，另一方面，它通过突破县区之间的公共服务供给体制，统一由市进行基本公共服务的财政配给，逐步实现县区基本公共服务均等化，从而缩小城乡福利差距。兼顾型户籍改革带来了一定的成效，但也不可避免地面临地方实践与中央顶层设计的矛盾，出现一系列的问题与困境。

二、福利支出成本与财政投入难以持续的困境

不同于发展型户籍改革，C 市户籍制度改革兼顾发展和公平，通过实现城乡福利一体化来推动户籍制度。随着改革的推进，享受 C 市公共财政投入的福利的人越来越多，政府公共财政投增多。但是，政府财政

---

① C 市统筹城乡综合配套改革试验区建设领导小组办公室：《成都统筹城乡改革发展实践交流材料》（内部材料），2012 年，第 4—5 页。

② 高柱：《"中国最彻底的户籍改革方案"——成都户籍管理制度改革政策解析》，载《工人日报》，2010 年 11 月 28 日，第 1 版。

收入可能放缓,长期来看,C 市户籍改革上的公共财政投入可能出现资金不可持续性的风险。

(一) 赋权式户籍改革使得地方财政投入不减只增,带来巨大的财政压力

享受福利的人口增多,自然增加政府财政投入。据估计,2012 到 2018 年,C 市投入在医疗、义务教育、社会保障和城乡基础设施建设几个方面的资金每年将不低于 2000 亿元,是 2003—2009 年每年定向三农资金的 3 倍。① 如表 4.3 所示,从 2007 年到 2011 年,C 市每年投入在城乡社会事务上的财政支出增速超过上一年度同类支出的 50%,2007 年增速 37%,2011 年增速更是高达 57.7%,教育支出也维持在每年 20%—30% 的增速。由于新市民大多是适龄劳动力,因此,大约二三十年后,政府要为这部分新市民提供大规模的养老、医疗等费用,这将是一笔较大的财政支出。因此,如何避免后期政府为前期政府的改革买单,保持对城乡基本公共服务的持续投入,这是 C 市户籍制度改革需要思考和解决的一个重要问题。例如,C 市建设了农民集中连片居住区,让转户农民集中居住。但是,课题组在温江区政府进行访谈时,负责民政的局长对我们说:"在集中连片居住区,政府为农民免除了前三年的物业管理费,但是三年过去了,这些居民还是不愿意交物业费。"② "我们政府只能继续为这些居民的物业费买单。市区政府各出一部分。这给政府带来了很大的财政压力。"③

---

① 四川大学成都发展科学研究院、中共 C 市委统筹城乡工作委员会:《C 市统筹城乡发展年度报告(2012)》,四川大学出版社 2013 年版,第 29 页。
② C 市 W 区民政局负责人,温江区座谈会,访谈日期:2015 年 5 月 17 日,访谈编号:20150517。
③ 同上。

表 4.3　2007—2011 年 C 市地方财政收入与支出状况

单位：金额（亿元）、增速（%）

项目名称	2011		2010		2009		2008		2007	
	金额	增速	金额	增速	金额	增速	金额	增速	金额	增速
财政收入状况										
地方公共财政收入和政府性基金收入	1619.6	8.7	1514.3	79	845.9	8.8	790.8	8.4	996.6	36
地方公共财政收入	680.7	30.1	526.9	36	387.4	22.3	354.7	19.1	286.4	38.3
政府性基金收入	938.9	-2.9	987.4	115.3	485.5	-0.5	436.1	1.3	201.6	42.6
税收收入	487.2	30.9	372.2	31.5	283	19.8	236.2	17.1	84.8	27.7
非税收入	193.5	28.2	154.7	48.3	104.4	29.4	118.5	23.7	430.4	36.7
财政支出状况										
公共财政支出	857.9	12.6	777.4	35.4	601	18	506.4	40	356	38.4
公共安全	54.3	12	48.5	20.1	40.4	12	36.1	18	30.6	38.3
科学技术	14.7	37.4	10.7	31	9.3	20.3	8.5	37.3	6.19	39.2
教育支出	117.8	20.7	97.7	30.1	79.7	32.4	60	22.7	49.6	40.1
文化体育和传媒	20.3	101.2	10.1	33.5	7.5	21.2	8.1	8.9	7.39	45.9
社会保障和就业	49.8	28.7	38.7	30.6	43.9	27.5	57.2	7.8	32.1	39.8
医疗卫生	49.9	32.1	42.7	29.3	29.7	22.1	25.4	56.7	16.2	40.5
节能环保	12.8	26.5	10.1	11.4	9.1	19.3	8.8	33.4	6.24	142.4
城乡社区事务	132.2	57.7	70	24.4	76.5	33.2	56.6	8.1	52.4	37
政府性基金支出	936.4	-4.7	982.2	120.8	444.9	4.5	425.8	7.1	397.6	39

资料来源：笔者自制。

数据来源：四川大学成都发展科学研究院、中共 C 市委统筹城乡工作委员会：《C 市统筹城乡发展年度报告（2012）》，四川大学出版社 2013 版，第 30 页。

备注：增速按照财政同口径计算。

(二) 地方政府财政收入可能放缓

结构性因素、经济发展转型、整体性经济增长放缓是影响 C 市财政收入的主要因素。政府性基金收入是市级用于统筹城乡户籍改革的资金的大头,"2012 年 C 市地方公共财政收入和政府性基金收入达到 1620 亿元,其中政府性基金收入超过一半,占到 58%"。① 但是,随着城市发展的结构性转型和经济发展的总体趋势,政府性基金的增速放缓,导致地方财政收入减少。如图 4.1 所示,2007 年,C 市地方公共财政收入比上一年增速 38.1%,2008 年增速下降至 19.1%,2012 年进一步下降为 18.9%,政府性基金在 2012 年出现了负增长 (-2.9%)。②

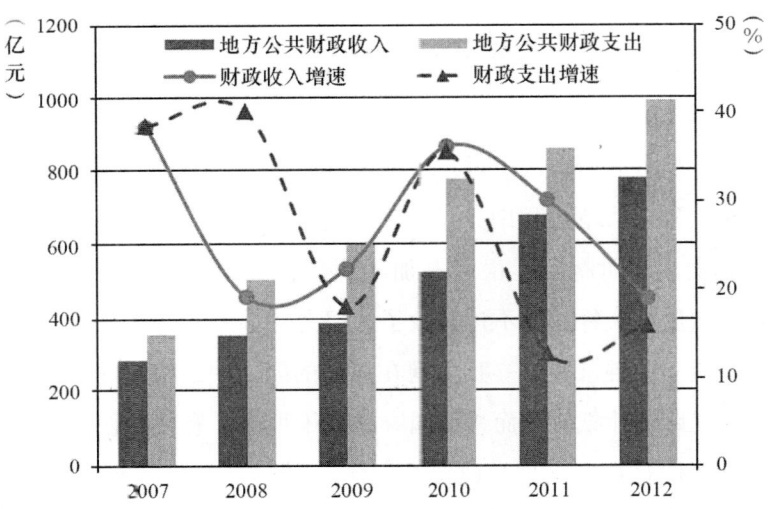

图 4.1 C 市地方公共财政收支变动情况

数据来源:四川大学成都发展科学研究院、中共 C 市委统筹城乡工作委员会:《C 市统筹城乡发展年度报告 (2012)》,四川大学出版社 2013 年版,第 29 页。

备注:增速按同财政同口径计算。

---

① 《C 市统筹城乡年度报告 (2012)》,四川大学出版社 2013 年版,第 29 页。
② 同上。

兼顾型户籍改革是地方性户籍制度改革，新增福利支出由 C 市及其下辖区县（市）政府承担。随着福利支出不断增加，而地方的财政收入可能减少的情况下，如何保证福利支出的持续性，这是兼顾型户籍制度需要面临的第一个困境。

三、体制机制方面的困境

兼顾型户籍改革面临体制机制方面的困境，具体而言，这至少包括如下几个方面。

（一）改革过程中条条与块块之间的矛盾

在目前的体制下，中国实行的是条条和块块共同管理的局面。条条是指各个职能部门，块块是指各级政府。每个职能部门都会制定不同的政策文本，地方政府在改革过程中不可避免涉及"条条"上政府部门制定的政策，形成改革过程中条条和块块之间的冲突。"我们是这些基础制度不健全，反而制定了很多叠加的制度，制定了这个法规、那个条例，当然政府的文件就更不计其数了，但是这些都不解决问题，甚至有时还会造成一些混乱。"① "我们现在面临的问题，最根本的还是说有些东西还不是跟法律抵触、而是跟国家的政策抵触。有些东西法律上并没有禁止，但就是这些文件、政策有限制。"例如，"当时我们就觉得 23 号文件出台了之后，当时整个国家包括国务院、公安部引起了很大的震动，多少人都来学习，有些是来学习、有些事实上就是来质疑的，说你违反了国家的相关法律政策、与现行的法律法规是有违背的。"② 由此可见，C 市兼顾型户籍改革的某些改革措施与各个职能部门出台的政策相

---

① 笔者于 2012 年 8 月 3 日对 C 市城乡统筹委负责人的访谈，访谈编号：20120803。
② 同上。

抵触，遭到国务院职能部门的质疑，带来了改革的阻力。

（二）户籍改革和土地制度滞后的矛盾

兼顾型户籍改革涉及土地问题，但是由于没有关于土地制度的顶层设计，因此，C市采取了一些暂时性的变通做法，但是，这些做法具有暂时性和阶段性的特点，户籍改革和土地制度滞后的矛盾日益明显。

第一，为了避免出现政府"以社保换土地"的做法，C市采取的改革方式是农民自由选择是否保留农村集体用地。换言之，农民进城既可以选择保留农村集体用地，同时享受政府新增的城市福利。但是，农民能否长久保留土地，还是暂时保留土地？C市关于这个问题没有明确的文件。如果农民既能享受作为集体经济组成成员的福利，又能享受城市居民的福利，这本身就存在不公平。① 更大的风险在于，如果农民完全可以自由决定农村集体用地的去留的话，那些已经在城市且经济条件较好者往往选择保留土地，而那些在城市发展不太好者更有可能将土地变现，但是这部分人可能缺乏在城市长期生活的能力，一旦放弃土地，他们也不能回到农村，可能引起社会稳定问题。② 归根究底，这是因为中央"一些政策方向迟迟定不下来的话，进一步的探索也很难"。③

第二，在C市户籍制度改革中，尽管政府文件规定，无论是农村居民还是城市居民都可以在C市内部自由流动，实现"全域成都"。但是，在实际的政策执行过程中，城市居民要向农村流动必须在农村有房产，但是政策规定城市居民不能购买农村房产，因此，实际上，城市居民不能向农村流动，城镇户口并不能自由迁移为农业户口，并没有实现双向迁徙。

---

① 马福云：《C市户籍制度改革的探索与启示》，载《行政管理改革》，2011年第10期。
② 同上。
③ 笔者于2012年8月3日对C市城乡统筹委负责人的访谈，访谈编号：20120803。

第三，很多福利制度仍以农民职业或者是否拥有土地作为分配的标准。例如，目前城镇失业保险和保障性住房仍以是否拥有农村土地作为分配依据。"当时有很多人部门领导说'为什么那边（农村）的土地不退，为什么要享受房子'，不就是你不能两头占。"① 转户后的居民如果仍有拥有农村的林地和承包地，那么，该居民就不能申请城市失业保险；转户后的居民如果仍有农村的宅基地，就不能享受城市保障性住房。"必须抓紧出台相应的配套的东西来跟进，不然的话，管理就混乱了，老百姓的意见就大了，就会让很多人再区分农还是非，与用二元来管理与统筹城乡的中心思路发生冲突，我们明显地感觉到这对他们（福利分配部门）的冲击就是巨大的。"②

（三）人口全国流动与改革区域壁垒的矛盾

C市户籍制度改革入户对象针对的是S省内的民众，并没有包括外省入户者。这是目前户籍制度改革的局限性，即地方政府以行政区划为单位，仅改革本辖区内的户籍制度，户籍改革属地化的特征明显。造成这一现象的原因很多，最主要的原因在于财政体系。目前的财政体系以省为单位进行统筹，难以实现跨省的财政转移。属地化户籍制度改革造成了人口全国流动和户籍改革区域壁垒的矛盾。

（四）城乡基本公共服务一体化与区域内部差异化之间的矛盾

由于目前的财税制度并没有调整，基本公共服务由区县（市）按照一定的比例配备。即使假设区县（市）公共服务和社会福利的供给偏好一致，不同的财政供给能力使得不同区县（市）内部仍然存在基本公共服务的差异化。第一，不同圈层之间的福利差异。大体而言，第一圈

---

① 笔者于 2012 年 8 月 6 日对 C 市公安局负责人的访谈，访谈编号：20120806。
② 同上。

层、第二圈层和第三圈层的福利呈现递减的趋势，这是因为这三个圈层区县政府的财政能力逐步递减。第二，同一圈层内部之间的福利差异。例如同样处于第一圈层，但是武侯区和锦江区之间存在福利差异，这种差异表现在不同区域之间优质义务教育资源等方面的差异。这样，C市户籍制度改革逐步取消了计划经济条件下的城乡二元结构，但是，区县（市）内部形成了市场经济条件下的新二元结构。

总体而言，C市兼顾型户籍改革面临财政和体制机制两个方面的困境，财政困境是指福利支出的成本不断加大与财政投入难以持续的困境，体制机制方面的困境包括条块矛盾、户籍改革与土地制度之间的冲突、属地化改革带来的问题，城乡基本公共服务一体化与区域内部差异之间的矛盾。这样矛盾和困境并不一定是C市兼顾型户籍改革所固有的，而是现有体制下地区性改革面临的根本性难题。要破解这些难题，亟待改革主体从地方走向全国，中央政府承担起兼顾型户籍改革的责任，并推动以财税制度为核心的配套制度改革。

综上所述，C市推行兼顾型户籍改革，这是一条完全不同于发展型户籍改革的方式，它不仅回应地方发展需求，而且考虑城乡基本公共服务一体化；不只考虑资本偏好，而是考虑民生偏好。本章提出了三个问题，得到三个基本结论。

第一，C市兼顾型户籍制度经历了哪几个发展阶段？C市户籍制度改革至少经历从地方探索阶段（2003年到2006年）到中央试点阶段（2007年至今）的发展阶段。

第二，C市兼顾型户籍制度具有哪些基本特征？从改革内容来看，C市实现从单兵突进到城乡统筹的改变。把户籍制度改革界定为大户籍制度改革，即不仅改革户口登记和户口迁移制度，而且改革户口福利制度；从改革部门来看，兼顾型户籍改革逐步实现从碎片化到一体化的转变；从改革方式来看，C市兼顾型户籍改革不再是许可式改革，而是赋权式改革，逐步推进城乡基本公共服务一体化。

第三，兼顾型户籍改革有哪些成效？面临哪些困境？兼顾型户籍改革逐步提高城镇化率，逐步实现城乡基本公共服务一体化。但是 C 市户籍改革至少面临财政困境和体制机制方面的困境，其中体制机制方面的困境包括条口政策与块口改革的矛盾、户籍改革和土地制度滞后的矛盾、人口全国流动与改革区域壁垒的矛盾以及区域内基本公共服务差异化的问题。

第五章　兼顾型户籍改革的动力机制

在其他城市更为偏重通过户籍制度改革促进地方发展的同时，为何C市政府要增加考虑社会公平，不断推进基本公共服务一体化，实行兼顾型户籍改革呢？换言之，在各个地方政府纷纷选择实行发展型户籍改革的时候，C市却没有选择跟进，而是选择兼顾型户籍改革，C市为何选择与其他政府完全不同的兼顾型户籍政策？

已有很多文献对地方政府管理创新这一问题进行研究。按照分析的维度，我们至少可以把已有研究分为如下两种研究：一类是基于新制度经济学关于制度变迁的研究；另外一类是基于公共政策创新理论中内外动因的研究。①

第一，基于新制度经济学关于制度变迁的研究。新制度经济学从经济分析途径制度变迁的动因。② 经济分析途径是一种以经济学为微观基础的分析方法，它假定行动者具有经济人理性，优先选择最优改革方案。③ 经济分析途径按照供给与需求来解释制度变迁的原因。技术进

---

① 地方政府创新文献回顾的部分内容已经收录于《地方政府管理》一书，参见王清：《地方政府管理创新》，收录于张紧跟主编的《地方政府管理》一书的第十章，北京大学出版社2014年版。
② 笔者对学术界关于"制度变迁的动力"这一议题的研究进行了较为详细的文献综述，参见王清：《利益分化与制度变迁：当代中国城市户籍制度改革研究》，北京大学出版社2012年版。
③ ［美］鲍·罗思坦：《政治制度：综述》，见［美］罗伯特·古丁、［美］迪尔特·克林格曼主编：《政治科学新手册》（上册），钟开斌等译，生活·读书·新知三联书店2006年版，第214页、第223—227页；James March and Jonan P. Olsen, *Rediscovering Institutions: The Organizational Basis of Politics*, New York: The Free Press, 1989。

步、知识增加、绩效提高等都可以产生制度变迁的需求。① 制度供给则取决于制度变迁的主导者对变革所带来的成本和收益的衡量，只有当成本大于收益时，新的变革才会出现。② 但是，制度会塑造变革者对制度变迁收益的评价，这种制度包括宪政制度③、市场化与行政分权，"以分权化和市场化为导向的政治经济改革，扩大了地方政府的立法权、管理权和财政收入支配权，增强了地方政府进行自主制度创新的能力"。④

第二，基于公共政策创新理论中内外动因的研究。研究公共政策的学者从内部决定因素和外部政策传播两种角度解释制度变迁的动因。⑤ 内部决定因素的理论认为政府内部的政治、经济或社会因素会影响制度变迁，这些因素包括政府规模、财政供给能力等。政策传播理论则强调外部因素对制度变迁的影响，这些因素包括国内政府间关系、国际因素等。⑥ 国内学者无意识地借鉴了以上理论，从内部和外部两个要素分析地方政府管理创新的动力。有学者把地方政府管理创新的外部动力归纳为：全球化的动力、现代化的动力和市场化的动力，而把内部的动力概括为体制内的动力。⑦ 也有学者认为社会转型是地方政府管理创新的根

---

① ［美］L.E.戴维斯、［美］D.C.诺斯，《制度变迁的理论：概念与原因》，见［美］R.科斯等著，《财产权利与制度变迁——产权学派与新制度学派译文集》，上海三联书店、上海人民出版社1994年版，第267—294页。

② 同上。

③ 陈天祥：《中国地方政府制度创新的动因》，载《管理世界》，2000年第6期，第202—203页。

④ 何增科：《地方政府创新，从政绩合法性走向政治合法性》，载《中国改革》，2007年第6期，第12页。

⑤ ［美］弗朗西斯·斯图克斯·贝瑞、［美］威廉·D.贝瑞：《政策研究中的创新和传播模型》，见［美］萨巴蒂尔·A.保罗编：《政策过程理论》，彭宗超、钟开斌等译，三联书店2004年版，第227页。

⑥ 同上书，第225—267页。

⑦ 刘靖华、姜宪利等：《中国政府管理创新：管理卷》，中国社会科学出版社2004年版，第61—178页。

本动因，政策缺陷是内部动因，全球化是外部动因，信息技术发展是技术动因。①也有学者把地方政府管理创新的动力归咎为内外因两个方面，但是，认为外部动力是"客观的制度环境"，内部动力是"主观的内在需求"。②

已有研究为我们进一步分析地方政府改革的动力提供了较为扎实的研究基础。在借鉴两类研究成果的基础上，笔者也从内部动因和外部动因两个方面对地方政府管理创新的原因进行分析。但是，和已有研究不同的是，笔者不分析世界各国的地方政府面临的普遍性的内部和外部因素，如全球化、市场化和现代化，而将这些看成政府改革的背景。在此背景下，为何在大多数地方政府选择发展型户籍改革时，C市政府选择另外一条户籍改革道路呢？笔者将运用制度与行动者的分析框架，认为中国地方政府户籍改革的外部动因是来自上级的压力、来自社会的压力，而内部动因则是政策企业家对改革的推动力。

第一节 现实问题倒逼："上压下挤"的发展困境

从地方政府与社会的关系来看，现实问题倒逼是推动兼顾型户籍改革的外部社会因素。随着市场化的推进，地方政府在政府管理过程中碰到各种难题，尤其是民众对政府的质疑，为了解决现实问题，地方政府被迫进行改革。③在这个意义上来说，"创新是社会'倒逼'或

---

① 张治库、李宜钊、王章佩：《海南特区服务型政府公共政策的创新——体制与机制视角的探讨》，中国经济出版社2012年版，第30—62页。
② 吴建南、马亮、杨宇谦：《中国地方政府创新的动因、特征与绩效——基于"中国地方政府创新奖"的多案例文本分析》，载《管理世界》，2007年第8期，第47页。
③ 李景鹏：《地方政府创新与政府体制改革》，载《北京行政学院学报》，2007年第3期，第1—4页。

推动的"。① 现实问题是各类尖锐的社会矛盾和紧迫问题②，这些矛盾和问题可能产生治理危机。这种危机既可以来自科层制度内部，也可以来自科层制度外部，前者是指压力型体制下，地方政府面临上级政府的压力，后者是指开放社会中，地方政府面临巨大的社会压力。来自上级和来自社会的压力使得地方政府处于"上压下挤"的困境之中，不得不寻求新的改革方式。

一、压力型体制与资源禀赋的冲突

第一，C市缺少经济增长点。如第三章所述，从地方政府与上级政府的关系来看，压力型体制是推动地方政府管理创新的外部体制性因素。改革开放以后，中国以经济建设为中心，各级地方政府需要寻找地方经济增长点，促进经济发展。但是，在全国范围来看，C市面临最大的经济发展瓶颈是"大城市、大农村"。C市农村人口将近520万，城市人口632万③。C市"大城市、大农村"造成两重悖论现象。其一，农业劳动力难以向城市有效转移和农业缺少有效劳动力的悖论。一方面，农业劳动力难以实现有效转移。在广大农村地区，青壮年外出打工，但是，受限于建立在户籍制度基础上的城市公共服务供给体制，农村劳动力难以在城市实现小孩义务教育等基本公共福利，出现"离乡不离土"的现象，农业劳动力很难转变为城市居民。另一方面，"因为川西平原以前以散居为主，都是一个一个林盘，这个林盘住几户人，那个

---

① 杨雪冬：《过去10年的中国地方政府改革——基于中国地方政府创新奖的评价》，载《公共管理学报》，2011年第1期，第88页。
② 吴建南、马亮、杨宇谦：《中国地方政府创新的动因、特征与绩效——基于"中国地方政府创新奖"的多案例文本分析》，载《管理世界》，2007年第8期，第47页。
③ 高柱：《"中国最彻底的户籍改革方案"——C市户籍管理制度改革政策解析》，载《工人日报》，2010年11月28日第1版，第2页。

林盘住几户人。当然以前是以农业耕作为主,以自然经济为主的情况下形成了这种形态。而这种形态已经不太适应现代发展,因为农村的青壮年多数都外出了,在家里面的老人小孩从事耕作的能力也比较弱"①,导致农业缺少有效劳动力,出现农业绩效低下、农村空心化的严重问题。其二,农村土地闲置和城市建设用地紧张的悖论。一方面,广大农村地区土地分散经营、土地效益低下。另一方面,城市建设和发展用地紧张。城市建设和发展用地紧张是很多城市在经济发展中都面临的难题,限制进一步发展。因此,随着城镇化的发展,城市发展对农村用地的需求越来越大,但是由于受制于耕地红线的约束,在现有制度框架下,地方政府只能寻求改革的方式,促进农村土地资源的流动和使用。

第二,地方政府寻找新的经济增长点,将改革转向农村土地。2007年2月,C市委市政府召开了城乡统筹工作会议,常务副市长孙平提出C市经济发展的症结在于"要素市场没有形成,土地、人、资金没有真正激活",市政府决定"用市场化的办法来解决城乡一体化的问题"②。C市土地的"三集中"就是在这样的思路下被提出来,即工业向集中发展区集中,农民向城镇集中,土地向规模经营集中。城乡统筹是C市政府寻找到的新的增长点。一方面,城乡统筹的目标是促进土地规模集中,"农民集中过后会促进土地的规模经营,以前散居土地集中起来会比较难,如果人集中起来了过后,土地就会出现适当规模的集中。"③ 另一方面,C市政府注重土地规模集中过程中的农民权益保护。首先,C市通过土地确权颁证,明晰农民的财产权、建立土地交易平台、成立包括土地纠纷仲裁院在内的四级调处机制推进土地制度改革,建立较为明晰的制度体系。其次,为解决土地集中后农民的后顾之忧,C市不断向农民赋权,将农民纳入基本公共服务一体化,推行兼顾型户籍改革,六

---

① 笔者于2012年8月3日对C市城乡统筹委负责人的访谈,访谈编号:20120803。
② 尹鸿伟、魏晨:《C市农村产权制度改革试水》,载《南风窗》,2010年第6期。
③ 笔者于2012年8月3日对C市城乡统筹委负责人的访谈,访谈编号:20120803。

仅鼓励农民入户城市,而且向居民提供均质的公共服务。"我们小区(集中居住区)不仅不交物业费、停车费,周边配套的教育、医疗服务也很齐全。"① 城乡统筹直接促进C市城镇化的发展水平。数据显示,从1990年到2000年C市城镇化年均增长仅0.54个百分点,从2007年起,C市城镇人口增加474万人,城镇化率提高了6.23个百分点,年均增长1.56个百分点。② "把城乡一体的比较公平的发展制度构架起来,你有了这样的制度基础,你以后的发展才有可持续性。""C市也并没有出现因为我们投入了农村就影响了我们的经济发展,反而客观来讲这些年是C市经济发展比较快的几年。"③

二、自下而上的社会压力

在开放时代,随着公民素质的提升,民众争取权利的行为开始增多,给地方政府造成很大压力,这至少包括三个发展阶段。

在第一阶段,民众大多是采取日常抵抗④的形式表达对户籍制度分配不均的不满。例如尽管公安部门要求流动人口离开常住地三个月之后必须办理暂住证⑤,但是,民众通过不办理的方式抵制暂住证政策,造成公安部门难以有效了解人口的实有居住情况。

在第二阶段,民众开始通过制度化的渠道向政府表达对户口利益的诉求。例如,深圳市社会组织发动推动高考移民政策,并最终推动部分地方政府采纳了高考移民政策,即符合条件的异地考生可以在非户籍地参加高

---

① 2015年5月19日笔者与C市温江区居民代表座谈会,访谈编号:20150519。
② 《四川统计局发统筹城乡分析报告,城镇化率超41%》,载《华西都市报》,2012年6月4日。
③ 笔者对C市城乡统筹委负责人的访谈,访谈编号:20120803。
④ [美]詹姆斯·斯科特:《弱者的武器》,郑广怀、张敏、何江穗译,译林出版社2007年版。
⑤ 由于暂住证带有鲜明的政策歧视色彩,且它更多的是一种管制而非服务,因此,近年来,各个城市普遍以居住证替代暂住证管理。

考，这被看成剥离户籍与高考所在地的关联①，促进高考权的公平性。

在第三阶段，民众可能会通过非制度化的渠道表达对户口歧视的不满。在大城市大农村的经济发展格局下，C 市城市户籍居民和农村户籍居民在收入、基本公共服务上差距甚大，社会舆论强烈要求基本公共服务一体化。"在 2004 年，C 市城乡人均包括在教育、卫生和社保等方面的公共服务投入的差距是 1542.8 元。"② 2002 年 C 市的城镇化率为 55%，2007 年城镇化率提高到 63%，仍低于当年全国的城镇化率。民众对基本公共服务一体化的呼声越来越高。随着市场化的推进，网络的兴起为公民的意见表达提供了多样化的渠道，出现多元化的社会需求和政府单边应对的矛盾，引起社会对地方政府的不信任，甚至出现民众信任中央政府而不信任地方政府的"差序信任格局"。③ 在这样的社会背景下，地方政府如果仍以发展效率取代公民的公平诉求，形成偏好替代，会导致弱势群体的权益无法得以实现，出现大量长期工作和生活在城市但只有暂住身份的群体，这很容易引起这类群体对社会的不满，"对社会政策的正义性、管理控制的成本与社会政治成本等都形成了冲击"④，带来较大社会冲突和社会矛盾，增加地方政府维稳的压力。"你（政府）等大家各方面的需求都非常强烈的时候才开始考虑，你就很被动了"⑤，

---

① 户籍高考权是一项很重要的户口福利，这是因为高考录取采取属地原则，即全国每所高校在各省分配名额，一些直辖市或省能分到更多名额，该省考生的竞争性减弱；另外，有些省参加高考的人数很多，而本省高校少，因此，该省考生的竞争性很强。在不考虑其他条件的情况下，考生更愿意在录取指标多、考生少、本地高校多的省参加高考，如北京、天津，而不愿意在录取指标少、考生多、本地高校少的省参加高考，如安徽、湖南等。

② 高柱：《"中国最彻底的户籍改革方案"——C 市户籍管理制度改革政策解析》，载《工人日报》，2010 年 11 月 28 日第 1 版，第 2 页。

③ O'Brien, Kevin J. and Lianjiang Li, "Selective Policy Implementation in Rural China", *Comparative Politics*, Vol. 31, No. 2, 1999, pp. 167-186.

④ 彭希哲、赵德余、郭秀云：《户籍制度改革的政治经济学思考》，载《复旦学报》（社会科学版），2009 年第 3 期。

⑤ C 市城乡统筹委主任责人的访谈，访谈日期：2012 年 8 月 3 日，访谈编号：20120803。

民众可能会通过非制度化程序表达利益诉求，造成社会矛盾冲突，政府的维稳成本越来越高。此时迫切需要有新的解决问题的方式，这是 C 市推进兼顾型户籍改革的社会压力。

由上可见，在现实问题的倒逼下，地方政府若不改革，既有可能无法获得社会支持，更有可能因为压力型体制下无法完成上级交代的任务而被"一票否决"。来自社会的管理压力和来自上级政府的考核压力，使得地方政府为了应对压力"不得不"进行改革。"在地方政府的项目申报材料中，谈得最多的就是创新者们所面临的种种压力，一些人甚至强调政府创新的构想是被来自各方面的压力'逼出来的'"。①"逼"字说明地方政府在各类压力下"不得已"或"不得不"采取进行改革。C 市兼顾型户籍改革也是科层压力和社会压力推动的结果。

第二节 贯彻上级意图：自上而下的外部动力

贯彻上级意图是兼顾型户籍改革的强大的外部动力。C 市从 2003 年开始推行城乡统筹改革，2007 年 6 月获批全国统筹城乡综合配套改革试验区②，这是 C 市持续推进兼顾型户籍改革的外部动力，也是兼顾型户籍改革为何发生在 C 市，而不是其他城市的重要原因。

一、改革实验区的成立

自 2002 年党的十六大报告提出"统筹城乡经济社会发展"之后，

---

① 吴建南、马亮、杨宇谦：《中国地方政府创新的动因、特征与绩效——基于"中国地方政府创新奖"的多案例文本分析》，载《管理世界》，2007 年第 8 期，第 47 页。
② C 市统筹城乡综合配套改革试验区建设领导小组办公室：《C 市统筹城乡改革发展实践交流材料》（内部材料），2012 年，第 2 页。

国家越来越重视城乡统筹。

第一，每年的"一号文件"都会提及城乡统筹发展。2003年党的十六届三中全会公报在此基础上提出"统筹城乡发展、统筹区域发展、统筹经济社会发展、统筹人与自然和谐发展、统筹国内发展和对外开放"这五大统筹，其中统筹城乡发展排在第一位。自此以后，每年的"一号文件"都会提及城乡统筹发展。例如，2004年中央"一号文件"《关于促进农民增加收入若干政策的意见》继续强调"统筹城乡经济社会发展的要求"，2005年提出全面落实科学发展观、坚持统筹城乡发展的方略；2009提出"把全年的所有农业与农村工作统领在城乡统筹的总纲领之下"；2010年通过《加大统筹城乡发展力度，进一步夯实农业农村发展基础》的报告。

第二，国家逐步调整城乡统筹的发展思路，从注重促进农民增加收入，到强调城乡基本公共服务一体化。政策重心的调整发生在"社会主义新农村建设"之后。2006年，国家提出统筹城乡经济社会发展，扎实推进社会主义新农村建设，划拨了大量的新农村建设经费。2007年国家明确提出"强化农村公共服务，深化农村综合改革"，由此形成了以基本公共服务均等化为核心的城乡统筹改革思路。2007年6月，C市获批全国统筹城乡综合配套改革试验区。国务院试验区给予C市兼顾型户籍改革什么样的支持呢？中央给予C市的"最主要的支持就是四个字——'先试先行'"。[①]

二、地方政府积极贯彻上级意图

既然地方政府有一定的行政性分权，他为何还积极贯彻上级的改革意图呢？这至少可以通过如下两个方面进行解释。

第一，在压力型体制下，地方政府虽然具有一定的行政性分权，但

---

① 笔者于2012年8月3日对C市城乡统筹委负责人的访谈，访谈编号：20120803。

是在政治上却高度服从中央政府。中央政府掌握人事任免权，直接决定地方一把手的晋升。在试点模式中，中央政府一般采取强硬的态度，采取"不换思维就换人"的做法，地方政府若不执行，地方主要官员将影响自己的晋升道路，因此，他们一般会选择执行和贯彻中央的意图。

第二，在试点的模式中，地方政府将获得上级职能部门的授权，对于地方政府官员来说，这样既积累了地方官员的政绩，又完成了中央的任务，显示出政治忠诚。因此，地方政府一般会配合和执行中央政府的试点方案。2009年4月底，《C市统筹城乡综合配套改革试验总体方案》得到了国务院的正式批复，国务院副总理李克强对总体方案进行了批复，明确支持C市在土地制度方面进行先行先试。S省委副书记省长认为国务院的批复"是C市统筹城乡发展工作的行动指南"，[①] 从中可见，地方政府对国务院态度的重视程度。

上级试点使得地方政府调整户籍改革思路，走出了一条不同于其他地方政府的兼顾型户籍改革路径。"作为试验区，我们要用足用好中央赋予的'先行先试'权，坚持'非禁即试'的态度，大胆去尝试和探索"。[②] 先行先试给地方政府改革的支持主要体现在如下两个方面。

(一) 获得上级职能部门的改革授权

人力资源和社会保障部、国土资源部、农业部、教育部、科技部、财政部先后与S省及C市政府签订城乡统筹改革的协议。[③] 这是一种斜向政府间合作，它的优势是获得职能部门的支持和授权。土地改革是C

---

① C市统筹城乡土地管理制度改革现场研讨会上的发言，研讨会文字整理稿参见新华网四川频道，http://www.sc.xinhuanet.com/topic/tccx/。
② C市委书记黄新初的讲话，参见《发挥先行先试深化C市统筹城乡综合配套改革》，载《成都日报》，2012年6月11日。
③ C市统筹城乡综合配套改革试验区建设领导小组办公室：《C市全国统筹城乡综合配套改革试验区建设5周年回顾（2007—2012）》（内部资料），2012年，第24页。

市城乡统筹最核心也最敏感的内容，国土资源部部长明确表示："要支持和鼓励国家各类综合改革试验区先行先试，注重把握'梳理突出问题，设计解决方案，局部先行先试，形成制度成果'四个关键环节，边试点、边总结、边规范，积极推动政策制度的立、改、废。"① C 市的改革属于局部先行先试，这是一种可进可退的状态，如果试验成功则可以推广，如果试验失败，也可以将损失控制在一定的区域。因此，中国政府常常采取"试点"推进改革的方式。

（二）化解改革争议

改革会带来很大的争议，尤其可能碰触到上级职能部门的业务，这将导致上级职能部门的抵触，甚至公开表达不满。此时，国务院试点的牌子有利于地方政府化解因改革带来的争议。C 市兼顾型户籍改革所采取的"降低落户门槛，剥离户口利益，推动城乡基本公共服务一体化"的做法，"这在全国都是走在前列"②，这些户籍改革甚至超过了公安部的改革步伐，引起了公安部的强烈不满。2011 年，由公安部起草，国办下发的〔2011〕9 号文，明确规定"国家基本户籍管理制度属于中央事权……要对已出台的有关户籍管理制度改革的意见加以清理"③，这其实是对地方所进行的户籍制度改革探索的否定，否定了地方政府享有户籍制度改革的事权，并要清理地方户籍改革的规章。在访谈中，C 市公安局负责人告诉笔者，这个提法可能直接批评的是 C 市超前的户籍改革。"当时国务院误读了以为全国来到 C 市的外来务工人员在租房都可以入户，当时国家有一个想法要求全国的很多城市接纳一部分的农民工，但是各个城市

---

① 国土资源部部长、党组书记、国家土地总督查徐绍史在"统筹城乡土地管理制度改革现场研讨会"上的发言，2009 年 6 月 9 日。
② 笔者于 2012 年 8 月 6 日对 C 市公安局负责人的访谈，访谈编号：20120806。
③ 国务院办公厅：《国务院办公厅关于积极稳妥推进户籍管理制度改革的通知》（国办发〔2011〕9 号）。

还是有一定的限制。但是就在他们（国务院）正在酝酿这个事情的时候，C市就出了这样一个文件（允许租房入户的文件），他们以为C市把他们想要做的这个事情提前就做了"，"中央是想做这个事情，但还没动呢，你就自作主张没请示、没汇报就先这样做了，等于是打乱了中央的部署"，国务院非常气愤，"然后就把我们的副市长给弄过去开会"。① 但是事实上，国务院误解了C市的改革，"我们副市长去北京就2010年出台的《关于全域成都城乡统一户籍实现居民自由迁徙的意见》文件做了解释，还有我们有国务院综合试验区的牌子，打着这个牌子，说明我们的户籍改革是中央试点的一部分"，C市户籍制度改革仍然按照预定的目标推行，并没有因此而中断，这在很大程度上得益于国务院综合试验区这块牌子。正是在这个意义上，S省委副书记省长蒋巨峰说国务院对《C市统筹城乡综合配套改革试验总体方案》的批复"是C市统筹城乡发展工作的行动指南"。②

由此可见，国务院试点是C市推行兼顾型户籍改革最大的外部动力。在这个意义上，C市兼顾型户籍改革最初由地方政府自发发起，但是到了2007年，中央和国务院的支持使得改革变成了一种贯彻上级意图型改革。中央和国务院的支持为C市持续推进兼顾型户籍改革提供了保障。

第三节　政策企业家：兼顾型户籍改革的内部动力

从政府内部来看，政策企业家是地方政府创新的内部推动力。③ 政策企业家是指"那些通过组织、运用集体力量来改变现有公共资源分配方

---

① 笔者于2012年8月6日对C市公安局负责人的访谈，访谈编号：20120806。
② C市统筹城乡土地管理制度改革现场研讨会，研讨会文字整理稿参见新华网四川频道，http：//www.sc.xinhuanet.com/topic/tccx/。
③ 这一段的内容来自拙文《地方政府管理创新》，收录于张紧跟：《地方政府管理》第十章，北京大学出版社2014年版。

式的人"。① 有学者总结了政策企业家的基本特征：在一定的职位上拥有良好的专业和领导技能，愿意并能够承担风险责任，积极参与、推广并维持政策新方案的人②。有学者把政策企业家细分为一般的政策企业家、官僚政策企业家、行政首脑型政策企业家和政治型政策企业家。③ 目前研究者通常用政策企业家、政治企业家、官僚企业家、行政企业家等不同的概念来分析活跃在不同公共领域的人员。对于分析中国政治来说，政策企业家是一个较好的分析工具。汤森就曾指出，"由于缺乏对政府权力的制度上的牵制，那用什么来阻止权力的滥用并保证政府将真正为社会服务？儒家意识形态提供了答案：好人，而不是制度化的限制"。④ 这就是说，人在中国政治中发挥着非常大的作用，地方政府改革也不例外。为何两个条件近似的地方，一个地方发生了政府改革，而另外一个地方没有发生改革，政策企业家是最重要的内部解释因素。我们"应该从讨论作为创新者的地方官员的动力入手，因为这些官员是创新的决策者和执行者，他们的行为动机和行为方式直接决定了创新项目的发展情况。"⑤

在 C 市兼顾型户籍改革中，哪些人是政策企业家？C 市市委书记 L、市长 Z 是兼顾型改革的发起者和决策者，他们是兼顾型户籍制度的推动者即政策企业家。市委书记 L 则是一个很有主见的地方一把手，他有力地推动 C 市兼顾型户籍改革。C 市市长 Z 早在 20 世纪 90 年代初获得博士学位，并有留学加拿大的经历。Z 曾明确表示这次改革"开弓没有回

---

① Eugene Leis, *Public Entrepreneurship: Toward a Theory of Bureaucratic Political Power*, Bloomington: Indiana University Press, 1980, p. 9.
② 朱亚鹏：《公共政策过程研究：理论与实践》，中央编译出版社 2013 年版，第 94 页。
③ Nancy C. Roberts, "Public Entrepreneurship and Innovation", *Policy Studies Review*, Vol. 11, No. 1, 1992, p. 63.
④ 汤森：《中国政治》，江苏人民出版社 2005 年版。
⑤ 杨雪冬：《过去 10 年的中国地方政府改革——基于中国地方政府创新奖的评价》，载《公共管理学报》，2011 年第 1 期，第 88 页。

头箭"①，表明 C 市委市政府推行改革的决心很大。在 C 市兼顾型户籍改革中，政策企业家如何推动改革？

在 C 市兼顾型户籍改革中，政策企业家是地方一把手，在地方权力结构中处于地方最高职位，因此，政策企业家推动兼顾型户籍改革的重点在于处理好如下三对关系：上级政策和下级执行的关系、改革与风险的关系、改革与法律的关系。

一、行政强制：处理上级政策和下级不执行的困境

如第二章所述，户籍制度改革容易出现碎片化问题，利益分配部门不积极推动户籍改革，那么，C 市政策企业家如何克服这种困境的呢？C 市政策企业家主要通过干部任免、监督考核等强制性手段处理上级政策和下级执行的关系。一方面是干部任命。C 市在实行城乡统筹改革后，区（市）县的主要领导干部在提拔前需要参加城乡统筹的考试，合格后才能晋升。另一方面是监督考核。城乡统筹委负责对区市县的工作进行考核。具体来说，它包括如下步骤。其一，自评，县区自己所提交年度总结。其二，第三方机构评估，C 市每年都会对城乡统筹实现程度，发布"统筹城乡战略监测报告"。② 其三，反馈。在 C 市城乡统筹改革中，政策企业家推出三个"凡不"作为考核和监督标准："凡缺乏统筹城乡一体化工作能力的干部被视为不合格；凡在其中找不到自己位置的政府部门就无存在的必要；凡不用心、用力推进城乡统筹工作的干部一律不得提拔使用。"③ 由此可见，地方一把手通过行政强制的方式要

---

① 高柱：《"中国最彻底的户籍改革方案"——C 市户籍管理制度改革政策解析》，载《工人日报》，2010 年 11 月 28 日，第 1 版。

② 这些报告收录在每年公布的《C 市统筹城乡发展年度报告》之中。

③ 高柱：《"中国最彻底的户籍改革方案"——C 市户籍管理制度改革政策解析》，载《工人日报》，2010 年 11 月 28 日，第 1 版。

求下级政府及职能部门配合改革。

二、吸纳专家参与：缓解改革与风险的矛盾

中国的央地关系是一种独特的 M 型结构，"在 M 型组织中，地方政府被赋予半自主的权力，对上级责任很小，同时不接受上级的大量财政支持"。① 但是，央地关系同时也是一种行为联邦制，地方的半自主权并没有得到宪法保障，随时可能被中央否决和收回。这就是说，地方政府虽然拥有行为上的自主权，但是并无宪法上的自主权。换言之，它们所有的改革和试验创新都有可能因为上级某一个权威人物的否决而停止。② 这是地方政府改革面临的最大的政治风险。此时，一个有效的方式是通过民众的合法性来弥补上级的合法性支持，吸纳专家参与改革论证，保持决策的参与性和开放性，有利于积累合法性。③

一方面，课题论证。C 市政府每年就城乡统筹召集课题，邀请国内知名专家参与课题论证，就"五个统筹"即城乡规划统筹、城乡产业发展统筹、城乡基础设施统筹、城乡公共服务统筹、城乡社会管理统筹等议题设置研究课题，进行课题论证。从 2011 年开始，C 市委统筹城乡工作委员会每年结集出版统筹城乡发展年度报告，目前已经出版了《C 市统筹城乡发展年度报告：2011》《C 市统筹城乡发展年度报告：2012》《C 市统筹城乡发展年度报告：2013》和《C 市统筹城乡发展年度报告：

---

① 钱颖一、许成钢：《中国的经济改革为什么与众不同——M 型的层级制和非国有部门的进入与扩张》，载《经济社会体制比较》，1993 年第 1 期，第 35 页。
② 郑永年：《中国的"行为联邦制"：中央—地方关系的变革与动力》，邱道隆译，东方出版社 2013 年版。
③ 王清：《从权宜之计到行政吸纳：地方政府回应社会方式的转型》，载《中国行政管理》，2015 年第 6 期。

2014》。另一方面，对城乡统筹实现程度的监测报告。C 市委市政府每年邀请第三方机构，包括专家、学者发布"统筹城乡战略监测报告"，公布各个县（市）区和各个职能部门的城乡统筹实现程度。① 为改革提供程序上的合法性，避免改革可能存在的风险。

三、"做而不说"：化解改革与法律的冲突

中国地方政府行为具有非正式行为②的特征，地方政府常常采用变通③、选择性执行④等策略性行为实现政府目的。C 市兼顾型户籍改革也存在这种现象。在访谈中，访谈对象告诉笔者："其实真正有冲突的（内容）没有写入 23 号文件⑤，比方说'同命不同价'这些没有办法突破的法律没有写进去。我们换了一个方式，法院与检察院协调好了按照'同命同价'的标准进行判决，那法律没办法突破的东西，我可以用这样的方式来进行显示。这也是市长、副市长召集各部门开了多少次会（才协调好的），真正有冲突的我们是通过这样的方式在做，写进去的都有相关的法律条文允许的。"⑥

由上可见，C 市地方一把手对于有争议的改革内容，采取了"做了不说"的策略，"对比较成熟完善已达成共识的做法，加大推进力度，

---

① 这些报告收录在每年公布的《C 市统筹城乡发展年度报告》之中。
② Lowell Dittmer, "Chinese Informal Politics", *The China Journal*, No. 34, July 1995.
③ 杨善华、苏红：《从"代理型政权经营者"到"谋利型政权经营者"——向市场经济转型背景下的乡镇政权》，载《社会学研究》，2002 年第 1 期，第 21—24 页。
④ O'Brien, Kevin J. and Lianjiang Li, "Selective Policy Implementation in Rural China", *Comparative Politics*, Vol. 31, No. 2, 1999, pp. 167–186.
⑤ 23 号文件是指 C 市于 2010 年出台的《关于全域 C 市城乡统一户籍实现居民自由迁徙的意见》（成委发〔2010〕23 号），该文件明确提出推行全域 C 市城乡统一户籍制度改革。
⑥ C 市公安局负责人的访谈，访谈日期：2012 年 8 月 6 日，访谈编号：20120806。

做出量来；对不够成熟完善、仍有争议的做法，进一步探索，封闭试验"。①"做了不说"的策略至少具有如下三个特点。

第一，这是一种权宜之计，地方政府可以在不同时期采取这种做法。这取决于其所面临的约束条件，这种约束条件既包括来自上级政府或者上级职能部门的态度，也包括社会舆论。在 C 市兼顾型户籍改革中，C 市政府之所以采取"只做不说"的办法主要是因为有些做法与现有部门政策相抵触，"那法律没办法突破的东西，我可以用这样的方式来进行显示"。"其实真正（与现有政策）有冲突的没有写入 23 号文件"。②

第二，这种做法往往只有实质的政府行为，但是不会形成制度文本。访谈对象形象地表述为"我们换了一个方式"，这个方式是指"没有写入 23 号文件"，但是，"法院与检察院协调好了按照'同命同价'的标准进行判决'。③

第三，这种做法往往需要得到地方一把手的授权和同意。例如，C 市的这种做法"是市长、副市长召集各部门开了多少次会（才协调好的）"④。

在这里，我们看到了两个完全相反的行为，一方面，对于改革的整体进程，地方政府吸纳专家参与论证，并在媒体上进行报道，"对比较成熟完善已达成共识的做法，加大推进力度，做出量来"。⑤ 另一方面，对于有争议的、可能引起质疑的议题，地方政府采取"做而不说""进一步探索，封闭试验"⑥ 的方式，以此处理改革与法律的关系，降低改革面临的政治风险。

---

① 葛红林 2009 年 6 月 9 日在 C 市统筹城乡土地管理制度改革现场研讨会上的发言，研讨会文字整理稿参见新华网四川频道，http：//www.sc.xinhuanet.com/topic/tccx/。
② 笔者于 2012 年 8 月 6 日对 C 市公安局负责人的访谈，访谈编号：20120806。
③ 同上。
④ 同上。
⑤ 葛红林 2009 年 6 月 9 日在 C 市统筹城乡土地管理制度改革现场研讨会上的发言，研讨会文字整理稿参见新华网四川频道，http：//www.sc.xinhuanet.com/topic/tccx/。
⑥ 同上。

在地方政府创新中，当受访者被问到"你的创新想法到底来自于哪里"时，他们有一半的人都讲是来自于某一位领导。① C 市的情况也如此，无论是访谈城乡统筹委还是访谈公安局，他们都说是因为领导重视才有这样的改革思路。"在市委市政府'一把手''二把手'的重视下，亲自在抓，而且他们是意识到了这个东西的重要性和问题的症结在哪里。"② "我觉得领导的意识是非常重要的，不然的话改革就难以推行。""别的城市来 C 市学习户籍改革经验，只是公安机关工作人员带队，这是不行的，必须有市委市政府的支持。"③

从上可见，C 市委市政府的领导重视，这是兼顾型户籍制度能够推行的内在动力。政策企业家通过行政强制的方式处理上级命令和下级不执行的困境，吸纳专家参与缓解改革与风险的矛盾，对没有把握的改革内容进行"闭门创新"的方式化解改革与法律的冲突。政策企业家通过这样的方式有效协调上级与下级、改革与风险、改革与法律的矛盾和冲突，推动城乡统筹和兼顾型户籍改革。

总体而言，兼顾型户籍改革是城乡统筹改革的组成部分，这类户籍改革完全不同于发展型户籍改革。地方政府为何要推进兼顾型户籍改革呢？现实问题逼迫、贯彻中央意图和政策企业家的政绩驱动是 C 市推行兼顾型户籍改革的三重动力。其中，现实问题逼迫是兼顾型户籍改革的外部压力；国务院试点则使改革获得中央支持，获得了先行先试的优势，这是兼顾型户籍改革持续的外部动力；政策企业家的政绩驱动是兼顾型户籍改革的内部动力。现实问题逼迫、贯彻中央意图和政策企业家的政绩驱动三个要素共同推动了 C 市兼顾型户籍改革。

---

① 杨雪冬：《过去 10 年的中国地方政府改革——基于中国地方政府创新奖的评价》，载《公共管理学报》，2011 年第 1 期，第 83 页，表 4。
② 笔者于 2012 年 8 月 6 日对 C 市公安局负责人的访谈，访谈编号：20120806。
③ 同上。

第六章 发展型和兼顾型户籍改革的比较

地方户籍制度改革存在哪些改革类型？哪些因素影响地方政府改革方式的选择？本书围绕"户籍制度改革方式及影响因素"这一核心议题展开研究，发现地方政府主导的户籍制度改革至少存在两种类型，一是发展型户籍改革，二是兼顾型户籍改革。两种户籍制度改革形势具有哪些相同点和不同之处？发展型改革和兼顾型改革是户籍制度改革的两种方式，两者既具有区别，又具有关联性。本章将围绕这一问题，比较分析发展型户籍制度改革和兼顾型户籍制度改革的差异以及传承。

第一节 发展型改革和兼顾型改革的区别

一、改革动力：发展型 vs. 兼顾型

从改革动力来看，发展型户籍改革把户籍制度改革当成增加财政收入的工具，兼顾型户籍改革虽然也有这样的目的，但同时也试图兼顾社会公平。从发展型改革到兼顾型改革，户籍制度改革的优先顺序逐步从"工具性目标向权利和平等的价值性目标逐步转变"①。

---

① 彭希哲、赵德余、郭秀云：《户籍制度改革的政治经济学思考》，载《复旦学报》（社会科学版），2009年第3期，第2页。

（一）地方发展：发展型户籍改革的推动力

第一，在压力型体制的政治压力和晋升竞赛的激励下，地方政府为了争夺资本和劳动力展开了激烈的竞争。由于户籍制度蕴藏了巨大的制度利益，地方政府拥有一定的户籍改革自主权。因此，地方政府以户籍制度改革作为政策工具，吸引资本和优质劳动力，实现本地区经济利益最大化，而不是为本地居民提供平等的户口身份。户籍制度成为地方政府汲取资源和税收的工具。发展型户籍改革的运行逻辑如下，其一，中国的地方政府处于压力型体制之下，改革开放之后，中国实行"以经济建设为中心"的发展策略，经济绩效成为官员考核的重要指标，也是官员晋升的必要条件。在经济发达的地区，地方政府竞相争夺市场中的稀缺资源。其二，由于户籍制度蕴藏了巨大的制度利益，城市户口，尤其是特大城市户口能获得较为优质的教育、医疗等户口福利，因此，特大城市的户口处于供不应求的状态。其三，改革开放以后，地方政府获得了更多的户籍制度改革的自主权。从1958年《户口登记管理条例》颁布到2013年，国务院没有颁发过户籍制度改革的全国性的政策文件。在此背景下，地方政府纷纷利用地方的政策创制权，颁发地方性法规和条文，在本辖区内推进户籍制度改革。如第二章所述，G市推行的两类发展型户籍制度改革，发文的单位都在A省政府，改革范围是针对省内的户籍制度调整。

第二，发展型户籍改革注重依靠改革拉动经济发展，忽略改革的公平问题。如第二章所述，20世纪90年代，G市推行的蓝印户口改革，政策目标在于提高新城区房屋交易数量，提升本地房地产发展，提高地方经济发展水平。这项改革实现的是资本和城市户口的关联，让拥有一定资本的购房者获得G市的蓝印户口，但是，普通民众不能享受改革带来的变化。2010年后，G市实行积分入户制，相比于蓝印户口，入户门槛降低了对资本的要求，但是，仍然强调教育程度、技术能力、职业资格或职业工种、社会服务、纳税这样的入户门槛。这样的改革对技术性人才有利，但是不利于一般的普通劳动力。发展型户籍制度改革的初衷仍然在于挑选城市入户者，优先能为城市带来资本、纳税和技术贡献的人才，将大量的普通劳动者排斥在改革之外，忽略户籍改革的公平问题。

（二）地方发展和社会公平：兼顾型户籍改革的推动力

不同于发展型户籍改革，兼顾型户籍改革虽然也是为了本地发展，但是这类改革开始逐步回应社会需求。因此，地方发展和社会公平是兼顾型户籍改革的推动力。如第四章所述，从 2003 年开始，C 市政府在重视经济发展的同时，开始回应社会需求，推行兼顾型户籍制度改革。2007 年 6 月，C 市获批成为"全国统筹城乡综合配套改革试验区"，保障了城乡统筹改革的一致性和持续性。这种改革具有双重推动力。

第一，地方政府为了寻找经济增长点，从而推动兼顾型户籍制度改革。在压力型体制和政治锦标赛的体制下，地方政府为了实现 GDP 的增长，必须寻找经济增长点。不同于处于沿海地区的 G 市，C 市面临"大城市、大农村"的经济结构。如果 C 市选择 G 市那样的购房入户或积分入户改革，那么，由于 C 市的户口含金量较低，不一定能够吸引资本和技术人才。针对自身的资源禀赋，C 市选择了一条不同于其他城市的户籍改革道路：推行城乡统筹户籍制度改革，盘活农村土地，试图通过这样的方式促进土地经济效益，从而提升经济发展。

第二，地方政府为了回应社会公平的需求，从而推动兼顾型户籍制度改革。在压力型体制下，地方政府只会回应上级，而不一定会回应社会的需求，那么，C 市兼顾型户籍改革为何会回应社会公平的需求呢？这至少有如下几个方面的解释。一是，社会压力的推动。C 市面临"大城市、大农村"的经济结构，城镇化率低。民众对公平的户籍制度改革的呼声越来越大。甚至可能出现因户籍歧视而导致的群体性事件，地方政府最好的处置方式是提前回应。二是，政策企业家为了寻求政绩，主动推动包括城乡统筹户籍制度改革，为盘活农村土地提供制度基础。三是，中央试点的推动。国务院选择地处西南的 C 市作为城乡统筹改革的试点城市，C 市必须要回应上级试点的需求，做出不同于其他城市的改革亮点，它选择了完全不同于其他城市的兼顾型户籍制度改革形式。

二、改革主体：碎片化 vs. 一体化

发展型户籍改革面临的困境之一是改革部门碎片化，没有哪个部门能够统领并协调户籍制度改革。但是，C 市户籍制度改革由综合型部门牵头改革，协调户籍改革中横向部门间关系，尝试推进改革部门一体化。

（一）发展型改革主体的碎片化

第一，发展型户籍改革早期由人口管理部门即公安部门承担，但是，由于户籍制度具有人口登记、户口迁移和利益分配三项功能，其中公安部门仅承担人口登记功能；发改部门制定每年的新增机械人口数量，确定入户指标；财政部门划拨部门经费；教育、民政等部门是负责户口利益分配的部门。公安部门和他们属于同一行政级的职能部门，无法协调发改、财政、教育、民政等部门，因此，由公安部门担任改革主体的户籍制度改革往往变成人口登记改革。例如，包括 G 市在内的全国各个城市推行的居住证改革，通过居住证替代暂住证，实行人口管理。但是，由于居住证附着的利益过少，外来人口办理居住证的积极性不高，G 市公安局实行"推居"（推广办理居住证）工作，把居住证办理率作为上级部门考核下级部门的指标。[①] 这个经验材料显示户籍制度改革如果由公安部门牵头的话，就有可能演变为人口登记制度改革，它只是人口登记和户口迁移上的调整，无法推进剥离户口与利益之间关系的

---

① G 市公安局某区分局负责人的访谈，访谈日期：2014 年 12 月 19 日，访谈编号：20141219。

改革重任。

第二，发展型户籍制度改革出现严重的碎片化问题。户籍制度改革的核心在于剥离户口与利益的关系，让外来户口享受到与本地户口同等的待遇，这就涉及各个职能部门。但是，户籍制度改革主体并不能牵制其他同级职能部门，会形成户籍制度改革中权威分散、权力分立、政策林立的政府部门碎片化问题。一方面，从1984年到2000年，地方户籍制度改革大多由公安部门承担，2000年以后，一些地方政府认识到改革主体的重要性，改由综合型部门承担户籍改革的牵头部门，发展型户籍改革的主体在转变为发改委承担，例如，G市积分入户制的牵头部门是发改委，但是由于这不是发改委的中心工作，其并不重视户籍改革，无法牵制横向同级职能部门，户籍制度改革的碎片化现象仍然存在。另一方面，每一个政府部门在日常行政过程中积累了部门的价值理念，也不可避免存在部门利益，因此，在户籍制度改革中，各个职能部门尽力推行对本部门有利的政策，不愿意执行对本部门不利的政策。如第三章所述，2004年，A省推行的准入条件式的户籍制度改革遭到了民政部门的抵制而搁浅，原因就在于这项改革尝试推行农业户口和非农业户口在最低生活保障费、烈士家属和退伍军人家属优待金等方面的平等待遇，但是，这样会增加城市财政负担，增加民政部门工作压力。该项改革最终因部门反对而搁浅。

（二）兼顾型改革逐步出现主体一体化

不同于发展型户籍改革常由单个部门推进，兼顾型户籍改革的最大特点是改革的主体逐步出现一体化。兼顾型户籍改革通过科层制权威来解决部门碎片化的问题。地方领导，而不是部门领导成为户籍制度改革的主体。从这个意义上来说，兼顾型户籍改革主体一体化是保障多部门协调，共同推进城乡统筹制度改革的基石。

第一，兼顾型改革尝试通过科层制权威解决部门碎片化的问题。市场化和科层化是解决部门碎片化的两个常见的方式。市场化并不适应于户籍制度改革，科层化是解决户籍制度改革碎片化的一个可行的方式。科层化是指由更高行政级别的领导成为地方户籍制度改革的推动者，协调下级各个职能部门间在户籍制度改革中的利益与冲突。在 C 市的兼顾型户籍改革中，地方领导，而不是部门领导成为户籍制度改革的主体。城乡统筹委是 C 市兼顾型户籍改革的领导机构，这个机构该机构直属于市委和市政府，具有较高的行政级别，由省委常委、市委书记直接领导，建立城乡统筹发展联席会议，负责城乡统筹户籍改革的决策工作。区县下设城乡统筹发展委员会，镇街设立城乡统筹办公室。

第二，综合型部门通过领导权威、监督考核等方式，协调横向职能部门间关系，在一定意义上克服改革碎片化的问题。在 C 市的兼顾型户籍改革中，由于省委常委、市委书记是改革的推动者和领导者，领导权威是保证横向职能部门积极配合的关键。与此同时，C 市还通过定期举行城乡统筹考核的方式，输送市委关于城乡统筹和推进基本公共服务一体化的思路，实行"不换思路就换人"的做法，让区县政府配合执行市委政策。

三、改革内容和方式的区别

从改革内容和方式来看，发展型户籍改革的核心要点是入户门槛，即它只涉及户口登记和户口迁移，没有涉及户口利益的改革，只是针对城市入户门槛的一种单兵突进的许可式改革。兼顾型户籍改革不是中义户籍制度改革，而是广义户籍制度改革，改革内容不仅包括人口登记、户口迁移，而且包括户口利益调整；不仅放宽城市入户门槛，而且调整农村户籍制度。从这个意义上来说，发展型户籍改革是一种单兵突进的改革，兼顾型户籍改革则是一种城乡统筹的综合性改革。

（一）发展型户籍改革：单兵突进的许可式改革

从改革内容和方式来看，发展型户籍改革是一种单兵突进的许可式改革，它只调整城市户籍制度，而没有触及农村户籍制度；只改革城市入户门槛，而没有触动户口利益分配机制，仍然是一种选择性的、单兵突进的改革。

第一，发展型户籍改革只调整落户门槛的标准，是一种许可式改革，允许部分精英通过交易的方式获得城市户口，从而享受城市部分户口福利，城市政府获得资本、稀缺劳动力或者税费。从蓝印户口到积分入户制，G市对落户门槛进行了较大的调整，从买房入户转变为综合积分入户，入户门槛有所降低。但是，不管如何变化，它最核心的改革内容仍然是落户准入门槛的调整。这样的改革只让拥有特殊市场要素（资本或特殊技能）的人获得城市户口，从而享受户口资源，它是一种选择性的改革方式。

第二，发展型户籍改革仅仅调整了城市户口迁移制度，没有触及农村户籍制度。G市户籍改革以买房、特殊工种等方式作为落户门槛，允许符合条件者获得G市户口。但是，它只调整了城市入户门槛，并没有触及农村户籍制度。

（二）兼顾型户籍改革：城乡统筹的赋权式改革

相比于发展型户籍改革，户籍制度改革被纳入统筹城乡经济社会发展的大改革之中，赋予户籍管理中无权或者弱势群体以平等的权益；不仅降低落户门槛而且剥离户口利益；不又放低城市落户门槛，而且改革农村户籍制度，实现从单兵突进到城乡统筹的转型。

第一，兼顾型户籍改革不仅降低落户门槛，而且积极推进户口利益剥离，逐步实现城乡基本公共服务一体化。一方面，C市在市域范围内实现"全域成都"，彻底放开落户门槛，规定居住（包括租住）一定时间则可入户。另一方面，C 市改革了市县财政拨付机制，把碎片化的部门财政转化为需求者财政，城乡统筹委按照城市社区、农村村庄划拨社区/农村公共服务和社会管理专项资金，让民众自己决定需要什么公共服务。通过这样的方式，C 市逐步打破职能部门条块分割对居民公共服务供给的影响，提升农村基本公共服务供给能力，逐步拉平农村和城市之间的公共服务供给差距。

第二，兼顾型户籍改革对城市和农村户籍制度都进行了调整和改革。一方面，对于城市户籍制度来说，C 市放宽户口迁移，实行居民自由迁移，并能在城市享受基本公共福利。另一方面，对于农村户籍制度来说，C 市积极探索以农村土地制度为核心的农村户籍制度改革，积极推进农村土地制度确权和交易，通过这样的方式打通城市户籍制度和农村户籍制度的隔阂，集中、统筹和盘活土地要素，发挥土地要素的规模经济。为了避免农村土地确权过程中的纠纷，C 市成立仲裁机制。

四、改革结果：基本公共服务差异化 vs. 均等化

从改革结果来看，发展型户籍改革进一步拉大了基本公共服务差异化，但是，兼顾型改革逐步推进基本公共服务一体化。发展型户籍改革呈现鲜明的地方特色和区域差异，但是，兼顾型改革则逐步推行整体均衡发展。

（一）发展型改革：基本公共服务差异化

第一，发展型户籍改革不能促进城市间基本公共服务均等化，反而增强了财政能力强的城市对人才的吸引力，出现"马太效应"。在发展型户籍改革中，"马太效应"是指财政能力越强的城市越能通过户籍制度改革汲取发展资源，越不愿意推行基本公共服务一体化；财政能力越弱的城市越愿意进行户籍制度改革，但是户口需求不旺。这是因为，一

方面,由于地方政府在基本公共服务上发挥着很大的支出责任,城市财政能力直接影响其基本公共服务水平。城市的财政能力越强,它在义务教育、医疗等基本公共服务上的财政投入越多,户口含金量越高,该城市的落户门槛越高,但是,凭借良好的基本公共服务,这些城市的户口需求仍然十分旺盛,地方政府越容易通过户籍制度汲取发展资源。另一方面,城市的财政能力越弱,它在义务教育、医疗等基本公共服务上的财政投入越少,户口含金量越低,这些城市的落户门槛越低。但是由于基本公共服务配套不足,难以吸引人们的户口需求,地方政府难以通过户籍制度改革汲取发展资源。这就形成了城市财政能力与户籍改革意愿的悖论、户籍改革意愿和户口吸引力之间的悖论。发展型户籍改革非但不能促进不同财政能力的城市之间的基本公共服务均等化,反而进一步增强了财政能力强的城市通过户籍改革汲取发展资源的能力。发展型户籍制度改革对财政能力越强的城市越有利。

第二,发展型户籍改革不能实现基本公共服务均等化,反而进一步细化了基本公共服务差异化。一方面,城市政府掌握着发展型户籍改革的自主权,他们以本地发展需求作为改革的动力,按照本地需求设置不同的落户门槛。不同城市的户口所享受的基本公共服务具有差异化,由此出现基本公共服务的区域差异。另一方面,在同一辖区,发展型户籍改革后,辖区内存在不同的户口身份,不同户口身份所能享受的户口福利不同。G市蓝印户口改革后,辖区内在保留非农业户口和农业户口之外,新增加了一种户口形式:蓝印户口。蓝印户口是一种中间阶段的、过渡形态的户口。蓝印户口者每年需要向辖区内政府交纳一定的城市增容费,且必须保持落户条件,达到一定年限后才能转为非农业户口,否则会被取消蓝印户口身份。非农业户口、蓝印户口和农业户口在义务教育、医疗、养老上所享受的福利不同,非农业户口的户口福利较多,蓝印户口次之,农业户口享受的户口福利最少。从这个意义上来说,发展型户籍改革非但没有拉平不同户口类型之间的差距,反而进一步细化了户口身份的差异,带来不同户口身份之间的紧张关系。例如,由于蓝印户口只是一种过渡性户口,它的户口利益并不确定,可能受到政策的影响,例如,因为某办理了蓝印户口的户主,被村集体"没收"了农村土地承包权,该户主将村集体告上法庭,法庭一审驳回了原告的诉求。①

(二) 兼顾型户籍改革:基本公共服务均等化

从改革的结果来看,不同于发展型户籍改革,兼顾型户籍改革逐步推进基本公共服务均等化。

第一,兼顾型户籍改革通过赋权的方式,逐步拉平基本公共服务差异。在 C 市户籍制度改革中,地方政府不断增加民生偏好的公共财政支出。民生偏好是相对资本偏好而言的,它是指社会福利支出占公共支出的比重高于一般性支出占公共支出的比重。C 市通过改革基本公共服务支出基数、支出层级、支出结构的方式实现基本公共服务均等化。

第二,兼顾型户籍改革对城市户籍制度和农村户籍制度进行综合改革,消除两者之间的迁徙障碍,降低落户门槛,实现按照居住地自由落户的原则,降低市场特殊要素对落户的影响,实现辖区内自由迁徙。这种改革方式不是增加多种户口类型,而是实现农业户口和非农业户口的一体化管理和服务。

总体而言,如表 6.1 所示,发展型户籍改革和兼顾型户籍改革在改革动力、改革主体、改革内容和方式、改革效果四个方面具有较大的差异性。从改革动力来说,发展型户籍改革只要回应地方发展的诉求,但是兼顾型户籍改革不仅回应地方发展的诉求,而且开始回应社会公平的需要;从改革主体来说,发展型户籍改革常由人口管理部门牵头,出现碎片化问题,但是兼顾型户籍改革由强综合协调型部门牵头,逐步实现改革主体一体化;从改革内容和方式来看,发展型户籍改革没有触及农

---

① 《由"蓝印户口"引发的承包官司》,载《农家顾问》,2003 年第 5 期,第 63—64 页。

村户籍制度，仅仅改革城市户籍制度，实行以落户门槛为核心的许可式改革，但是兼顾型户籍改革开始考虑以土地为核心的农村户籍改革，逐步赋权型改革，逐步实现城乡基本公共服务一体化；从改革结果来看，发展型户籍改革加剧了不同城市之间、同一城市内部基本公共服务的区域差异和人群差异，但是，兼顾型户籍改革逐步推进基本公共服务均等化。

表 6.1　发展型户籍改革与兼顾型户籍改革的差异

改革类型	改革动力	改革主体	改革内容和方式	改革结果
发展型户籍改革	地方发展	碎片化	单兵突进的许可式改革	差异化
兼顾型户籍改革	地方发展和社会公平	一体化	城乡统筹的赋权式改革	均等化

第二节　发展型和兼顾型户籍改革的联系

尽管发展型户籍改革和兼顾型户籍改革具有很大的差异性，但是两者也具有内在的联系和传承。发展型户籍改革出现于 20 世纪 90 年代，改革形式有所演变，延续至今。兼顾型户籍改革出现于 2003 年，它是对发展型户籍改革的纠正和演进。从发展型户籍改革到兼顾型户籍改革的转型，这与国家从"以经济建设为中心"到注重经济建设与社会建设并重的背景分不开。

一、兼顾型户籍改革是对发展型户籍改革的超越和发展

(一) 从经济建设到社会建设：国家治理目标的转型

在过去的三十年里，我国在取得巨大的经济增长奇迹的同时，也积

累了大量的社会矛盾。2012年中国社科院发布的《社会蓝皮书》中指出，我国每年因为社会矛盾而引发的群体性事件高达十余万起。① 从2000年左右，国家开始越来越重视社会建设，这至少从两个方面表现出来。一是从国务院的机构设置来看，在1997年以前，经济管理类的部门占绝对的比重，但是，1997年以后，经济管理类部门的比重显著下降，社会管理类部门的比重上升。② 这反映了在改革开放的初期，国家主要注重调节政府和市场的关系，但是，随着经济的发展，社会矛盾逐步尖锐化，在这样的背景下，国家开始逐步调整政府与社会的关系。二是从2000年以后，中央密集地发布与社会有关的各类文件："和谐社会""社会建设""社会管理"等。2004年十六届四中全会提出"加强社会建设和管理"，这是党的文件第一次明确提出"社会建设"的概念，十七大报告提出"加快推进以改善民生为重点的社会建设"；十八届五中全会的报告再次强调要"统筹推进经济建设、政治建设、文化建设、社会建设、生态文明建设和党的建设"。由上可见，市场和社会是一个钟摆，国家总是走在两者中间：在一个时期，国家选择市场机制，释放市场要素的活力；当发展到一定阶段后，社会保护运动又会逐步兴起，国家从注重市场回归到社会建设。③

发展型户籍改革和兼顾型户籍改革是地方政府在户籍制度改革上选择的两条不同的改革路径，从发展型户籍改革到兼顾型户籍改革展现了地方政府从注重市场机制到逐步调整社会利益的转变。发展型户籍改革是地方政府将户口工具化的体现，它侧重地方政府的需求和利益，户籍调整是地方政府汲取市场稀缺资源的工具和手段。但是，兼顾型户籍改革则回应社会的公平诉求，逐步推进区域内自由迁移与基本公共服务一

---

① 李培林、陈光金、张翼：《社会蓝皮书》(2013)，社会科学文献出版社2012年版。
② 何艳玲：《中国国务院（政务院）机构变迁逻辑》，载《公共行政评论》，2008年第1期。
③ 沈原：《又一个三十年？转型社会学视野下的社会建设》，载《社会》，2008年第3期，第15—23页。

体化。从这个意义上来说，笔者将发展型户籍改革看成地方政府注重市场要素的体现，兼顾型户籍改革则是地方政府注重社会建设的体现。从发展型户籍改革到兼顾型户籍改革的转型，这个过程体现了地方政府积极回应国家建设目标的调整，从注重调节政府与市场的关系，逐步演化为注重调节政府与社会的关系。

（二）发展型户籍改革越来越难以实现地方政府偏好

发展型户籍改革越来越难以实现地方政府的偏好，这是地方政府不得不逐步转型的现实原因。如上所述，地方政府主导的户籍改革呈现鲜明的发展型政府的特点，地方政府依靠户籍调整汲取市场稀缺要素。但是，发展型户籍改革带来偏好替代问题：强调吸引资本和稀缺劳动力，忽视普通劳动者的户口诉求。在20世纪90年代，发展型户籍改革曾经一度实现了地方政府汲取资源的目的，直接或间接地促进了地方产业和房地产业的发展。但是，进入21世纪之后，发展型户籍改革越来越难以实现地方政府偏好。第一，随着户口福利的下降，民众对城市户口的需求降低，地方政府越来越难以通过发展型户籍制度汲取资源。这可以从各地积分入户制改革并没有受到民众欢迎得以体现。例如，A省东莞市很多镇街的积分入户名额无人问津，小榄镇有441个落户名额，只用了65个，空缺率85%，古镇的入户指标空缺率高达95%。① 第二，在开放时代，随着公民素质的提升，民众争取公民权的诉求开始增加②，人们从不去登记户口，转而寻求制度化的渠道表达诉求，甚至可能出现非制度化的户口权利诉求行为。所有这些压力都推动地方政府改变户籍制度改革的方式，寻求一种能够兼顾地方发展和社会公平的户籍改革方式。

---

① 《广东中山积分入户城区竞争激烈镇区指标空缺》，载《深圳商报》，2010年6月18日。
② Dorothy J. Solinger, *Contesting Citizenship in Urban China: Peasant Migrants, the State, and the Logic of the Market*, Berkeley: University of California Press, 1999.

（三）兼顾型户籍制度改革是对发展型户籍改革的超越

兼顾型户籍改革是对发展型户籍改革的一种批判、反思基础上出现的户籍制度改革的新形式。它从改革内容、改革主体和改革方式三个方面实现对发展型户籍改革的超越。从改革目标来看，针对发展型户籍改革只回应地方发展，忽视社会公平诉求的问题，兼顾型户籍改革不仅回应地方发展，而且兼顾社会公平。从改革主体来看，针对发展型户籍改革常常由单一部门推动，存在严重的碎片化的问题，兼顾型户籍改革则通过科层权威，逐步打破部门碎片化对改革的负面影响，积极推进户籍改革主体的一体化。从改革内容和方式来看，针对发展型户籍改革实行以户口许可制为核心的单兵突进的改革，兼顾型户籍改革则采取城乡统筹的发展思路，对城市和农村户籍制度同时进行改革。它实现了从碎片化到一体化的演进。从改革结果来看，针对兼顾型户籍改革进一步强化了基本公共服务的区域差异和人群差异的问题，兼顾型户籍改革则通过向户籍管理中弱势的农业人口赋权，将其纳入基本公共服务的范围。因此，从理论形态上来说，兼顾型户籍改革是对发展型户籍改革的纠正和演进，是地方政府对国家注重社会建设的回应。

二、从兼顾型户籍改革到公平型户籍改革

尽管兼顾型户籍改革是对发展型户籍改革的超越和发展，但是，兼顾型户籍改革在回应社会公平需求的同时，也强调地方利益，兼顾型户籍改革具有不可克服的问题，它只是户籍制度改革的中间状态。

（一）户籍改革的属地化

属地化是中国地方政府管理的显著特征。目标责任制进一步固化了地方政府属地化管理的特征。在实行"谁主管，谁负责"的原则下，地

方政府只会回应本辖区内民众的需求，而不会向辖区外民众开放入户门槛。在 C 市兼顾型户籍改革，地方政府只允许本省农业户口申请户口迁移，没有包括外省户口，这就使得这些改革只局限在某一个区域。由于各地改革进程和改革方式不一样，中国地方化户籍制度改革造成户籍制度改革的地区差异，这些差异是改革的产物，又进一步阻碍全国性基本公共服务一体化的改革进程。

（二）户籍改革中工具理性和价值理性的冲突

从社会的角度来看，民众期望户籍制度改革能够实现自由流动和权利平等，社会期待的是公平型户籍制度改革，消除户籍制度在资源分配上的作用，实现基本公共服务均等化这一价值理性。但是，在地方政府的角度来看，兼顾型户籍改革虽然在一定程度上回应了社会需求，但是，在财税等相关制度不配套的情况下，这种改革仍然带有一定的发展型改革的特征。例如改革对象局限于本地民众，改革目的在于增加地方可使用土地等。

为了走出户籍制度改革的属地化和工具化的困境，下一步户籍改革需要从兼顾型改革转型为公平型改革，实现工具理性和价值理性相结合，强调户籍改革的公平和公正，实现基本公共服务常住人口全覆盖。

总而言之，发展型户籍改革和兼顾型户籍改革既具有差异性又具有理论传承。一方面，发展型户籍改革和兼顾型户籍改革在改革动力、改革主体、改革内容和方式、改革结果上存在鲜明的差异。另一方面，发展型户籍改革和兼顾型户籍改革又有理论传承，兼顾型户籍改革是对发展型户籍改革的超越和发展。但是，兼顾型户籍改革仍然面临改革属地化和工具理性等问题，这就是说兼顾型户籍改革仍然存在巨大的改革悖论，它不是户籍制度改革的最终形态，而只是中间的状态。公平型户籍改革才是户籍制度改革的最终状态。下一步户籍制度应该如何改革？这是下一章要讨论的问题。

第七章　户籍制度改革的政策建议

第二章和第四章分别讨论了发展型和兼顾型户籍制度改革面临的诸多困境。一方面，发展型户籍制度改革面临的根本性困境是改革具有工具理性，而非价值理性，出现工具理性替代价值理性的问题，导致偏好替代和改革碎片化。另一方面，兼顾型户籍制度改革面临的根本困境则是地方探索与缺乏顶层设计的矛盾，导致改革面临体制和机制的困境。

2013年十八届三中全会以后，国家对户籍制度改革进行了明确地表述，《国务院关于进一步推进户籍制度改革的意见》逐步提出了一系列的顶层设计，地方政府也积极响应，由此推动了新一轮的户籍制度改革。2016年国务院出台了《国务院关于推进中央与地方财政事权和支出责任划分改革的指导意见》（国发〔2016〕49号），进一步深化以财税制度改革为核心的户籍制度改革。不同于以往的户籍制度改革，此次户籍制度改革由国家主导推进，改革目标是常住人口基本公共服务全覆盖；改革方式是完善居住证和积分入户制度；提高城镇化率。但是，从目前的执行情况来看，最新一轮的户籍制度改革在工具理性和价值理性、中央政府的改革意愿和地方政府的执行之间仍然存在一定的张力。户籍制度改革如何走出如上两类困境呢？国家应如何推进下一步户籍制度改革？本书梳理国外户口登记管理制度对我国的启示，并基于实证研究的基础，从基本原则、总体目标和具体对策三个方面，分析优化下一步户籍制度改革的政策建议。

第一节 国外人口登记管理制度对我国户籍改革的启示

户口登记关系着一个国家对人口数量、居住规模等各项指标的了解和考察,因此,户口登记是各个国家普遍的一项制度,虽然国外人口登记管理制度是一项民事制度(civil registration),不具有政治管制的功能,与我国户籍制度具有较为鲜明的区别,但是,在如何回归户籍制度的人口登记功能上,国外人口登记管理制度对我国户籍制度改革有重要的借鉴和启示意义。因此,本书梳理国外人口登记管理制度的基本特征,探讨其对中国户籍制度改革的启示。

一、人口登记成为国内的法律准则

世界各国都十分重视人口登记制度,并通过法律的形式对人口登记进行规定。例如英国颁布《出生和死亡登记法》(1986年)、法国有《身份证书登记法》(1996年)、瑞士实行《公民身份登记法》、日本颁布《户籍法》(2000年)和《户籍法实施细则》(2000年)、新加坡颁布《国民登记法》。各国关于户口登记的法律规定国家依法进行人口登记,公民有义务配合国家的人口登记工作。

比较而言,中国实行严格的户口管理制度,即户籍制度不仅具有人口登记功能,而且具有户口迁徙和户口福利分配的功能,但是,中国一直没有《户籍法》,目前户籍制度实施的依据是1958年国务院颁布的《中华人民共和国户口登记条例》。改革开放之后,国家的经济和社会条件发生了很大的变化,事实上的人口流动已经相当频繁和普遍,但是,流动人口难以进行户口迁徙,较难享受到居住地均质的基本公共服务,也没有动力在居住地进行居住登记,给人口登记、计生等管理带来了挑战,《户口管理条例》已经不适应变革社会的需要。在借鉴国外的经验的基础上,本书建议我国废除《户口登记管理条例》,颁布《户籍法》,通过法律保障人口登记工作的开展。

二、户籍是进行人口登记的行政管理制度

国外的人口登记管理制度是一项行政管理制度,它的管理主体是一般性的行政管理部门,登记内容围绕人口信息而展开,不与福利挂钩。

(一) 管理主体是一般性行政管理部门

不同于我国公安部门进行户口登记管理,国外大多由一般性行政管理部门负责户口登记。例如英国的人口登记由登记官负责管辖地区人口出生和死亡的登记,另有登记监督官负责监督各个登记官,主管大臣是卫生大臣[1];日本由法务大臣负责监督人口登记工作;波兰的户籍登记由内务部部长负责监督[2]。

(二) 登记内容为人口登记,不与福利挂钩

第一,国外的人口登记制度的内容围绕公民的身份而展开,它是确定公民基本信息的行政管理制度。例如,英国的人口登记管理制度主要包括出生登记和死亡登记。法国的身份登记制度包括出生登记、结婚登记、死亡登记。《德国户籍法》规定户籍登记的主要任务是"确认和证明居民的身份和住所"[3]。

---

[1]《英国出生和死亡登记法》(1986年),见武冬立:《国外及我国港澳台地区人口登记户籍管理法律法规选编》,中国人民公安大学出版社2004年版,第3—20页。

[2]《波兰户籍登记法》(1986年),见武冬立:《国外及我国港澳台地区人口登记户籍管理法律法规选编》,中国人民公安大学出版社2004年版,第106—122页。

[3]《德国户籍法》(1994年),见武冬立:《国外及我国港澳台地区人口登记户籍管理法律法规选编》,中国人民公安大学出版社2004年版。

第二,人口登记内容十分详细。例如,德国户籍登记事项包括19项:姓、曾用姓、名、博士学位、教名和艺名、出生日期和出生地、性别、就业和失业、子女的父母或者其他法定代理人、国籍、所属合法宗教团体、现住址及原住址、主要住所及次要住所、迁入、迁出日期、婚姻状况、配偶、未满27周岁的子女、身份证、护照的颁发机关、颁发日期和有效期限、冻结档案资料、死亡日期和死亡地。同时还可以记载公民的选举权、纳税资料等信息,规定十分详细。美国人口登记的内容也十分全面,而且和个人信用记录结合起来,实行联网管理。个人任何一方面的失信记录,将使得其难以从银行贷款、租房等,有效地保障公民的诚信行为。①

三、依靠法制和市场的方式调节人口流动

在人口调节上,法制的方式是指《户籍法》规定个人流动到一个地区后,必须要去当地登记;市场的手段是指当大量人口流动到某一地区时,该地区的房价、物价就有可能上涨,政府征收的消费税、财产税也有可能有所变化,此时,不能承受物价上涨的居民最先离开这个地区,这就是市场调节手段。② 例如,美国加州尔湾市(Irvine)拥有全美排名很靠前的学区,也有三个服务质量很好的养老院,本市适龄学童可以免费享受幼儿园到初中的优质教育,本市居住地老人可以免费或低价(例如爱心午餐)享受日间养老服务。相反,距离尔湾市10分钟车程的圣塔安娜市(Santa Anna)不仅学区和养老服务都比较差③,而且中心城区

---

① 2016年6—8月,笔者在美国加州尔湾市的参与式观察。
② 《国外户籍制度借鉴与中国户籍制度比较》,载《上海综合经济》,2001年第10期。
③ "听说圣塔安娜市的养老服务机构有虐待老人的问题。因为他们的机构都是社会办的,不是政府。"尔湾市农场养老中心(Ranch Senior Center)负责人的访谈,该机构是尔湾三个养老机构中历史最悠久、规模第二大的机构,该市建立后就建有该养老中心。该负责人是尔湾市政府聘请的雇员,访谈日期:2015年7月6日。

是黑人和墨西哥人的聚居地，治安较差。由于美国实行先迁徙，后登记的制度，实行事后确认的迁徙制度，允许人口自由流动，政府不通过户口限制居民的迁徙，因此，居民完全可以从圣塔安娜市迁往尔湾市，购买或租住该城市的住房就可以享受优质的教育和养老服务。但是，由于尔湾市的房价（包括租房的价格）是圣塔安娜市的好几倍，物价也更高①，因此，缺乏经济实力的居民只能租住圣塔安娜市，无法享受尔湾优质的福利资源。房价、物价等市场因素影响居民的居留行为，这就是市场方式调节人口流动。市场调节手段使得个人拥有迁徙的自由，但是，个人的迁徙自由受其经济能力的限制：越富者，越有自由迁徙的自由；经济条件越受限者，越难有迁徙自由。

比较而言，中国实行迁徙事前审批制度，个人只有获得了户政机关的迁移证，才能迁移户口。以城市规模为标准，中国通过分层级的户籍管理调控人口流动，对于大城市和特大城市，严格限制户口迁徙。但是，事实上，随着市场经济的发展，人口实际上发生了流动，但是，户口却不能迁徙，人户分离给政府部门的管理带来了巨大的挑战。例如，公安部门难以了解人口实有情况，甚至出现统计局、公安局提供的人口数据不一致的现象。②卫计部门难以了解居住地妇女的计生情况等，带来了管理的难题。

由上可见，国外户口登记有国家法律依据，登记机关是一般行政机关，户籍管理是对公民身份的登记，与福利无关；国家通过法律和市场调节人口流动，不依据户籍调控人口。在借鉴国外户籍管理制度的基础上，我国户籍制度的改革应从强化人口登记、剥离户口福利、推进户口迁移三个方面展开。

---

① "尔湾大华超市的价格一年比一年高。这里（汽车）的油价都比圣塔安娜市贵，而且一年比一年高。"尔湾市陪读妈妈陈女士的访谈，访谈日期：2016年4月3日。
② D市GC区区委办公室主任的访谈，访谈日期：2013年7月5日，访谈编号：20130705。

第二节　我国户籍制度改革的基本原则

针对 G 市发展型户籍制度改革出现的工具理性替代价值理性的问题，C 市兼顾型户籍制度改革出现的地方实践探索与中央顶层设计的张力，本书建议新一轮户籍制度改革的基本原则至少包括如下三个方面：工具理性与价值理性相结合、顶层设计与地方实践相结合、利益调整与有序改革相结合。

一、工具理性与价值理性相结合

韦伯最早从手段—目的的角度，提出理性的两种类型：工具理性和价值理性。[1] 工具理性更为强调治理绩效、效益和地方发展，价值理性则更为强调公平和公正。在户籍制度改革的实践中，工具理性论更关心户籍制度改革给地方经济和社会发展带来的效益，例如地方 GDP 的增长、城镇化率的提高等；价值理性则注重福利剥离、基本公共服务一体化、权利平等、价值公正。[2] 下一步户籍制度改革的方向是：以价值理性为本，价值理性指导和约束工具理性。

（一）社会公平优先，逐步实现基本公共服务均等化

如本书第二章所述，C 市发展型户籍制度改革的案例显示，发展型户籍制度改革出现工具理性替代价值理性的问题，即地方政府将户籍制度改

---

[1] 王彩云、郑超：《价值理性与工具理性及其方法论意义——基于马克思·韦伯的二分法》，载《济南大学学报》（社会科学版），2014 年第 2 期。

[2] 涂一荣、鲍梦若：《超越工具理性：我国户籍制度改革的实践反思》，载《华中师范大学学报》（人文社会科学版），2016 年第 4 期，第 11—18 页。

革作为增加地方效益的工具，重视政府的发展效益，忽视民众的公平诉求；重视流动性强的要素，忽视流动性弱的要素；重视汲取资源，忽视福利供给。发展型户籍制度改革虽然能在一定程度上实现地方政府的发展诉求，但是，它带来民众和政府之间的冲突，降低社会对国家的信任；从长远来看，地方政府通过户籍制度改革获得稀缺资源的空间已经十分狭小。与此同时，强大的社会压力逼迫政府进行户籍制度改革。在这样的背景下，政府应该以社会公平作为户籍制度改革的理念，处理好户籍制度改革中社会公平与地方发展之间的关系，实现工具理性和价值理性的结合。

下一轮户籍制度改革以价值理性为核心，这就要求户籍制度改革需要逐步实现基本公共服务的均等化。国家选择社会公平作为户籍制度改革的理念的话，那么，国家应该推行赋权型户籍制度改革，让户籍制度中弱势群体能够获得公平的户口福利，这部分户口包括农业户口①、小城镇户口、生活在大城市的外地户口等。国家通过向他们赋权的方式，解决户籍制度中弱势群体的基本公共服务需求，拉平户口福利差异，逐步实现基本公共服务均等化。为了实现基本公共服务均等化，下一轮户籍制度改革需要达至如下几个实现条件。第一，中央政府成为户籍制度改革的主体。考虑到各省的差异，在具体的实施过程中，省政府应该成为辖区内户籍制度改革的推动者。第二，改革的目标是基本公共服务均等化，这就要求相应的农村产权改革和财税配套制度改革，国家要承担基本公共服务的主要支出责任，这样才能拉平不同财政实力的区域之间的公共服务差距。

（二）通过社会公平型户籍制度改革实现地方发展的绩效

一些地方政府认为全面放开户籍制度将带来人口的大量涌入，增加地方政府在福利支出上的财政负担，从而反对社会公平型户籍制度改

---

① 虽然很多城市已经取消了农业户口和非农业户口之间的户口称呼的差异，但是，已有的改革只是户口登记一体化，还没有实现基本公共服务一体化。

革。这种观点把社会公平与地方发展对立起来，只看到了人口涌入带来城市负担这一面，忽视了人口的人力资源特征。作为劳动力，人口可以创造财富，并通过缴纳税收、为城市发展提供人力资源支持等方式为城市的发展做出应有的贡献。与此同时，社会公平式的改革有利于提高社会对于政府的合法性认同，从长远来看，有利于提高地方对人口的吸引力，实现人口在不同城市之间的自由流动，实现资本、劳动力在不同区域之间的流动。从这个意义上来说，公平型户籍制度改革或将为地方发展提供持续的动力。

总之，下一步户籍制度改革需要以价值理性统领工具理性，以社会公平作为户籍制度改革的总体理念，强调缩小户口福利、实现流动人口基本权益、实行基本公共服务均等化作为总体目标。

二、顶层设计与地方实践相结合

从 1984 年至今，中央政府给地方政府下放了户籍制度改革的自主权限，户籍制度改革基本都由地方政府自行推进。这样的户籍制度改革有利于各个地方政府根据本地的实际情况，自行探索适合本地区发展的户籍制度改革模式。但是，由于缺乏顶层设计，地方政府对户籍制度改革的自主探索和实践面临诸多体制和机制的问题。从 C 市户籍制度改革的实然情况来看，兼顾型户籍制度改革面临不断增加的福利支出成本与财政投入难以持续的困境，户籍制度改革的主体迫切需要从地方上升到中央。与此同时，从应然的角度来看，中央政府应该成为新一轮户籍制度改革的主体。在价值理性优先于工具理性的户籍制度改革中，社会公平优先于地方效益，这就需要一系列配套制度改革，这些制度的改革权限都在中央政府。因此，下一步户籍制度改革需要依托中央顶层设计，实现顶层设计和地方实践相结合。

户籍制度改革的主体由地方上升到中央，中央政府需要承担哪些事务呢？笔者将户籍制度改革看成一项公共政策，中央政府要承担决策和监督的功能，地方政府承担政策执行的功能。一方面，在政策出台上，中央政府要出台和细化户籍制度的改革方案；另一方面，中央政府要监督和督促地方户籍制度改革的进度和成效。

（一）中央政府出台细化户籍制度改革的细化方案

在如何推进户籍制度改革这个问题上，国务院有共识但是尚未形成具体的操作规则。国务院提出要以居住证为平台，逐步实现常住人口公共服务全覆盖。2014年，中央城镇化工作会议进一步把户籍制度改革的首要目标表述为"促进有能力在城镇稳定就业和生活的常住人口有序实现市民化"①。《关于2015年深化经济体制改革重点工作意见》提出"出台实施居住证管理办法，以居住证为载体提供相应基本公共服务"②。公安部2012年底向国务院报送《居住证管理办法（送审稿）》，"国务院法制办公室广泛征求了中央有关单位、省级地方人民政府及部分城市人民政府的意见，会同公安部反复研究修改形成了《居住证管理办法（征求意见稿）》"，该办法提出"县级以上人民政府应当加强人口服务管理工作，建立健全以居住证为载体的基本公共服务提供机制"③，并于2014年12月份开始就《居住证管理办法（征求意见稿）》向社会各界征询意见。然而截止到2015年10月，《居住证管理办法》仍未出台。由于国务院对户籍制度改革没有明确的细则规定，因此，地方政府积极响应国务院提出的户籍制度改革，但是更多聚焦于完善户口管理和落户

---

① 《公安部：2020年形成新型户籍制度——公安部副部长黄明就加快户籍制度改革接受专访》，载《当代社科视野》，2014年第1期。
② 国务院：《国务院批转发展改革委关于2015年深化经济体制改革重点工作意见的通知》（国发〔2015〕26号），2015年5月8日。
③ 国务院法制办公室：《关于〈居住证管理办法（征求意见稿）〉公开征求意见的通知》，2014年12月4日。

政策，较少实质性推动落实常住人口基本公共服务全覆盖的改革。地方政府尚没有实质性推动常住人口基本公共服务全覆盖。地方政府提出的户籍制度改革方案中大多只提到"取消农业户口和非农业户口的身份区别""实行居住证制度"，但是对城乡基本公共服务均等化的改革大多"语焉不详"。① 例如陕西提出要在全省推进统一的城乡户口登记制度，西安市提出要取消农业户口和非农业户口性质区别，统称居民户口；这些都是人口登记和管理的改革。对于如何保障常住人口基本公共服务全覆盖，谁来承担财政支出责任，各地所提甚少。G市户籍制度改革的实施方案提出了各项改革的牵头部门，涉及多个政府部门，并指出"建立健全由政府、企业、个人共同参与的来穗务工人员成本分担机制"②，已算目前户籍制度改革实施方案中走在比较前列的方案。

有鉴于此，笔者建议中央尽快出台如何进一步完善常住人口基本公共服务均等化的户籍制度改革的细则。第一，明确居住证制度和完善常住人口公共服务全覆盖之间的关系。居住证制度是基础，是户籍制度改革的第一步，但不是户籍制度改革的全部；常住人口基本公共服务均等化是户籍制度改革的关键内容。第二，在户口迁徙和户口福利方面，笔者建议优先解决已经进城的流动人口的入户和福利问题，逐步推进基本公共服务的全覆盖。第三，在户口登记一体化方面，本书建议进一步推进户口登记一体化和信息化。

（二）中央政府需要调整现有的官员激励机制，增加公平型户籍制度改革的测量指标

中央政府对户籍制度进行顶层设计，地方政府仍然是户籍制度改革的执行主体。为了降低地方政府自利性对户籍制度改革的影响，中央政

---

① 潘强：《"地方版"户改启动，取消歧视消除差别》，载《中国改革报》，2015年6月8日，第9版。
② G市人民政府：《关于进一步推进户籍制度改革的实施意见》，2016年2月22日。

府需要监督地方政府对户籍制度改革的落实和执行情况。中央政府需要调整现有的官员激励机制,增加公平型户籍制度改革的测量指标。目前,中央政府出台的测量指标是城镇化率。国务院的多个文件显示中央政府推进户籍制度改革的测量指标是提高城镇化率。2014 年,国家出台的《国家新型城镇化规划(2014 - 2020 年)》指出了城镇化率对于现代化、经济持续发展、产业结构转型升级、解决农业农村农民问题、推动区域协调发展和促进社会全面进步的重要性。但是,在城镇化过程中,从 1978 年到 2012 年,常住人口城镇化率与户籍人口城镇化率的差距不断拉大,2012 年常住人口城镇化率为 52.6%,户籍人口城镇化率只有 35.3%左右,两者差距为 17.3%(见图 7.1)[1],户籍人口城镇化率不仅低于发达国家 80%的平均水平,也低于发展中国家 60%的平均水平。[2] "被统计为城镇人口的 2.34 亿农民工及其随迁家属,未能在教育、就业、医疗、养老、保障性住房等方面享受城镇居民的基本公共服务……城镇化滞后于工业化。"[3] 在此背景下,国务院提出"加快转变城镇化发展方式,以人的城镇化为核心,有序推进农业转移人口市民化"[4],并设定了指标,到 2020 年,让 1 亿左右农业转移人口和其他常住人口在城镇落户,常住人口城镇化率达到 60%左右,户籍人口城镇化率达到 45%左右,两者差距缩小 2 个百分点左右。[5] 各省也相应制定了本省城镇化率的指标,例如河南省提出到 2020 年"全省实现城镇化率 56%"。[6] 河北

---

[1] 《国家新型城镇化规划(2014—2020 年)》,人民出版社 2014 年版。
[2] 刘军涛、赵艳红:《20 省出台户籍制度改革意见,居住证"成色"不一》,人民网,2015 年 7 月 23 日,http://politics.people.com.cn/n/2015/0723/c1001 - 27346184.html,访问时间:2015 年 10 月 8 日。
[3] 同上。
[4] 同上。
[5] 同上。
[6] 屈芳、李凤虎:《我省深化户籍制度改革实施意见出台户籍制度改革的发展目标》,载《河南日报》,2014 年 11 月 13 日第 1 版。

提出实现户籍人口城镇化率为45%，青海提出户籍人口城镇化率为50%以上，江苏省则提出将常住人口城镇化率和户籍人口城镇化率缩小到5%。①

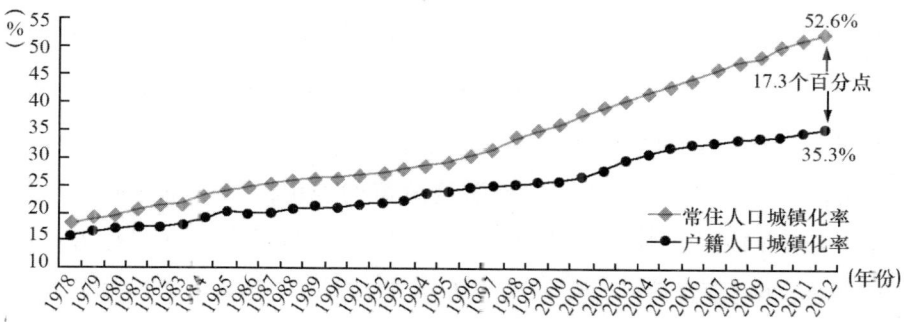

图7.1 常住人口城镇化率与户籍人口城镇化率的差距

资料来源：2014年3月16日出台的《国家新型城镇化规划（2014—2020年）》。

但是，城镇化率仍然是一个工具理性的指标，而没有体现价值理性；它关注的是地方发展和城市化，而没有回应社会公平，没有回应流动人口的权利问题。因此，公平型户籍制度的考核指标不能仅仅只包括城镇化率，应该建立户口登记、户口迁徙、户口福利三位一体的评价指标。具体而言，在户口登记上，要体现公安机关对实有人口的及时掌握度、增加不同职能部门之间人口信息的共建和共享；在户口迁徙上，逐步增加市场机制对人口流动的调节作用，减少行政力量的干预。在户口福利上，增加基本公共服务均等化、流动人口权益保障的指标比重，着实推进公平导向的户籍制度改革。

---

① 刘军涛、赵艳红：《20省出台户籍制度改革意见，居住证"成色"不一》，人民网，2015年7月23日，http://politics.people.com.cn/n/2015/0723/c1001-27346184.html，访问时间：2015年10月8日。

三、利益调整与有序改革相结合

户籍制度改革是一项利益调整和重组的过程，涉及多元利益格局之间的平衡问题，如果不能有效协调不同利益主体之间的利益关系，就有可能出现改革体制机制不畅通的问题，例如 C 市户籍制度改革出现的条条与块块之间的矛盾、户籍改革和土地制度滞后的矛盾等。这些问题若不能有效协调，就可能阻碍户籍制度改革的进程，影响经济和社会发展，甚至导致社会不稳定，因此，户籍制度改革需要处理好利益调整与有序改革的关系。

（一）户籍制度改革需要处理好特大（大）城市和中小县城的改革节奏

对于中小县城来说，由于户口含金量低，因此，政府较为容易实现一元化的户口登记和管理，但是，这并不是中小县城户籍制度改革的目标。相反，对于中小县城来说，户籍制度改革的目标应该是逐步提高基本公共服务的数量和质量，这有赖于国家财政在这些地区的基本公共服务上承担更多的支出功能。另一方面，对于特大（大）城市来说，由于户口含金量高，社会对户口的需求大于政府每年供给的户口指标，特大（大）城市的户籍制度改革的动力不足。对于特大（大）城市而言，中央政府需要切实推动和落实其户籍制度改革的进度，逐步放宽积分入户制的入户条件，使入户条件从资本和高端/稀缺劳动力逐步转型为居住条件、社保条件等基础性条件。

（二）户籍制度需要处理好农村户籍、农民工、城市户籍三者的关系

从人群来看，户籍制度涉及的利益格局大致可以划分为农村户籍、流动人口（包括农民工）和城市户籍三类人群。户籍制度改革需要处理好三类人群的户口福利关系。其一，政府应该优先处理已经在城市工作的外来务工人员的户籍需求。相对于农村户籍和城市户籍来说，流动人口是介于两者之间的一种户口形式，户籍制度改革需要回应流动人口的户口利益诉求，这是因为这个群体已经在城市生活和工作，但是他们因为没有城市户口，较难享受工作所在地政府供给的义务教育等公共服务，城市政府需要回应流动人口的利益诉求，将城市基本公共服务覆盖到这些外来务工人员的身上。但是，在基本公共服务属地化管理的前提条件下，城市政府并没有动力为外来人口的基本公共服务买单，这需要中央政府或省级政府承担基本公共服务支出的责任，逐步实现费随人走的财政体制，保障流动人口与常住人口的基本公共服务均等化。其二，对于农村户籍人口来说，政府应在探索农村土地制度改革的基础上，充分尊重农民的转户意愿，切不可出现"以社保换土地""以户口置换土地"这类改革的异化现象。其三，对于城市户籍人口来说，户籍制度改革应该注意到不同城市、同一城市内部不同城区户籍人口所享受的基本公共服务的差异。城市户籍制度改革需要剥离户口与福利的关系，这依赖市场经济的进一步推进和发展，逐步实现基本公共服务的全面覆盖。

（三）户籍制度改革需要处理好户籍制度改革与其他配套制度改革之间的关系

户籍制度改革是一项大户籍改革的概念，它涉及其他各个方面，如果缺乏其他配套制度改革的支持，户籍制度改革就可能出现 C 市兼顾型户籍制度改革面临的困境：条条与块块之间的矛盾、户籍改革和土地制度滞后的矛盾等。如上所述，在这一轮户籍制度改革中，地方政府之所以对常住人口基本公共服务全覆盖没有实质性的思路，主要原因在于国务院颁布的户籍制度改革虽然提到了加强基本公共服务财力保障，但是目前尚没有推进财税制度改革，省市地方政府在观望和等待中央政府对户籍制度改革步骤的配套设计。① 因此，在进行户籍制度改革的同时，中央政府还需要在全国范围内积极推进配套制度的改革：财税制度改革和农村土地制度的探索。

（四）户籍制度改革需要处理好部门协同的问题

户籍制度改革是一项涉及各类职能部门的改革，户籍制度改革需要处理好部门协同的问题。一方面，户籍制度改革需要处理好条条与块块之间的矛盾。条条是指上下对口的职能部门，块块是指横向地方政府。第四章的分析指出，在 C 市户籍制度改革中，户籍制度面临条条与块块的冲突，地方政府制定的政策与国家部委的法规文件相冲突。要解决这个冲突，户籍制度改革需要依托国家顶层设计进行配套制度的改革。另一方面，从同级政府部门内部来看，户籍制度涉及各个职能部门，需要处理好同类职能部门之间的协调问题，避免出现如第二章所分析的户籍制度改革的碎片化问题。为了避免出现户籍制度改革的部门推诿问题，建议户籍制度改革的主推部门建立有力的部门协同机制，同时建立配套的财政支持。

第三节 我国户籍制度改革的总体目标

新一轮户籍制度改革的总体目标是什么呢？户籍制度具有三项功能：户口登记、户口迁徙和户口福利。因此，户籍制度改革也是围绕这三项功能所进行的改革，具体而言，下一轮户籍制度改革的基本目标是：剥离户口福利、逐步放开户口迁徙、强化人口登记。

---

① 潘强：《"地方版"户改启动，取消歧视消除差别》，载《中国改革报》，2015 年 6 月 8 日，第 9 版。

一、剥离户口福利

不同于其他国家的户籍制度，中国户籍制度是进行户口利益分配的基础性制度。城乡、不同城市、同一城市不同区县之间的基本公共服务的供给不一样，由此导致不同户口类型在义务教育、高考权、社会保障等方面存在明显的福利差别。新一轮户籍制度改革需要剥离户口与基本公共服务的关系，让户籍制度不再成为利益和基本公共服务分配的基础性机制，回归人口登记和管理的行政性特征。剥离户口福利包括两个步骤：一是通过赋权式改革，消除区域基本公共服务差异，逐步实现基本公共服务均等化，这是实现户口剥离的关键环节。二是逐步推行户口与福利脱钩。

（一）通过赋权式改革，消除区域基本公共服务差异

按照所享受的户口福利的大小，笔者将享受户口福利者分为强势群体和弱势群体，强势群体是指户口福利向其倾斜的群体，弱势群体是指户口福利没有或很少覆盖的群体，例如农村户籍人口、城市流动人口。需要说明的是，强势群体和弱势群体是相对而言的，例如，相对于农村户籍居民来说，城市户籍居民所享受的福利要更高一些。但是，在同一个城市，中心城区的公共服务，例如教育资源更为充足，中心城区的居民所享受的福利高于远郊居民。剥离户口福利有可能出现四种情况：第一种情况，剥离户口福利后，强势群体和弱势群体所享受的公共服务都有所提高；第二种情况，政府通过向弱势群体赋权的方式，提高弱势群体所享受的福利，但是强势群体所享受的户口福利不变；第三种情况，弱势群体所享受的福利得到了提升，但是这损害了强势群体所享受的户口福利；第四种情况，强势群体和弱势群体所享受的户口福利都有所下降。前两种情况是最理想的状态，在第三种情况中，强势群体的反对可

能导致改革搁浅；在第四种情况下，强势群体和弱势群体的反对可能导致改革受阻。因此，剥离户口福利需要前面两种情况，通过赋权式改革，在强势群体利益提高或至少不改变的前提下，提高弱势群体的户口福利，消除区域基本公共服务差异。这就要求国家改革财税制度，实行按人头，而不是按照区域划拨的基本公共服务费用，并逐步推进费（公共服务支出人均费用）随人走，如此才能有效解决基本公共服务属地化供给与辖区内人口流动的悖论。

（二）户口与基本公共服务脱钩

户口与基本公共服务脱钩是指户口不再成为居民享受基本公共服务的前置性条件，换言之，辖区内每一个居民都能享受均质化的基本公共服务。这就要求基本公共服务均质化，否则人口容易涌入福利高的地区，加剧福利高的地区的福利支出成本，形成福利洼地。因此，户口与基本公共服务脱钩，这有赖于基本公共服务的均等化。从目前的条件来看，下一步的户籍制度改革应该逐步剥离户口与已经基本实现均质化的公共服务的关系，社保和医保是突破口。建议在社保、医保上建立省级统筹机制，即省内各市县之间实现社保、医保的自由流转。在条件成熟的情况下，逐步实现社保、医保在全国范围内的统筹和自由流转。另一方面，针对社会普遍关注的义务教育资源的分配上，建议逐步取消户口作为义务教育资源享受的前置性条件。但是，这项改革需要依托财税制度改革，中央政府承担义务教育的主要支出责任，逐步减少区域间义务教育的不均衡，如此才有可能逐步剥离户口与义务教育资源的关联。

二、逐步放开户口迁徙

（一）积分入户制只是户籍制度改革的中间形态

社会各界期待户籍制度改革的目标是"保证人口和劳动力在全国范

围内的自由流动"①。但是,2013 年以后所推行的户籍制度改革仍然部分沿用积分入户制改革的思路。从已有积分入户制改革的实际情况来看,积分入户制只是户籍制度改革的中间阶段,它不是户籍制度改革的最终形式。

第一,分类改革是户籍制度改革的一贯原则。分类改革是指国家按照城市类型实施不同户口管制。党的十八届三中全会提出,"加快户籍制度改革,全面放开建制镇和小城市落户限制,有序放开中等城市落户限制,合理确定大城市落户条件,严格控制特大城市人口规模",这就对户籍制度改革的进度做了分类处理。但是,这样的分类处理并不能适应时代的发展。2013 年所做的分类处理的改革与 1997 年的改革文件相似,并没有往前推进。1997 年,国务院同意公安部发布的《小城镇户籍管理制度改革试点方案》就已经明确提出放开小城镇户籍管理,但是"继续严格控制大中城市特别是北京、天津、上海等特大城市人口的机械增长"。② 2013 年国务院将居住证作为户籍制度改革的切入口,并把积分入户制作为居住证转为常住人口的工作机制。《居住证管理办法(征求意见稿)》提出居住证转为常住户口的条件可以由居住证发放地结合辖区实际,设置积分分值,其中"城区人口 500 万以上的特大城市应当根据综合承载能力和经济社会发展需要,以具有稳定就业和稳定住所、参加社会保险年限、连续居住年限等为主要指标,建立完善积分落户制度,合理设置积分分值。"③ 因此,十八届三中全会之后的户籍制度改革只是"促进有能力在城镇稳定就业和生活的常住人口有序实现市民化"④,从这个意义上来说,积分入户制仍是一种条件准入的落户形式。

---

① 彭希哲、赵德余、郭秀云:《户籍制度改革的政治经济学思考》,载《复旦学报》(社会科学版) 2009 年第 3 期,第 25 页。
② 国务院:《小城镇户籍管理制度改革试点方案》(国发〔1997〕20 号),1997 年 6 月 10 日。
③ 国务院法制办公室:《关于〈居住证管理办法(征求意见稿)〉公开征求意见的通知》,2014 年 12 月 4 日。
④ 《公安部:2020 年形成新型户籍制度——公安部副部长黄明就加快户籍制度改革接受专访》,载《当代社科视野》,2014 年第 1 期。

第二，按照城市大小分类推行积分入户制可能不能实现转移农业人口的目标。这是因为，从人口流动的实际情况来看，建制镇、小城市、中等城市大多是人口流出地，而大城市尤其是特大城市成为人口流入地。人们对大城市尤其是特大城市的户口有需求，对中小城市户口没有需求。例如，从 2000 年到 2010 年，小城市的数量减少了差不多 100 个，导致小城市吸纳的人口比重下降 8%。① 但是，由于缺少财税制度改革，大城市尤其是特大城市仍然实行限制入户指标的方式推进户籍制度改革，这就会导致愿意放开的城市吸引不了人口，不愿意放开的特大城市吸引了大量流动人口，但是无法实现这些人口的户口迁移，从而影响国家转移农业人口的总体目标。②

（二）从积分入户制到逐步放开户口迁移

积分入户制并没有太多创新，仍然是一种条件准入的落户形式，没有涉及户籍制度改革的核心问题，它只是户籍制度改革的中间阶段，而不是最终目标。从户口迁移的角度来看，户籍制度改革要逐步从积分入户制转变为分阶段放开户口迁移。这就是说户籍制度改革需要考虑地区、城市、迁户意愿对户口迁移工作的影响。

第一，尊重不同地区和城市的户口需求，因地适宜地推行户籍制度改革。一般来说，户口福利越多的地区和城市，户口需求越旺盛；相反，户口福利越少的地区和城市，户口需求越少。因此，国家应尊重不同地区的户口需求，有重点地推进户籍制度改革。对于户口需求旺盛的东部和特大（大）城市，户籍制度改革的重点是逐步降低积分入户的门槛，从强调资本和稀缺人才等硬性因素，逐步转变为居住年限、社保缴纳年限等基本居住条件，降低入户门槛。其二，对于户口需求一般的中

---

① 定军、孙穆田：《新型城镇化：启动未来 20 年新发展马达》，载《21 世纪经济报道》，2013 年 12 月 14 日。
② 侯力：《户籍制度改革的新突破与新课题》，载《人口学刊》，2014 年第 6 期。

部地区和中部城市，户籍制度改革的重点是逐步放开户口迁移。其三，对于户口需求极少的西部地区和小城市、小城镇，户籍制度改革基本已经完成了自由迁移的目的，下一步户籍制度改革的重点是如何丰富和扩大本辖区内的基本公共服务的范围和幅度。

第二，尊重入户意愿。在新一轮的户籍制度改革中，一些地区出现"逆城镇化"的现象，即人口不是从农村流入城市，相反，人们将户口从城市迁入农村。这种现象出现在经济较为发达的地区，随着农村土地开发，土地价格上升，人们纷纷选择"回迁"户口，以享受农村的土地和村集体分红。① 这种现象提醒改革者。在户籍制度改革中，国家应当尊重农民的入户意愿，不能强行推进城镇化。

三、强化人口登记

人口登记是一个国家进行行政管理的基础性条件，但是，由于户口福利分配、户口迁徙功能的异化，中国的人口登记面临大量的"人户分离"问题，人口登记和管理功能部分失效。户籍制度改革的一个重要目标是强化人口登记。

（一）制定《户口登记法》，保障人口登记功能的实施

第一，人口登记是户籍制度的一项基本功能。新一轮户籍制度改革的总体目标是强化人口登记的功能，让户籍制度还原成为以人口登记为基础的基本行政管理制度。为了保障人口登记功能的实现，参照各国户籍制度管理的经验，建议将现有的《中华人民共和国户口登记条例》上

---

① 在具体的经验事实中，一些回迁户并不能享受到村集体的分红，反而引起了本地村民和回迁户之间的冲突，关于其冲突的协商机制，参见 Beibei Tang, "The Discursive Turn: Deliberative Governance in China's Urbanized Villages", *Journal of Contemporary China*, Vol. 24, Iss. 91, 2015。

升为《户口法》，以立法的形式，明确职能部门人口登记的职责，确定居民配合人口登记的义务，实现人口登记的及时性和有效性。公安部门内部需逐步推进户口本和身份证之间的数据共享和衔接，全面掌握包括流动人口在内的常住人口的实有动态信息。

第二，健全以居住证为基础的人口登记和管理制度。目前，各地已经开始大力推进居住证制度，但是，目前的居住证制度还存在一些问题，包括流动人口不愿意主动登记、居住证制度覆盖的服务面不广，等等。新一轮户籍制度改革需要进一步健全以居住证为基础的人口登记和管理制度。一方面，继续健全以居住证为基础的人口登记制度，鼓励流动人口主动登记，逐步解决人户分离问题。另一方面，深化以居住证为基础的人口管理制度，实行一元化管理和无差别的对待。

（二）实现不同职能部门人口信息的共建和共享

公安、计生、社保等部门都有一套人口管理数据，缺少数据共享机制，造成资源浪费，影响行政效率。笔者建议以居住证为核心，逐步推进不同管理部门人口数据的共建和共享机制。这项工作的难点在于，不同的职能部门容易将本部门所掌握的人口信息作为部门资源，这是实现部门利益，巩固部门权力的有力保障。但是，这样的结果是各个部门都花费大量的人力、物力和精力进行人口数据收集，造成资源的浪费。与此同时，人口数据没有被用来作为其他部门进行决策的资源，例如城市设施的修建、选址等都应该参考人口数据，但是，由于人口数据的部门垄断，其他职能部门不一定能轻易获得这部分数据。笔者建议在中央层面上，强制推行人口信息共享机制，通过网络技术，开发一套全国联网的人口动态信息系统。公安部门是主管部门，各个职能部门都能上传和调阅人口信息，例如卫计上传适龄女性的生育数据、民政部门上传居民享受低保等情况。除特殊信息外（例如涉及公共秩序、安全等数据），其他数据可以在同级别的职能部门间共享。

第四节 我国户籍制度改革的具体对策

下一步户籍制度改革应该如何推进呢？在分析了户籍制度改革的总体原则和基本目标后，本节从改革内容和改革保障两个方面，提出新一轮户籍制度改革具体的三点政策建议。

一、落实常住人口基本公共服务均等化

户籍制度有户口登记、户口迁移和户口利益分配三项功能，户籍制度改革需要针对这三项功能进行改革，其中，最核心的是落实常住人口基本公共服务均等化。为了落实国务院提出的常住人口基本公共服务全覆盖，切实推进公平型户籍改革，本书建议户籍制度改革必须进行配套改革，其中财税配套制度改革、农村土地产权改革是改革的重点。

（一）逐步推进财税配套制度改革

户籍制度改革的核心问题是基本公共服务支出由谁买单的问题。目前的情况是，地方政府需要为非机械新增人口的基本公共服务买单，这就是为何会出现城市经济发展水平和落户门槛呈正比的原因[1]，经济发达地区户口需求供不应求，为了降低因此带来的财政压力，这些地区常常抬高落户门槛。如果未来改革方案缺少财政制度的配套，而由地方政府为非机械新增人口的基本公共服务买单的话，地方政府不会热衷于推进以常住人口基本公共服务全覆盖为核心的户籍制度改革，就有可能出

---

[1] 吴开亚、张力：《发展主义政府与城市落户门槛：关于户籍制度改革的反思》，载《社会学研究》，2010年第6期。

现国务院下发改革通知,各地配合改革,但是各地都会根据本地情况选择性放开户籍,农业人口流入地的地方政府因为担心放开户籍增加地方财政收益缩紧入户名额,这样与国务院提出的改革目标背道而驰。因此,本书建议在《国务院关于推进中央与地方财政事权和支出责任划分改革的指导意见》(国发〔2016〕49号)的基础上,下一步户籍制度改革必须进一步明确中央和地方政府在基本公共服务上的支出责任。

第一,建立财权和事权相匹配的财政体系。《国务院关于推进中央与地方财政事权和支出责任划分改革的指导意见》(国发〔2016〕49号)提出"要逐步将义务教育……基本养老保险、基本医疗和公共卫生、城乡居民基本医疗保险、就业……等体现中央战略意图、跨省(区、市)且具有地域管理信息优势的基本公共服务确定为中央与地方共同财政事权,并明确各承担主体的职责。"① 但是,在这些涉及基本公共服务均等化的事务上,中央和地方应该如何分摊责任呢?义务教育、医疗等基本公共服务涉及民众的国民福利待遇,属于基本公共服务的范畴,笔者建议提高中央政府和省级政府在基本公共服务财政供给中的责任,减少基本公共服务供给中的地区差异,逐步实现基本公共服务常住人口全覆盖。

第二,国家逐步建立财随人走的财政划拨机制。目前的财政划拨经费按照属地化原则划拨,没有考虑到人口流动对辖区内公共服务的影响。新一轮的改革应该回应人口流动与辖区内公共服务的关系,逐步探索建立财随人走的财政划拨机制,这样,当一个居民从甲地流动到乙地后,中央划拨给他的基本公共服务经费能够从甲地流入乙地,乙地政府需要为该居民的基本公共服务买单,这样能够有效地解决人口流入给辖区所带来的财政压力,也能在一定程度上避免基本公共服务非均等化。

---

① 国务院:《关于推进中央与地方财政事权和支出责任划分改革的指导意见》(国发〔2016〕49号),2016年8月24日。

（二）积极完善农村土地产权制度改革

以基本公共服务均等化为核心的户籍制度改革不能只调整城市入户指标，还需要调整城市与农村的关系，积极完善农村土地产权制度，推进农村户籍制度综合改革。这是一项涉及我国核心制度的改革，既需要大胆探索，又需要谨慎稳健。

第一，制定农村土地产权制度改革的相关法律。在农村土地产权制度改革中，目前有四川成都等地在进行试点，地方试点后迫切需要国家根据各地的试点情况，制定农村土地产权制度改革的顶层设计，巩固地方实践的经验，纠正地方改革的误区，实现地方实践和顶层设计的有机结合。在顶层设计中，国家需要制定农村土地产权制度改革的相关法律，在稳定农村土地承包责任制的同时，不断探索激活土地活力，建立土地确权、流转和交易的法律体系。

第二，不断激活土地活力，逐步推进农村土地确权、登记、颁证改革，探索建立土地流转机制。明确农户—村—乡镇不同主体对土地的使用权责，建立确权—赋权—活权的三位一体的工作，建立以赋权为基础的确权，以活权为核心的赋权，稳步推进土地确权、入股、流转机制；着力解决土地所有权、经营权、股份权、转让权之间的界定和行使。

第三，稳健推进农村土地交易，保障农村产权改革中村集体和农民的合理权益。一方面，在土地流转过程中，改革需要充分尊重农民转户的意愿，发挥农民的自主性，设立司法仲裁机制协调和处理各类矛盾和纠纷，切实维护农民权益。与此同时，在土地确权过程中，国家逐步建立按照股份确定农户权益的原则，但是，这个过程可能出现成员资格认定的矛盾，即老的集体成员和新的集体成员（例如外嫁女、回迁户）之间的利益冲突，下一步需要探索建立有效的协商机制和动态的农村土地股份分红机制。

二、调整人口迁移政策

调整人口迁移政策既是剥离户口利益的改革结果，也是促进公民权利发展的重要体现，是户籍制度改革中关键的一环。在遵循户籍制度改革的基本原则和总体目标的前提下，本书建议以城市属性为标准调整人口迁移政策。

（一）建议全面放开中等城市落户限制

党的十八届三中全会提出"加快户籍制度改革，全面放开建制镇和小城市落户限制，有序放开中等城市落户限制，合理确定大城市落户条件，严格控制特大城市人口规模"，这就对户籍制度改革的进度做了分类处理。国家建议有序放开中等城市落户限制，这样的分类户籍改革对中等城市的户籍改革步伐过于保守。从人口流动的实际情况来看，中等城市的户口需求并不旺盛，全面放开中等城市落户限制应该不会给城市带来压力，相反，中等城市面临的难题是如何吸引人才，增强城市活力。因此，本书建议优先解决已经在城市工作的人群的入户需求，积极探索全面放开中等城市落户限制，通过这样的方式，吸引人才落户中等城市，推进城市的发展。

（二）大城市和特大城市不应设定每年积分落户的指标

《居住证管理办法（征求意见稿）》规定城区人口100万至500万的大城市、城区人口500万以上的特大城市建立完善积分落户制度。但是，由于缺少财税制度改革，一些大城市尤其是特大城市每年仍然制定积分落户指标，指标数远远少于落户申请数。这就会导致愿意放开的城市吸引不了人口，不愿意放开的特大城市吸引了大量流动人口，但是无法实现这些人口的户口迁移，从而影响国家转移农业人口的总体目标。

笔者建议大城市和特大城市不设定每年的积分落户指标，但是，可以因地制宜地制定积分落户的基本分值。例如，某些城市急需金融人才，可以适当放宽金融人才的入户条件；某些城市的某些行业缺乏人才，可以增加这部分工种的积分标准。在此基础上，逐步过渡到以居住年限、社保年限为条件的落户门槛，逐步放开落户限制。

三、改革保障：户籍制度改革主体的纵向和横向层级

（一）建立中央—省—市县三级户籍制度改革结构

户籍制度改革需要建立中央—省—市县三级改革结构。其中，中央政府负责制定统一的政策，省级政府统筹省内户籍制度改革，市县政府负责执行。其中，新一轮户籍制度改革尤其需要注重省级政府的统筹作用，强化省级政府在户籍制度改革中的统筹功能。这是因为，压力型体制使得户籍制度改革的任务层层分解到地方。中央政府责令省级政府进行户籍制度改革，省级政府责令市县级政府推进户籍制度改革。但是，由于市县级政府具有先天的自利性[①]，市县级政府推进的户籍制度改革可能只局限在本市范围内的居民才能享受到户口福利，无法实现户籍制度改革的公平性，出现省级区域内市（县）与市（县）之间的差异，也就是前面提到的市级公共福利权的差异。因此，为了扭转这种局面，这一轮的户籍制度改革的主体不应该是市县级政府，而应该是省级政府。省级政府统筹省内不同市县之间的差异，逐步实现基本公共服务在一省范围内的统筹和均等化发展，解决户籍制度改革市县差异的问题。新一轮户籍制度改革强化省级政府对户籍改革的统筹作用，这至少可能从如下几个方面展开改革。

---

① 谢庆奎：《政府学概论》，中国社会科学出版社 2005 年版。

第一，省级政府制定省域内户籍制度改革的细则。在国务院出台的户籍制度改革方案的基础上，省级政府应该出台适合本省情况的户籍制度改革的细则，并作为全省户籍制度改革的规范文本。省级政府出台的户籍制度改革细则要包括户口福利、户口迁徙、人口登记三个方面的内容，注意统筹省内经济发达地区和欠发达地区的改革内容和改革进度，促进省域内基本公共服务均等化。

第二，省级政府落实对省域内户籍制度改革的监督权。户籍制度改革需要逐步实现常住人口基本公共服务均等化，这是户籍制度改革的总体目标。不同于经济发展的GDP指标，常住人口基本公共服务均等化的指标是一个软指标，难以考核①，市县政府可能选择性执行。为了避免出现这种情况，省级政府应该加强对市县政府户籍制度改革进度和改革效果的督察，建构户籍制度改革效果的督察指标。本书建议从户口福利剥离度、户口迁移便利度、人口登记一体化三个方面建构户籍制度改革效果的评价指标。

逐步推进户籍制度改革省域内统筹，这是户籍制度改革的第一步，随着省域内户籍制度改革和全国范围内财税制度改革的推进，下一步逐步在全国范围内实现省与省之间的基本公共服务供给的均等化。

（二）横向上：综合协调部门应成为户籍改革的牵头部门

由于本次所推的居住证并不仅仅是人口登记和人口管理机制，而是"以居住证为载体的基本公共服务提供机制"，因此，公安部门无法成为牵头部门，必须由综合协调型部门牵头。这是因为户籍制度改革的核心是促进常住人口基本公共服务全覆盖，公安部副部长在访谈中坦言户籍制度"户籍管理制度本身的改革并不复杂，核心的问题在于许多公共服

---

① 关于软指标和硬指标的分析，参见 O'Brien, Kevin J. and Lianjiang Li, "Selective Policy Implementation in Rural China", *Comparative Politics*, 1999 (31), pp. 167-186。

务和社会福利政策与户籍挂钩,而且形成的时间久,涉及的领域多,协调的难度大,需要配套改革、协力攻坚。"① 户籍制度改革涉及的政府部门至少包括财政部门、教育部门、民政部门、社保部门等等。公安部门在户籍制度改革中只能发挥人口登记和户口迁移的功能,而缺少权限无法有效协调同级职能部门。因此,如果仅靠公安部门推动,这样的户籍制度改革就只能成为人口登记式的改革,它可以实现城乡户口登记一体化,但是无法实现城乡户口基本公共服务一体化。

从 G 市积分入户制改革到 C 市城乡统筹改革,两地提供了改革牵头部门的有效经验,即以基本公共服务均等化为核心的户籍制度改革必须建立由各地市委市政府牵头,综合协调型部门进行协调的横向改革主体。第一,综合协调型部门既可以是已有机构,如发改委,也可以是新成立的户籍制度改革领导小组。综合协调部门需要重视户籍制度改革,并有人、财、物的调配权。第二,除了综合协调部门之外,其他职能部门也应成为户籍制度改革的协同部门,这些部门至少包括人口管理部门(公安部门)、基本公共服务提供部门(教育部门、民政部门、人社部门等)、财税部门。第三,建立顺畅的户籍制度改革联席会议。综合协调部门通过户籍制度改革联席会议,对协同部门进行协调。与此同时,综合协调部门对协同部门进行监督考核。只有这样,才能改变户籍制度改革碎片化的问题,全面推进以基本公共服务均等化为核心的户籍制度改革。

总之,新一轮户籍制度改革虽然提出了常住人口基本公共服务全覆盖的目标,但是尚缺配套制度改革。为了推进公平型户籍制度改革,本书在遵照和分析国务院、各个部委和地方政府关于户籍制度改革的最新文件的基础上。基于地方政府推行的两类户籍制度改革的类型学进行扎

---

① 《公安部:2020 年形成新型户籍制度——公安部副部长黄明就加快户籍制度改革接受专访》,载《当代社科视野》,2014 年第 1 期。

实的比较分析，借鉴发展型和兼顾型户籍改革中的经验和教训，提出改革的总体原则、基本目标和具体对策。户籍制度改革应该遵循如下三个基本原则：工具理性与价值理性相结合、顶层设计与地方实践相结合、利益调整与有序改革相结合。在此基础上，户籍制度改革的总体目标是：剥离户口福利、逐步放开户口迁徙、强化人口登记。为了实现户籍制度改革的总体目标，本书建议下一步户籍制度改革应该实现改革内容综合化、改革方式公平化和改革主体一体化。具体而言，改革内容综合化是指户籍制度的改革内容不仅包括户口登记和户口迁移改革，而且包括深化户口利益分配机制的改革，剥离户口与利益之间的关系，实现公共服务均等化，这就要求全国性的财税制度和土地产权制度等配套改革制度的支持。改革方式的公平化是指要逐步、分区域实现户口自由迁徙。改革主体的一体化包含两个方面的含义：一方面，户籍制度改革应该建立中央—省—地方政府的三级联动机构，中央政府是户籍制度改革的顶层设计者，中央政府需要出政策和指导原则，省政府是中央政策的具体落实者，也是省域户籍改革的统筹者，需要充分发挥省级政府对户籍制度改革的综合协调能力，推进省域范围内户籍制度与基本公共服务的脱离，实现省域基本公共服务均等化。市级政府落实和执行户籍制度改革。另一方面，从横向职能部门来看，户籍制度的牵头部门不应该是人口管理部门，而应该是综合协调部门，协调户籍制度改革过程中横向部门间关系。只有改革主体一体化、改革内容综合化、改革方式公平化，才能破除户籍制度改革的阻碍，真正推动常住人口基本公共服务全覆盖。

结　语

从 1984 年到 2013 年，中国户籍制度进行了多次改革与调试，然而，户籍改革具有鲜明的地方特征，地方政府成为改革的操作性主体，不同城市出现不同的户籍制度改革类型。地方政府推行户籍制度改革的逻辑是什么？这个问题可以进一步表述为：地方政府在哪些因素的作用下，选择了何种户籍制度改革类型。这是本书要研究的核心问题。

本书围绕"地方户籍制度改革的类型及其影响因素"这一核心研究问题，对 G 市和 C 市户籍制度改革进行双案例比较研究，分析发展型改革和兼顾型改革这两种改革类型，解释两类户籍制度改革的生成机制，分析地方政府从发展型改革向兼顾型改革的转型及转型逻辑。

第一，地方户籍制度改革的两种类型：发展型改革和兼顾型改革。其一，发展型户籍改革是地方发展型政府理论在户籍制度改革上的运用，它是指户籍制度改革成为地方政府汲取地方经济发展中的稀缺资源的工具，地方政府重视财政收益最大化，不重视社会公平诉求；重视流动性强的要素，轻视流动性弱的要素；重视人口管理，轻视公共服务共给的一种改革方式。发展型户籍改革在促进地方经济发展的同时，不可避免带来偏好替代和改革碎片化的问题。其二，兼顾型改革是指在地方发展和中央试点的动力下，在社会公平的压力下，地方政府以辖区为单位，以城市和农村户籍制度作为改革对象，逐步放低落户门槛，实现本辖区内基本公共服务一体化的户籍制度改革方式。兼顾型户籍改革面临财政投入不可持续性、体制机制的限制。

第二，两类地方户籍改革的影响因素。其一，地方政府为何热衷于发展型户籍制度改革呢？在压力型体制的行政压力和晋升竞赛的政治激励下，地方政府之间为了经济增长展开激烈的竞争；地方政府掌握户口迁移审批权，具有推动户籍改革的自主权；城市户口是一种稀缺资源，存在户口利益，地方政府通过发展型户籍改革，争夺资本和劳动力，促进本地经济增长。因此，压力型体制和晋升激励、改革自主权与户口利益，这是地方政府选择发展型户籍改革的逻辑。其二，既然发展型户籍改革有利可图，为何有的地方政府不选择发展型户籍改革方式，而选择完全不同的兼顾型户籍改革类型呢？现实问题逼迫、贯彻中央意图和政策企业家的政绩驱动是兼顾型户籍改革的三重动力。

第三，发展型和兼顾型户籍改革的比较。一方面，在改革动力、改革主体、改革内容和方式、改革结果上，发展型户籍改革和兼顾型户籍改革具有较大的差异。另一方面，两者具有一定的联系，兼顾型户籍改革是在批判、反思发展型户籍改革基础上出现的户籍制度改革的新形式，具有超越地方发展型政府的特征。户籍制度改革的理想形态是从发展型改革逐步转型为兼顾型改革，最终进行公平型改革。

在理论创新上，本书跳出社会公平和政府管制的传统研究视野，从政府行为的角度分析户籍制度改革中的地区差异及其生成机制，与地方政府行为的已有理论进行对话。已有学者对改革开放后地方政府的行为研究主要聚焦于地方发展型政府理论，认为地方政府即企业[①]、地方法团主义[②]，地方政府成为政权经营者[③]或谋利性政权经营者[④]。那么，本书

---

① Walder, Andrew, "Local Governments as Industrial Firms", *American Journal of Sociology*, 1995 (101), pp. 268–269.

② Oi, Jean, "The Role of the Local State in China's Transitional Economy", *China Quarterly*, 1995 (144); Oi, Jean, "Local State Corporatism", in Jean C. Oi (eds.), *Rural China Takes Off: Institutional Foundations of Economic Reform*, Berkeley: University of California Press, 1999.

③ 张静：《基层政权：乡村制度诸问题》，浙江人民出版社 2000 年版。

④ 杨善华、苏红：《从代理型政权经营者到谋利型政权经营者》，载《社会学研究》，2002 年第 1 期。

所获得的结论对地方政府行为的已有研究有哪些贡献呢？本书在验证地方政府具有地方发展型政府的某些特质的同时，也指出随着制度环境的变化，一些地方政府具有超越地方发展型政府的某些特征。

一、验证地方发展型政府理论

本书通过对 20 世纪 90 年代 G 市的蓝印户口政策研究，揭示出蓝印户口政策具有鲜明的地方发展型政府的特征。第一，在这类户籍制度改革中，地方政府追求政府收益最大化；重视流动性强的资本和稀缺劳动力，不重视流动性弱的普通劳动力；重视人口管理，轻视公共服务。地方政府的行为异化导致户籍改革出现碎片化和偏好替代的问题。

第二，地方政府为何选择发展型改革呢？压力型体制下，经济发展成为地方政府的中心工作；晋升竞赛的政治激励进一步强化了这一目标。改革开放之后，地方政府掌握户口迁移审批权，它们将户籍改革作为汲取财政资源的工具，由此形成发展型户籍改革。

总之，发展型户籍改革是地方发展型政府理论在户籍改革上的运用，它验证了地方发展型政府这一理论。

二、补充地方发展型政府理论

（一）兼顾型户籍改革：一种不同于地方发展型政府的行为

不同于 G 市蓝印户口改革，C 市推行的城乡统筹户籍制度改革不是发展型户籍制度，而具有了超越地方发展型政府的某些特征，本书将其称为兼顾型户籍改革，它具有不同于地方发展型政府理论的特征，补充了地方发展型政府理论。第一，地方政府改革的目的不只是为了实现收益最大化，还包括回应社会需求，实现社会公平。第二，地方政府不只是汲取资源,而是同时强调城乡基本公共服务一体化,逐步实现常住人口基本公共服务全覆盖。第三,地方政府的公共财政支出结构从资本偏好逐步转变为民生偏好,通过改变财政拨付制度,逐步实现城乡居民基本公共服务均等化。兼顾型户籍改革的这些特征展现了与地方发展型户籍改革不一样的特质,是对地方发展型政府理论的一种补充。

(二)制度与行动者:理解地方政府行为的分析框架

为何在其他地方政府推行发展型户籍改革的同时,有些地方政府实行兼顾型户籍改革?笔者从制度与行动者的分析框架入手,分析了从发展型改革到兼顾型改革的转型逻辑。

第一,制度空间对地方政府行为的影响。现有关于地方政府行为的研究更多强调地方政府在经济发展中的作用,认为地方政府具有发展型政府的特征[1],地方政府偏好经济建设,不愿意进行社会建设。但是,这些研究更多关注的是江浙、珠三角等经济发达地区的地方政府,这些地方政府具有发展经济的优势,研究者从中看到了发展型政府的行为特征。但是,已有研究者忽略了地处不发达地区的地方政府的行为特征。由于不发达地区不具备发展经济的增长点,因此,理性的地方政府会积极寻求新的增长方式。本书在考虑制度环境对地方政府行为的影响的基础上,发现在经济不发达的地区,地方政府缺少通过户籍制度获得本地稀缺资源的能力,转而寻求完全不同的一种改革方式,这种改革方式使得这些地方政府的行为具有不同于发展型户籍改革的行为特征,它开始回应了社会公平的需求,逐步实现城乡统筹发展,是一种民生偏好的赋权式改革。本书的研究成果提示研究者在考察地方政府行为时需要更多地考虑地方政府面临的制度空间的变化。

---

[1] 郁建兴、高翔:《地方发展型政府的行为逻辑及制度基础》,载《中国社会科学》,2012 年第 5 期。

第二,行动者对地方政府行为的影响。作为一项强制性制度变迁,中国政府决定着户籍制度改革的进程和进度。在地方性户籍制度改革中,地方一把手或主要官员发挥了很大的作用。本书分析了行政压力和晋升激励使得地方一把手或主要官员重视经济发展,在经济发达地区,地方官员更多选择发展型户籍改革。但是,在经济欠发达地区,在行政压力和社会压力下,地方官员可能选择兼顾型户籍改革,上级政府的承认和试点进一步固化地方政府的选择。因此,与已有关注户籍改革行动者的文献不同,本书关注户籍改革的核心行动者:地方政府的主要官员,并分析了核心行动者与制度之间的相互关系,认为行动者对户籍改革的影响是一个嵌在制度背景的过程。

综上所述,本书围绕"地方政府户籍制度改革的类型及其影响因素"这一核心研究问题,从政府行为的角度分析户籍制度改革中的地区差异及其生成机制,比较G市和C市在户籍制度改革中截然不同的改革策略,建构了发展型改革和兼顾型改革的两种改革类型,并解释每种改革类型的生成机制,提炼出地方政府从发展型到兼顾型改革的转型逻辑,验证、丰富和发展了地方发展型政府理论。十八届三中全会之后,随着央地关系的调整等一系列改革,地方政府自主权的空间有所缩小,在这样的背景下,地方政府能否突破地方发展型政府的行为逻辑,这是今后有待研究的重要问题。

参考文献

一、中文文献

(一) 中文著作

1. 蔡昉、都阳、王美艳：《劳动力流动的政治经济学》，上海人民出版社 2003 年版。

2. 黄燕：《地方公共财政发展研究》，中国社会科学出版社 2007 年版。

3. 林毅夫、蔡昉、李周：《中国的奇迹：发展战略与经济改革》，上海人民出版社、上海三联书店 1999 年第 2 版。

4. 刘靖华、姜宪利等：《中国政府管理创新：管理卷》，中国社会科学出版社 2004 年版。

5. 刘亚平：《当代中国地方政府间竞争》，社会科学文献出版社 2007 年版。

6. 陆益龙：《户籍制度：控制与社会差别》，商务印书馆 2003 年版。

7. 荣敬本等：《从压力型体制向民主合作体制的转变：县乡两级政治体制改革》，中央编译出版社 1998 年版。

8. 沈荣华：《中国地方政府学》，社会科学文献出版社 2006 年版。

9. 田炳信；《中国第一证件：中国户籍制度调查手稿》，广东人民出版社 2003 年版。

10. 王清：《利益分化与制度变迁：当代中国户籍制度改革》，北京大学出版社 2014 年版。

11. 徐勇：《从村治到乡政：乡村管理的第二次制度创新》，《乡村治理与中国政治》，中国社会科学出版社 2003 年版。

12. 俞德鹏：《城乡社会：从隔离走向开放——中国户籍制度与户籍法研究》，山东人民出版社 2002 年版。

13. 张紧跟：《地方政府管理》，北京大学出版社 2014 年版。

14. 张静：《基层政权：乡村制度诸问题》，浙江人民出版社 2000 年版。

15. 张治库、李宜钊、王章佩：《海南特区服务型政府公共政策的创新——体制与机制视角的探讨》，中国经济出版社 2012 年版。

16. 郑杭生等：《转型中的中国社会和中国社会的转型：中国社会主义现代化进程的社会学研究》，首都师范大学出版社 1996 年版。

17. 郑永年：《中国的"行为联邦制"——中央—地方关系的变革与动力》，邱道隆译，东方出版社 2013 年版。

18. 周黎安：《转型中的地方政府：官员激励与治理》，上海人民出版社 2008 年版。

19. 周平：《当代中国地方政府》，人民出版社 2007 年版。

20. 朱亚鹏：《公共政策过程研究：理论与实践》，中央编译出版社 2013 年版。

21. 邹谠：《二十世纪中国政治——从宏观历史与微观行动角度看》，香港：牛津大学出版社 1994 年版。

（二）中文论文

1. 蔡昉：《被世界关注的中国农民工——论中国特色的深度城市化》，载《国际经济评论》，2010 年第 2 期。

2. 蔡昉：《户籍制度改革与城乡社会福利制度统筹》，载《经济学动态》，2010 年第 12 期。

3. 曹景椿：《加强户籍制度改革，促进人口迁移和城镇化进程》，载《人口研究》，2001 年第 5 期。

4. 陈玲、王晓丹、赵静：《发展型政府：地方政府转型的过渡态》，载《公共管理学报》，2010 年第 3 期。

5. 陈天祥：《中国地方政府制度创新的动因》，载《管理世界》，2000 年第 6 期。

6. 丁未：《新媒体赋权：理论建构与个案分析——以中国稀有血型群体网络自组织为例》，载《开放时代》，2011 年第 1 期。

7. 范斌：《弱势群体的增权及其模式选择》，载《学术研究》，2004 年第 12 期。

8. 郭台辉：《制度体系变动中的大户籍制改革》，载《岭南学刊》，2008 年第 3 期。

9. 何英华：《户籍制度松紧程度的一个衡量》，载《经济学》（季刊）增刊，2004 年第 3 卷。

10. 何增科：《地方政府创新，从政绩合法性走向政治合法性》，载《中国改革》，2007 年第 6 期。

11. 侯力：《户籍制度改革的新突破与新课题》，载《人口学刊》，2014 年第 6 期。

12. 胡星斗：《中国户籍制度的命运：完善抑或废除》，载《学术研究》，2009 年第 10 期。

13. 胡燕：《制度环境视角下户籍制度改革的行政法治逻辑解析——兼论国内几种不同的户籍制度改革模式》，载《四川师范大学学报》（社会科学版），2012 年第 2 期。

14. 雷尚清：《浅议政府管理的良性碎片化》，载《学习与实践》，2012 年第 7 期。

15. 李景鹏：《地方政府创新与政府体制改革》，载《北京行政学院学报》，2007年第3期。

16. 李晓飞：《中国户籍制度变迁"内卷化"实证研究》，载《广东社会科学》，2013年第1期。

17. 林华：《"购房入户"新政卷土重来》，载《经融经济》，2009年第3期。

18. 刘蓉、黄长明：《论税制对地方保护主义的制约》，载《中共成都市委党校学报》，2006年第2期。

19. 刘亚平、颜昌武：《转型期中国地方政府间竞争：策略选择与制度规范》，载《浙江社会科学》，2006年第6期。

20. 陆益龙：《正义：社会学视野中的中国户籍制度》，载《湖南社会科学》，2004年第1期。

21. ［英］马丁·米诺格等：《超越新公共管理》（上），载《北京行政学院学报》，2002年第5期。

22. 马福云：《成都户籍制度改革的探索与启示》，载《行政管理改革》，2011年第10期。

23. 彭希哲、赵德余、郭秀云：《户籍制度改革的政治经济学思考》，载《复旦学报》（社会科学版），2009年第3期。

24. 彭宅文：《分权、地方政府竞争与中国社会保障制度改革》，载《公共行政评论》，2011年第1期。

25. 钱颖一、许成钢：《中国的经济改革为什么与众不同——M型的层级制和非国有部门的进入与扩张》，或《经济社会体制比较》，1993年第1期。

26. 任敏：《我国流域公共治理的碎片化现象及成因分析》，载《武汉大学学报》（哲学社会科学版），2008年第4期。

27. 申曙光、侯小娟：《我国社会医疗保险制度的"碎片化"与制度整合目标》，载《广东社会科学》，2012年第3期。

28. 苏红：《从"代理型政权经营者"到"谋利型政权经营者"——

向市场经济转型背景下的乡镇政权》，载《社会学研究》，2002年第1期。

29. 孙立平、郭于华：《"软硬兼施"：正式权力非正式运作的过程分析——华北B镇收粮的个案研究》，载《清华社会学评论》特辑，2000年。

30. 孙立平：《向市场经济过渡过程中的国家自主性问题》，载《战略与管理》，1996年第4期。

31. 谭海波、蔡立辉：《"碎片化"政府管理模式及其改革：基于"整体型政府"的理论视角》，载《学术论坛》，2010年第6期。

32. 唐海华：《"压力型体制"与中国的政治发展》载《中共宁波市委党校学报》，2006年第1期。

33. 陶青德、王建平：《建立以公民个人户籍信息登记为核心的户籍制度》，载《宁夏社会科学》，2014年第3期。

34. 陶然、曹广忠：《户籍和土地制度改革是两个重要方面——对许玉明争鸣观点的回应》，载《改革》，2009年第4期。

35. 王丽娟：《人口流动与财政竞争——基于财政分区和户口政策的比较视角》，载《中央财经大学学报》，2010年第3期。

36. 王列军：《户籍制度改革的经验教训和下一步改革的总体思路》，载《江苏社会科学》，2010年第2期。

37. 王清：《超越地方发展型政府：理论框架与经验分析》，载《四川大学学报》，2014年第6期。

38. 王清：《从权宜之计到行政吸纳：地方政府回应社会方式的转型》，载《中国行政管理》，2015年第6期。

39. 王清：《地方财政视角下的制度变迁路径分析——以当代中国城市户籍制度为例》，载《武汉大学学报》（哲学与社会科学版），2011年第3期。

40. 王清：《政策工具创新：从强制到许可——以当代中国城市户口迁移制为例》，载《中国行政管理》，2010年第3期。

41. 王太元:《户籍改革:剥离附着利益》,载《瞭望新闻周刊》,2005年5月16日。

42. 王贤彬、徐现祥、李郇:《地方官员更替与经济增长》,载《经济学》(季刊),2009年第4期。

43. 吴建南、马亮、杨宇谦:《中国地方政府创新的动因、特征与绩效——基于"中国地方政府创新奖"的多案例文本分析》,载《管理世界》,2007年第8期。

44. 吴开亚、张力:《发展主义政府与城市落户门槛:关于户籍制度改革的反思》,载《社会学研究》,2010年第6期。

45. 夏纪军:《人口流动性、公共收入与支出——户籍制度变迁动因分析》,载《经济研究》,2004年第10期。

46. 萧卫文:《关于市县党政领导干部政绩考核标准的研究》,载《探求》,2007年第5期。

47. 徐钧、李宏:《地方政府竞争机制演进——基于户籍制度变迁的视角》,载《山东社会科学》,2008年第7期。

48. 徐现祥、李郇、王美今:《区域一体化、经济增长与政治晋升》,载《经济学》(季刊),2007年第6卷第4期。

49. 徐亚军、任维:《中国户籍制度改革困境:从国家"退出"角度的分析》,载《华东交通大学学报》,2006年第3期。

50. 徐增阳:《农民工的公共服务获得机制与"同城待遇"——对中山市"积分制"的调查与思考》,载《经济社会体制比较》,2011年第5期。

51. 严士清:《新中国户籍制度演变历程与改革路径研究》,华东师范大学博士论文,2012年。

52. 杨善华、苏红:《从代理型政权经营者到谋利型政权经营者》,载《社会学研究》,2002年第1期。

53. 杨雪冬:《过去10年的中国地方政府改革——基于中国地方政

府创新奖的评价》，载《公共管理学报》，2011 年第 1 期。

54. 杨雪冬：《压力型体制：一个概念的简明史》，载《社会科学》，2012 年第 11 期。

55. 叶托、李金珊、杨喜平：《碎片化政府：理论分析与中国实际》，载《中共宁波市委党校学报》，2011 年第 2 期。

56. 郁建兴、高翔：《地方发展型政府的行为逻辑及制度基础》，载《中国社会科学》，2012 年第 5 期。

57. 张晖：《地方政府竞争的方式及其双重效应》，载《经济体制改革》，2011 年第 1 期。

58. 张军、王邦虎：《从对立到互嵌：制度与行动者关系的新拓展》，载《江淮论坛》，2010 年第 3 期。

59. 张军：《中国经济发展：为增长而竞争》，载《世界经济文汇》，2005 年第 4 期。

60. 张智勇、梁东新：《政策冲突与农民工就业权益保障——基于户籍制度的视角》，载《社会保障研究》，2009 年第 4 期。

61. 赵会玉：《地方政府竞争与经济增长：基于市级面板数据的实证检验》，载《制度经济学研究》，2010 年第 1 期。

62. 郑秉文：《中国社会保险"碎片化制度"危害与"碎片化冲动"探源》，载《社会保障研究》，2009 年第 1 期。

63. 郑杭生、张本效：《可行性与可达性：户籍制度改革破题》，载《探索与争鸣》，2014 年第 7 期。

64. 周飞舟：《分税制十年：制度及其影响》，载《中国社会科学》，2006 年第 6 期。

65. 周黎安：《晋升博弈中政府官员的激励与合作——兼论我国地方保护主义和重复建设问题长期存在的原因》，载《经济研究》，2004 年第 6 期。

66. 周黎安：《晋升和财政刺激：中国地方官员的激励研究》，北京大学国际经济研究中心报告，2002年11月17日。

67. 周黎安：《中国地方官员的晋升锦标赛模式研究》，载《经济研究》，2007年第7期。

68. 周作翰、李风华：《中国地方政府竞争与制度变迁》，载《湖南师范大学社会科学学报》，2006年第5期。

69. 竺乾威：《从新公共管理到整体性治理》，载《中国行政管理》，2008年第10期。

70. 左鹏、周菁：《户口买卖与户籍制度改革——来自P市的调查》，载《中国人口科学》，2000年第2期。

（三）译著

1. ［美］道格拉斯·C.诺思、张五常等：《制度变革的经验研究》，罗仲伟译，经济科学出版社2003年版。

2. ［美］罗伯特·古丁、［美］汉斯—迪特尔·克林格曼主编：《政治科学新手册》（上册），钟开斌等译，生活·读书·新知三联书店2006年版。

3. ［美］科斯、［美］阿欠钦、［美］诺斯：《财产权利与制度变迁——产权学派与新制度学派译文集》，上海三联书店、上海人民出版社1994年版。

4. ［美］查莫斯·约翰逊：《通产省与日本奇迹——产业政策的成长（1925—1975）》，吉林出版集团有限责任公司2010年版。

5. ［德］马克斯·韦伯：《经济与社会》（下卷），林荣远译，商务印书馆1997年版。

6. ［美］帕金斯等：《走向21世纪：中国经济的现状、问题与前景》，陈志标编译，江苏人民出版社1995年版。

7. ［法］皮埃尔·卡蓝默：《破碎的民主：试论治理的革命》，高凌瀚译，上海三联书店2005年版。

8. ［美］萨巴蒂尔·A.保罗编：《政策过程理论》，彭宗超、钟开斌等译，生活·读书·新知三联书店2004年版。

9. ［美］保罗·萨缪尔森、［美］威廉·诺德豪斯：《微观经济学》，萧琛主译，人民邮电出版社2012年版。

10. ［美］斯科特：《弱者的武器》，郑广怀、张敏、何江穗译，译林出版社2007年版。

11. ［美］詹姆斯·R.汤森、［美］布莱特利·沃马克：《中国政治》，董方、顾速译，江苏人民出版社2005年版。

12. ［德］托马斯·海贝勒、［德］舒耕德、杨雪冬主编：《"主动的"地方政治：作为战略群体的县乡干部》，中央编译出版社2013年版。

13. ［美］禹贞恩：《发展型国家》，曹海军译，吉林出版集团有限责任公司2008年版。

（四）政府文件与统计资料

1. C市城乡统筹委：《C市公共服务和公共管理村级专项资金管理暂行办法》（成统筹〔2009〕59号）。

2. C市统筹城乡综合配套改革试验区建设领导小组办公室：《C市全国统筹城乡综合配套改革试验区建设5周年回顾（2007—2012）》（内部材料），2012年。

3. C市统筹城乡综合配套改革试验区建设领导小组办公室：《C市统筹城乡改革发展实践交流材料》（内部材料），2012年。

4. C市统筹城乡综合配套改革试验区建设领导小组办公室：《C市统筹城乡综合配套改革试验区建设资料选编》（内部材料），2012年。

5. 《关于加强我省人口服务和管理的实施意见》，南方网，2011年12月26日。

6. 《关于进一步做好农民工积分制入户和融入城镇工作的意见》（粤人社发〔2011〕306号），2011年12月1日。

7. 《国家新型城镇化规划（2014—2020年）》，新华网，2014年3

月 16 日。

8. 公安部三局：《中华人民共和国户口管理资料汇编（一九八六年——一九九二年）》（第四册），群众出版社 1993 年版。

9. A 省人民政府办公厅：《关于开展农民工积分制入户城镇工作的指导意见（试行）》（粤府办〔32 号〕），2013 年 11 月 17 日。

10. A 省委办公厅、A 省政府办公厅：《关于加强我省人口服务和管理的实施意见》（粤办发〔2011〕22 号），2012 年 11 月 9 日。

11. A 省政府：《关于实施扩大内需战略的决定》（粤发〔2010〕2 号），2010 年 1 月 11 日。

12. G 市人民政府：《关于改革我市常住人口调控管理制度的若干意见的通知》（穗府〔2003〕72 号），2003 年 12 月 6 日。

13. G 市人民政府：《G 市积分制入户管理办法》，2014 年 2 月 25 日。

14. G 市人民政府：《G 市蓝印户口管理规定》（穗府办〔1999〕9 号），1999 年 10 月 6 日。

15. G 市人民政府办公厅：《关于印发 G 市蓝印户口管理实施细则的通知》（穗府办〔2000〕6 号），2000 年 2 月 28 日。

16. G 市人民政府办公厅：《G 市蓝印户口管理规定》，1999 年 10 月 6 日。

17. G 市人民政府办公厅：《G 市蓝印户口管理实施细则的通知》（穗府办〔2000〕6 号），2000 年 2 月 28 日。

18. G 市人民政府办公厅：《G 市农民工及非本市十城区居民户口的城镇户籍人员积分制入户办法（试行）》（穗府办〔2010〕82 号），2010 年 11 月 4 日。

19. G 市人民政府办公厅：《G 市蓝印户口管理实施细则的通知》（穗府办〔2000〕6 号），2000 年 2 月 28 日。

20. G 市人民政府：《关于进一步推进户籍制度改革的实施意见》，

2016 年 2 月 22 日。

21. 国家发展和改革委员会：《珠江三角洲地区改革发展规划纲要（2008—2020 年）》，2008 年 12 月。

22. 国土资源部部长、党组书记、国家土地总督查徐绍史在"统筹城乡土地管理制度改革现场研讨会"上的发言，2009 年 6 月 9 日。

23. 国务院：《关于推进中央与地方财政事权和支出责任划分改革的指导意见》（国发〔2016〕49 号），2016 年 8 月 24 日。

24. 国务院：《2015 年政府工作报告》，人民网，2015 年 3 月 5 日。

25. 国务院：《关于进一步推进户籍制度改革的意见》（国发〔2014〕25 号），2014 年 7 月 24 日。

26. 国务院：《国务院关于进一步推进户籍制度改革的意见》（国发〔2014〕25 号），2014 年 7 月 30 日。

27. 国务院：《国务院批转发展改革委关于 2015 年深化经济体制改革重点工作意见的通知》（国发〔2015〕26 号），2015 年 5 月 8 日。

28. 国务院：《小城镇户籍管理制度改革试点方案》（国发〔1997〕20 号），1997 年 6 月 10 日。

29. 国务院办公厅：《关于积极稳妥推进户籍管理制度改革的通知》（国办发〔2011〕9 号）。

30. 国务院办公厅：《国务院办公厅关于积极稳妥推进户籍管理制度改革的通知》（国办发〔2011〕9 号）。

31. 国务院法制办公室：《关于〈居住证管理办法（征求意见稿）〉公开征求意见的通知》，2014 年 12 月 4 日。

32. 国务院法制办公室：《居住证管理办法（征求意见稿）》，2014 年 12 月 4 日。

33. 惠州市农民工工作联席会议办公室：《印发惠州市农民工积分制入户城镇工作方案的紧急通知》，2010 年 7 月 26 日。

34. 全国人大常委会：《中华人民共和国户口登记条例》，1958 年 1

月9日中华人民共和国主席令公布。

35. 深圳市政府：《宝安、龙岗区"购房入户"政策实施细则》，1995年10月9日。

36. 深圳市政府：《关于促进我市房地产市场发展的若干规定》，1996年11月6日。

37. 深圳市政府：《关于促进我市房地产市场发展的若干规定》（深府〔1995〕239号），1995年10月9日。

38. 深圳市政府：《深圳市户籍制度改革暂行规定》，1995年10月24日。

39. 四川大学成都发展科学研究院、中共C市委统筹城乡工作委员会：《C市统筹城乡发展年度报告（2012）》，四川大学出版社2013年版。

40. 《中共中央关于全面深化改革若干重大问题的决定》，人民出版社2013年版。

41. 《中国财政年鉴（2004）》，中国统计出版社2004年版。

42. 中共中央、国务院：《关于加强和创新社会管理的意见》（中发〔2011〕11号）。

43. 中共中央组织部干部一局：《干部综合考核评价工作指导》，党建读物出版社2006年版。

（五）媒体文章

1. 《北京废止城市容纳费》，载《中国青年报》，1999年3月31日。

2. 《北京停止征收"增容费"》，载《华西都市报》，1999年3月31日。

3. 《重庆出租车停运玄机：行政垄断下利益分割问题》，载《21世纪经济报道》，2008年11月7日。

4. 陈文峰：《代表委员热议户籍制度改革：全面实施居住证制度、有序推进户籍制度改革》，载《人民公安报》，2015年3月16日。

5. 定军、孙穆田：《新型城镇化：启动未来20年新发展马达》，载《21世纪经济报道》，2013年12月14日。

6. 高柱：《"中国最彻底的户籍改革方案"——成都户籍管理制度改革政策解析》，载《工人日报》，2010年11月28日第1版。

7. 公安部：《2020年形成新型户籍制度——公安部副部长黄明就加快户籍制度改革接受专访》，载《当代社科视野》，2014年第1期。

8. 《广东中山积分入户城区竞争激烈镇区指标空缺》，载《深圳商报》，2010年6月18日。

9. 刘军涛、赵艳红：《20省出台户籍制度改革意见，居住证"成色"不一》，人民网，2015年7月23日。

10. 潘琦：《阿里上市敲钟人：因在京18年却没户口被拒签证》，载《新京报》，2014年10月8日。

11. 潘强：《"地方版"户改启动，取消歧视消除差别》，载《中国改革报》，2015年6月8日，第9版。

12. 屈芳、李凤虎：《我省深化户籍制度改革实施意见出台户籍制度改革的发展目标》，载《河南日报》，2014年11月13日第1版。

13. 童丹、韩远飞：《广州蓝印户口曾掀购房入户潮，如今拟再推惹争议》，大洋网，2009年7月21日。

14. 《四川统计局发统筹城乡分析报告，城镇化率超41%》，载《华西都市报》，2012年6月4日。

15. 《为落户广州努力10年查出作假被打回原籍》，载《信息时报》，2015年7月7日。

16. 尹鸿伟、魏晨：《成都农村产权制度改革试水》，载《南风窗》，2010年第6期。

17. 《天津5月将取消蓝印户口政策，或引发津郊楼市降价》，载《京华时报》，2014年04月18日。

18. 《新莞人服务局机构当撤，为新莞人服务不能弱化》，载《广州日报》，2014年10月13日。

19. 尹瑞峰：《全省公安机关进一步推进户籍制度改革视频会提出：全力做好户籍制度改革工作》，载《云南日报》2015年6月27日，第2版。

20. 岳经纶：《"福利地区"的形成与"域公民身份"的建构》，载《时代周报》，2010年12月13日。

21. 曾东萍：《积分入户制实验在路上》，载《南风窗》，2011年第6期。

22. 赵树凯：《论基层政府运行体制的"碎片化"体制》，载《北京日报》，2010年11月29日。

二、英文文献

（一）英文著作

1. Berger and Luckmann, *The Social Construction of Reality*, The Penguin Press, 1967.

2. Bo, Zhiyue, *Chinese Provincial Leaders: Economic Performance and Political Mobility Since 1949*, Armonk: M. E. Sharpe Incorporated, 2002.

3. Chan Kam Wing, *Cities with Invisible Walls—Reinterpreting Urbanization in Post-1949 China*, Oxford University Press, 1994.

4. Cheng Tiejun, *Dialectics of Control—The Household Registration System in Contemporary China*, The Graduate School of the State University of New York at Binghamton, Doctoral dissertation paper, 1991.

5. David C. King, *Turf Wars: How Congressional Committees Claim Jurisdiction*, Chicago: University of Chicago Press, 1997.

6. Eugene Lewis, *Public Entrepreneurship: Toward a Theory of Bureaucratic Political Power*, Bloomington: Indiana University Press, 1980.

7. J. Perry and Mark Selden et al. , *Chinese Society: Change, Conflict and Resistance*, London: Routledge, 2003.

8. James March and Jonan P. Olsen, *Rediscovering Institutions: The Organizational Basis of Politics*, New York: The Free Press, 1989.

9. Lieberthal, Kenneth and David M. Lampton, *Bureaucracy, Politics, and Decision Making in Post - Mao China*, Berkeley: University of California Press, 1992.

10. Lieberthal, Kenneth G. and Oksenberg, Michel, *Policy Making in China Leaders, Structures and Processes*, Princeton, New Jersey: Princeton University Press, 1988.

11. Powell and DiMaggio, *The New Institutionalism in Organization Analysis*, Chicago: The University of Chicago Press, 1991.

12. Schrumann, F. , *Ideology and Organization in Communist China*, Berkeley: University of California Press, 1968.

13. Solinger J. Dorothy, *Contesting Citizenship in Urban China: Peasant Migrants, the State, and the Logic of the Market*, Berkeley: University of California Press, 1999.

14. Wang Fei-Ling, *Hukou System and Migration Controls*, Ashgate Publishing Company, 2004.

15. Wang, Fei-Ling, *Organizing Through Division and Exclusion: China's Hukou System*, Stanford, Calif. : Stanford University Press, 2005.

(二) 英文论文

1. Cliffs, Prentice-Hall, Inc. Nathan, A. , "Authoritarian Resilience", *Journal of Democracy*, Vol. 14, No. 1, 2003.

2. Chan Kam Wing, "Urbanization and Rural-Urban Migration in China since 1982: A New Baseline", *Modern China*, Vol. 20, No. 3, July 1994.

3. Chan Kam Wing and Zhang Li, "The Hukou System and Rural-Urban Migration in China: Processes and Changes", *The China Quarterly*, 1999.

4. Chan Kam Wing, Liu Ta and Yang Yunyan, "Hukou and Non-Hukou Migrations in China: Comparisons and Contrasts", *International Journal of Population Geography*, May 1999.

5. Mallee, Hein, Migration, "Hukou and Resistance in Reform China", in Perry, E. and M. Selden (eds.), *Chinese Society: Change, Conflict and Resistance*, London: Routledge, 2003.

6. David M. Lampton, "Water: Change to a Fragmented Political System", Paper Presented to the Workshop on Policy Implementation in the Post-Mao Era, Columbus, Ohio, June 1983.

7. Dorothy J. Solinger, "Citizenship Issues in China's Internal Migration: Comparisons with Germany and Japan", *Political Science Quarterly*, Vol. 114, No. 3, Autumn 1999.

8. Dorothy J. Solinger, "China's Urban Transients in the Transition from Socialism and the Collapse of the Communist Urban Public Goods Regime", *Comparative Politics*, Vol. 27, No. 2, January 1995.

9. Lowell Dittmer, "Chinese Informal Politics", *The China Journal*, No. 34, July 1995.

10. Nancy C. Roberts, "Public Entrepreneurship and Innovation", *Policy Studies Review*, Vol. 11, No1, 1992.

11. Oi, Jean, "Fiscal Reform and the Economic Foundation of Local State Corporatism in China", *World Politics*, Vol. 45, No. 1, 1992

12. Oi, Jean, "The Role of the Local State in China's Transitional Economy", *China Quarterly*, December 1995.

13. Oi, Jean, "Local State Corporatism", in Jean C. Oi (eds.), *Rural China Takes Off: Institutional Foundations of Economic Reform*, Berke-

ley: University of California Press, 1999.

14. O'Brien, Kevin J. and Lianjiang Li, "Selective Policy Implementation in Rural China", *Comparative Politics*, Vol. 31, No. 2, 1999.

15. Peter W. MacKenzie, "Strangers in the City: The Hukou and Urban Citizenship in China", *Journal of International Affairs*, Vol. 56, No. 1, Fall 2002.

16. Peter Hall and Rosemary Taylor, "Political Science and the Three New Institutionalisms", *Political Studies*, 1996.

17. Peng Yusheng, "Chinese Villages and Townships as Industrial Corporations: Ownership, Governance, and Market Discipline", *The American Journal of Sociology*, Vol. 106, No. 5, 2001.

18. Wu Xiaogang and Donald J. Treiman, "The Household Registration System and Social Stratification in China: 1955 – 1996", *Demography*, Vol. 41, No. 2, May 2004.

19. Wong Linda and Huen Wai-Po, "Reforming the Household Registration System: A Preliminary Glimpse of the Blue Chop Household Registration System in Shanghai and Shenzhen", *International Migration Review*, Vol. 32, No. 4, Winter 1998.

20. Weingast, Barry, "The Economic Role of Political Institutions: Market-preserving Federalism and Economic Development", *Journal of Law, Economics and Organization*, No. 11, 1995.

21. Wang Fei-Ling, "Reformed Migration Control and New Targeted People: China's Hukou System in the 2000s", *The China Quarterly*, 2004.

22. Walder, Andrew, "Local Governments as Industrial Firms", *American Journal of Sociology*, No. 101, 1995.

23. Zhu Lijiang, "The Hukou System of the People's Republic of China: A Critical Appraisal under International Standards of Internal Movement

and Residence", *Chinese JIL*, 2003.

24. Zhang L. and Zhao Simon X. B. , "Re-Examining China's 'Urban' Concept and the Level of Urbanization", *The China Quarterly*, No. 154, June 1998.

附录 1

G 市 2010 年和 2014 年积分入户政策比较[①]

2010 年的入户政策	2014 年的入户政策	变化 & 潜在影响
违反计划生育政策、有犯罪记录、未办理 G 市居住证、未缴纳社会保险、未签订一年及以上劳动合同五种情况之一的人员除外	20—45 周岁，具有初中以上学历，在本市有合法住所，持本市有效的《A 省居住证》，在本市就业（创业）并缴纳社会保险满 4 年，符合计划生育政策，无违法犯罪记录	增加年龄、学历、社保限制 ①对部分低学历、低技能、大龄等外来人口进行制度性淘汰 ②有利于鼓励外来务工人员规范参保
积分体系包括基本分、导向分和附加分，共 12 项指标，总积分为各项指标的累计得分	5 项积分指标	加分项由 12 项缩减至 5 项 ①繁琐的证明被简化，节约申请人时间和成本 ②相关部门操作更简便 ③变更前未能成功入户的，原有项目加分作废，功亏一篑 ④积分门槛降低，入户门槛升高，对综合素质的考察降低，满足基本条件后社保年限是唯一排名依据，竞争有所弱化

① 本表格由中山大学政务学院林卓智制作。

续表

2010 年的入户政策	2014 年的入户政策	变化 & 潜在影响
可由所在的工作单位或本人向工作所在地的区人力资源社会保障部门及其经办机构提出入户申请，并提供规定的证明材料	申请人应首先登陆 G 市积分入户网上申请平台，如实填报相关内容，并进行确认。然后到各积分制入户受理窗口递交纸质申请材料	增加网络报名步骤 ①网络本身是一个限制，系统本身可能存在问题，许多不懂操作的人被排除在外 ②网络申报系统使分数透明化，更多人通过献血等方式搏高分，造成分数虚高 ③可通过信息联网证实的材料将不需要申请人提供证明，简化申办手续，为申请人提供便利
每年 3000 个名额的固定指标	在不减少原有指标的基础上，根据当年人口计划统筹安排，实行年度总量控制	定额指标变为按实际情况统筹安排 ①在合理的条件下，能尽可能多地满足入户需求 ②不固定且没有相关规范的名额设定使入户数量有了可操作的空间
积满 85 分可提出入户申请	积满 60 分可提出入户申请	基本分数由 85 分降至 60 分 ①对综合素质的考察降低 ②申请门槛降低，更多人可以达到申请入户的基本条件

续表

2010 年的入户政策	2014 年的入户政策	变化 & 潜在影响
按照申请人积分排名，每年 7 月 31 日和 11 月 30 日前分两批公布入户人员名单。积分相同情况下，按在 G 市连续办理 A 省居住证（含原 G 市暂住证）的时间长短确定入户排名，如积分仍然相同，则按办理社会保险的时间长短确定入户排名	根据年度积分制入户指标总量和申请人在本市缴纳社保时间排名	按居住证时间排名的方式取消；达到基本积分条件后，社保年限是唯一排名指标 ①在 G 市工作多年做出巨大贡献，但没有参保的人的入户需求无法得到满足 ②有利于鼓励外来务工人员规范参保 ③对综合素质的考察降低，竞争有所弱化 ④为长期在 G 市有稳定工作，但学历、技能水平尚未达到迁入管理规定所设定条件的人员入户打开通道 ⑤大专及以下学历、工作年限在 6 年以下、刚结婚生子的外地人员入户极为困难
通过积分制入户 G 市的人员，其家属随迁政策另行规定	通过积分制入户 G 市的人员，准予其配偶、未成年子女同时迁入本市居民户口	个人入户变为家属可以随迁 配偶及子女入户时间大大缩短，原来需等候 1—7 年，现在可同时随迁
35 周岁以下（5 分）；36—45 周岁（2 分）；46—55 周岁（1 分）	无	年龄加分取消

续表

2010年的入户政策	2014年的入户政策	变化 & 潜在影响
技师、事业单位工勤技术工岗位二级、中级职称（60分）；高级工、事业单位工勤技术工岗位三级、初级职称（50分）；中级工、事业单位工勤技术工岗位四级（30分）	中级职称（60分）；高级工、事业单位工勤技术工岗位三级（40分）；中级工、事业单位工勤技术工岗位四级（20分）	高级、中级工加分降低10分
博士（100分）；硕士（90分）；大学本科（80分）；大专或高职（60分）；中技、中职或高中（20分）；初中（5分）	本科（60分）；大专或高职（40分）；中技、中职或高中（20分）	本科以上学历加分降至60分；大专或高职加分降低20分；中技、中职或高中加分降低20分；初中加分取消
教育部重点建设高校、"211工程"高校、"985工程"高校、A省属及G市属重点高校或其他重点高校（10分）	无	重点高校毕业加分取消
参加城镇基本养老保险、城镇基本医疗保险、失业保险、工伤保险、生育保险，每个险种每满一年积1分，最高不超过50分	无	社会保险加分取消

续表

2010 年的入户政策	2014 年的入户政策	变化 & 潜在影响
在 G 市有产权住房（20 分）	无	房产加分取消 影响集中在已在 G 市买房的外地户籍人口：买房入户无法实现；为子女教育买的学区房由于不具备户籍而无法使用学籍
1A 企业的员工（3 分）；2A 企业的员工（5 分）；3A 企业的员工（10 分）	无	所在企业信用等级加分取消
慈善捐赠每千元积 2 分，最高不超过 10 分	无	捐款加分取消 ①一定程度上削弱了金钱的影响，有利于公平 ②减少加功利性捐款，降低入户者财政负担 ③新规实施前捐了款但未能成功入户的，钱打了水漂
获得 G 市区（县级市）党委、政府或 G 市局级部门表彰嘉奖或授予荣誉称号每次积 30 分，最高不超过 60 分；获得 G 市委、市政府或 A 省厅级以上部门表彰、嘉奖或授予荣誉称号每次积 60 分，最高不超过 120 分	无	政府表彰加分取消

续表

2010年的入户政策	2014年的入户政策	变化 & 潜在影响
个人在G市企业的投资额在500万元人民币以上（20分）	无	投资加分取消 一定程度上削弱了金钱的影响，有利于公平

资料来源：G市人民政府办公厅：《G市农民工及非本市十城区居民户口的城镇户籍人员积分制入户办法（试行）》（穗府办〔2010〕82号），2010年11月4日；A省人民政府办公厅：《关于开展农民工积分制入户城镇工作的指导意见（试行）》（粤府办〔2013〕32号），2013年11月17日。

附录 2

访谈情况一览表

受访者类型	访谈编号	受访者工作单位	访谈时间	访谈内容
政府部门	20120803	C市城乡统筹委	2012年8月3日上午	C市城乡统筹政策出台和执行情况
	20150518	C市城乡统筹委	2015年5月18日中午	C市城乡统筹户籍改革的追踪访谈
	20120806	C市公安局户政科	2012年8月6日上午	C市户籍改革
	20120629	A省农民工工作处	2012年6月29日下午	A省积分入户制实施情况
	20130915	G市公安局	2013年9月15日下午	G市户籍改革
	20120705	D市G区公安分局	2012年7月5日上午	流动人口管理
	20120704	D市G区新莞人服务管理中心	2012年7月4日下午	积分入户制
社会组织	20140901	户口网	2014年9月1日上午	积分入户制

续表

受访者类型	访谈编号	受访者工作单位	访谈时间	访谈内容
居民	20150519	C市温江区	2015年5月19日上午	城乡统筹后集中居住区发展情况

注：

1. 本课按照访谈时间对每次访谈进行了编号，但是为了便于分析，笔者将访谈对象分了政府部门、社会组织和居民三类。

2. 为了匿名处理，本书仅介绍了受访者的工作单位，没有介绍行政级别。

3. 本书从2012年持续研究到2015年，有些访谈是专访，有些访谈是在完成其他课题中所进行的访谈，例如对C市城乡统筹户籍制度改革的第二次追踪访谈是在完成国家民政部的一个课题中进行的访谈，该次访谈由于有国家民政部发函支持，故得到了C市民政厅的积极配合，完成了对C市、区、街道、居民这四类对象的访谈，保证了访谈对象的完备性。访谈材料已经整理为文字稿，但是，由于访谈记录过多，没有放在附录中。

4. 在访谈对象的选取上，本书只对G市和C市两地的户籍制度展开比较研究，故访谈区域只包括G市和C市。但是，由于G市积分入户制度改革由A省整体部署和推进，A省其他地级市积分入户制改革对理解G市改革仍有借鉴意义。借参与D市政府委托课题的机会，笔者得以有机会全面访谈外来人口服务管理中心、公安分局、教育分局、劳动分局、社保分局、财政分局等。

5. 除以上所列访谈对象外，笔者参与G市公安局、G市民政局的多项活动，通过参与式观察收集数据。

后　记

　　改革开放至今，中央和地方政府的关系几经调整，带来了地方政府治理的变化，深刻地影响着各项制度变革。中国户籍制度是一项具有中国特色的制度，从1984年至今，它经历了一系列或大或小的改革与调整。鲜活的改革实践为理论研究提供了"源头活水"，它迫切需要研究者通过理论，提炼和解释中国的改革故事。本书以户籍制度改革作为案例，分析中国的地方政府行为及其背后的运行逻辑，这是一个见微知著的尝试。

　　呈现在读者面前的《户籍改革中的政府行为逻辑：基于地方案例的比较研究》是我所主持的国家社科基金青年项目"我国城市户籍制度改革的不同路径比较分析研究"的结题成果。自2006年开始，我一直研究中国户籍制度改革，至今已十年有余。在博士论文的写作阶段，我以户籍制度改革作为个案，分析政府管制性制度的变迁，提出利益扩散和利益分流两种制度变迁的方式，对话制度变迁的理论。在博士论文的基础上，笔者于2012年在北京大学出版社出版了《利益分化与制度变迁：当代中国户籍制度改革研究》一书，目前该书已经印刷了两次，曾获广东省哲学社会科学优秀成果奖三等奖，被收录进《广东社会科学年鉴（2012—2013年合卷）》。

　　博士毕业后的第二年，我获得国家社科基金青年项目的资助，课题名称为"我国城市户籍制度改革的不同路径比较分析研究"。然而，在没有外在压力的情形下，人最容易懒惰，我的这个课题一拖就是4年。在这4年里，我做了一个博士后研究，学了一些社会科学研究方法，做了一点田野调查，写了为数甚少的几篇论文，课题报告却一拖再拖。2015年，我获得国家留学基金委公派出国留学资格，来到加州大学欧文分校（UCI）政治科学系访学。在美国西海岸的校园里，我得以有大段完整的时间完成国家课题报告，也就是本书的初稿。其后，我对初稿修修改改又两年，时至今日才终于付梓。

不同于第一部著作，在本书中，户籍制度改革只是我的研究对象，我的研究领域是地方政府治理，研究问题从制度变迁转变为地方政府治理，分析地方政府在户籍制度改革中的差异化行为及其形成机制。提炼出发展型户籍改革和兼顾型户籍改革这两种改革类型，验证、完善和发展地方发展型政府理论。

我的成长一直得到我的博士生导师、北京大学政府管理学院王浦劬教授的关心和帮助，王老师睿智豁达、学识渊博，在我迷惑困顿之时，总为我提出高屋建瓴的建议。博士毕业后，每当我把文稿发给老师，他总是详细批阅，让人感动！"兼顾型户籍改革"这一学术概念得益于肖滨教授的建议和启示，肖老师对我的科研和工作给予了诸多帮助。马骏教授理论敏锐，建议我不要只是验证地方发展型政府的理论，这鞭策着我去思考央地关系的调整及地方政府行为的最新变化。加州大学欧文分校苏戴瑞教授（Dorothy J. Solinger）是我赴美访学的外方合作导师，她研究中国户籍制度改革多年，她和我的交流，让我受益良多。哥伦比亚大学白思鼎教授（Thomas P. Bernstein）、加州大学欧文分校苏阳教授也对我启示良多。书稿的部分内容发表于《学术研究》、《四川大学学报》（哲学社会科学版），并被《高等学校文科学术文摘》、人大报刊复印资料《公共行政》转载，极大地鼓励着研究者的信心。书稿的理论研究离不开实践经验的支持，特别感谢各位访谈对象对我调研的支持，尤其是成都市城乡统筹委的刘礼处长对多次调研的支持。感谢中山大学政治与公共事务管理学院李毅君、林卓智对部分访谈材料的整理。最后，我要感谢我的丈夫李海兵、儿子李俊儒，父子俩坚守羊城，让我远赴美国访学，正是在那段时光里，我完成了本书的初稿。

这项研究虽历时六载、几经锤炼，然挂一漏万、瑕疵难免。从2013年开始，我国央地关系进行了新一轮的调整，这必将深刻影响地方政府治理，改革的深化和发展需要理论的进一步锤炼和提升，期待更多的探索和争鸣。

王清

2016年酷暑　于美国西海岸

2017年4月　修订于广州

图书在版编目(CIP)数据

户籍改革中的政府行为逻辑：基于地方案例的比较研究／王清著.—北京：中央编译出版社，2017.6
ISBN 978-7-5117-3295-8

Ⅰ.①户…
Ⅱ.①王…
Ⅲ.①户籍制度-体制改革-研究-中国
Ⅳ.①D631.42

中国版本图书馆CIP数据核字(2017)第058858号

户籍改革中的政府行为逻辑：基于地方案例的比较研究

出 版 人	葛海彦
出版统筹	贾宇琰
责任编辑	朱瑞雪
责任印制	尹 珺
出版发行	中央编译出版社
地　　址	北京西城区车公庄大街乙5号鸿儒大厦B座(100044)
电　　话	(010)52612345(总编室)　(010)52612341(编辑室) (010)52612316(发行部)　(010)52612346(馆配部)
传　　真	(010)66515838
经　　销	全国新华书店
印　　刷	北京中兴印刷有限公司
开　　本	710毫米×1000毫米　1/16
字　　数	204千字
印　　张	15.25
版　　次	2017年6月第1版
印　　次	2017年5月第1次印刷
定　　价	68.00元
网　　址	www.cctphome.com　邮　箱：cctp@cctphome.com
新浪微博	@中央编译出版社　微　信：中央编译出版社(ID: cctphome)
淘宝店铺	中央编译出版社直销店(http://shop108367160.taobao.com)　(010)55626985

本社常年法律顾问：北京市吴栾赵阎律师事务所律师　闫军　梁勤
凡有印装质量问题，本社负责调换，电话：(010)55626985